股权实务精要20讲

股权落地策略及疑难解析

钱东辉　著

EQUITY LEGAL PRACTICE 20 LECTURES

法律出版社
LAW PRESS · CHINA
北京

图书在版编目(CIP)数据

股权实务精要20讲:股权落地策略及疑难解析/钱东辉著. -- 北京:法律出版社,2023
ISBN 978-7-5197-7562-9

Ⅰ.①股… Ⅱ.①钱… Ⅲ.①股权—公司法—中国 Ⅳ.①D922.291.91

中国国家版本馆CIP数据核字(2023)第027629号

股权实务精要20讲
——股权落地策略及疑难解析
GUQUAN SHIWU JINGYAO 20 JIANG
—GUQUAN LUODI CELÜE JI YINAN JIEXI

钱东辉 著

策划编辑 周 洁 林 蕊
责任编辑 周 洁 林 蕊
装帧设计 李 瞻

出版发行 法律出版社
编辑统筹 司法实务出版分社
责任校对 王 丰
责任印制 胡晓雅
经　　销 新华书店

开本 710毫米×1000毫米 1/16
印张 17 **字数** 249千
版本 2023年3月第1版
印次 2023年3月第1次印刷
印刷 固安华明印业有限公司

地址:北京市丰台区莲花池西里7号(100073)
网址:www.lawpress.com.cn
投稿邮箱:info@lawpress.com.cn
举报盗版邮箱:jbwq@lawpress.com.cn
销售电话:010-83938349
客服电话:010-83938350
咨询电话:010-63939796

书号:ISBN 978-7-5197-7562-9
定价:68.00元
凡购买本社图书,如有印装错误,我社负责退换。电话:010-83938349

凡　例

1. 法律文件名称中的“中华人民共和国”省略，其余一般不省略，如《中华人民共和国公司法》，简称《公司法》。

2. 公司法前无标注年份的，均指《公司法》（2018 年修订）；本书在引用案例中所指称的《公司法》随案例的适用而具体确定《公司法》相应的修订年份。

3. 《最高人民法院关于适用〈中华人民共和国公司法〉若干问题的规定（二）》，简称《公司法解释（二）》。

4. 《最高人民法院关于适用〈中华人民共和国公司法〉若干问题的规定（三）》，简称《公司法解释（三）》。

5. 《最高人民法院关于适用〈中华人民共和国公司法〉若干问题的规定（四）》，简称《公司法解释（四）》。

6. 《最高人民法院关于适用〈中华人民共和国公司法〉若干问题的规定（五）》，简称《公司法解释（五）》。

自　序

2020年1月，我因疫情被困在家中，为此尝试了线上直播，组建了几个线上公益分享群，每周一讲，引来众人围观。由于我当过十几年的法官，审理过大量公司股权纠纷，多从预防诉讼的角度去帮助企业设计股权、规避法律风险，因此我的股权讲座颇受欢迎。每次受邀为产业园、孵化器、协会、商会讲课时，总会有人问起是否有我的书可以买，由此我便萌生了将线上讲座内容整理成文字的想法。我沿着讲座课件的思路，将股权问题分类成章，形成了本书。

企业家创业维艰，特别是新冠肺炎疫情对很多企业影响很大。如何引导企业合规，帮助企业避坑，保证股东合法权益以及对新型疑难涉股权案件的探究成为我关注的重点。本书文章素材全部源于实践，突破单一法律角度讨论，从法律、财务、税务各方面解读，通过剖析大量案例，对公司股权设计、股权转让、股权激励、增资入股、股权代持等问题进行了归纳总结，特别是引用的示例演示和具体计算，满足了实操落地的需求。

持续、长期地守住目标，就是长期主义，无论经营企业还是走律师专业化道路，都需要从更大的时间跨度上博观约取，厚积薄发，坚持做正确而困难的事。只有成为时间的朋友，才能达到长期坚持抵达的高度。

愿此书能够为企业经营者和法律工作者提供一些指引和帮助。

目录

CONTENTS

第一讲

商事主体法律责任和税负

股权是公司的“根”，保持公司控制权对公司长远发展至关重要。股权架构属于公司治理范畴，[①] 股权架构影响公司的控制权，科学合理的股权架构可以明确股东之间的责、权、利，方便公司融资，有助于公司的发展。其内涵包括：(1) 经营实体选择哪种注册形式（组织形式），即有限责任公司、个体工商户、个人独资企业还是有限合伙企业？(2) 出资主体是自然人还是法人（公司）？(3) 出资人的持股比例如何分配？发起人的股权比例各占多少合适？这些都是初创企业最先需要解决的问题。

一、我国商事主体概述

在回答上述问题之前，需要了解我国法律规定的商事主体类型。根据投资主体的性质可分为国有企业和民营（私人）企业，国有企业包括国有公司、非公司制全民所有制企业和集体所有制企业。[②] 民营企业指没有国有出

---

① 我国法律规定，公司的出资人谓“股东”，其持有的出资份额谓“股权”。个人独资企业的出资人谓“投资人”，合伙企业的出资人谓“合伙人”，该两类出资人法律概念不能定义为“股东”，但因独资企业出资人和合伙企业合伙人均具有“股东”地位，因此“股权架构设计”约定成俗已经将个人独资企业和合伙企业的出资人一并视为“股东”，涵盖个人独资企业和合伙企业。本书在此意义上进行论述。

② 《企业国有资产交易监督管理办法》规定：国有及国有控股企业、国有实际控制企业包括：(1) 政府部门、机构、事业单位出资设立的国有独资企业（公司），以及上述单位、企业直接或间接合计持股为100%的国有全资企业；(2) 本条第①款所列单位、企业单独或共同出资，合计拥有产（股）权比例超过50%，且其中之一为最大股东的企业；(3) 本条第①、②款所列企业对外出资，拥有股权比例超过50%的各级子企业；(4) 政府部门、机构、事业单位、单一国有及国有控股企业直接或间接持股比例未超过50%，但为第一大股东，并且通过股东协议、公司章程、董事会决议或者其他协议安排能够对其实际支配的企业。

资的企业；根据公司是否上市（新三板挂牌）可分为私公司（又称封闭公司）和公众公司，2人以上股东的有限责任公司、股东人数低于200人且股票未上市交易的股份有限公司为私公司，在沪/深交易所上市、新三板挂牌公司、由任何原因导致股东人数超过200人但股票不在上述三地挂牌的股份公司以及公开发行公司债权的公司合称为公众公司；[①] 根据出资人是否为外资可分为内资企业和外资企业；根据股东（出资人）是否对经营主体承担法律责任可以分为有限责任公司、个人独资企业、合伙企业和个体工商户。（见表1-1）

表1-1　我国主要商事主体注册形式

公司注册（组织）形式	人数	是否法人	税收	股东是否承担连带责任
有限责任公司	2~50	是	企业所得税	不承担
股份有限公司	2~200（发起人）	是	企业所得税	不承担
个人独资企业	1	否	个税	承担
一人有限责任公司	1	是	企业所得税	有条件承担
普通合伙企业	无上限	否	先分后税	承担
有限合伙企业	2~50	否	先分后税	承担+不承担
个体工商户	1	否	个税	承担

二、商事主体类型及其法律责任

（一）法人和非法人

法人，是指商事主体能够以自己的财产独立承担民事责任，在该商事主体的资产不能对外承担债务时，该商事主体的股东（出资人）无须承担连带责任。非法人则指在商事主体自有的财产不足以承担对外债务时，出资人需要承担连带责任，个人独资企业、合伙企业、个体工商户都不是法人。个人独资企业，它虽然叫企业，但它不是法人。张三出资100万元成立一家服装厂，是个人独资企业，因经营不善，欠债200万元，但服装厂的资产只有

① 参见张力：《律师谈公司治理》，社会科学文献出版社2018年版，第3页。

100万元，资不抵债，在这个情况下，张三要把他的家庭财产、个人财产拿出来偿债，承担无限连带责任。个人独资企业不能独立承担民事责任，因而不是法人。

从表1-1可以看出，法人只有有限责任公司（包括一人有限责任公司）和股份有限公司两种形态，法人独立承担民事责任，即公司以其全部财产对公司的债务承担责任，这是有限责任公司的第一层含义。如果资不抵债，申请破产，股东不承担连带责任。三个人成立一家有限责任公司，每人出资100万元，注册资金300万元，因公司经营不善，对外欠了500万元，公司现有资产只有400万元，资不抵债，公司可以申请破产，外欠的100万元不用再偿还。这是公司的有限责任，以公司全部资产为限承担责任。一名股东出资100万元，即使完全亏空，也不会让他再补足亏空，不会让他承担连带责任，不会牵涉他的家庭财产、个人财产，这就是“有限责任”的第二层含义。如果股东认缴的出资额已实缴到位，股东不需要承担连带责任。

（二）有限责任公司和股份有限公司

有限责任公司和股份有限公司不同，有限责任公司股东人数上限是50人，特点是“人合”和“资合”。“人合”就是股东彼此认同，志趣相投；“资合”就是股东把钱集中到一起，共同经营。因此，有限责任公司的股东在退出（转让股权）的时候，即有新股东加入，必须征得其他股东过半数同意，其他股东认为这个受让人能力不行或人品不行，对公司经营不利，不同意他成为新股东，转让股东就转让不了股权。

股份有限公司主要体现“资合”，任何股东转让股权不需要其他股东同意。为什么上市公司在上市前必须改制成股份有限公司，就是转让股权（股票）方便，股权可以自由转让，不需要像有限责任公司那样每次转让股权还要开股东会，需要其他股东过半数同意。此外，股份有限责任公司股东发起人有人数限制，人数要在200人以下。一旦公司发行股票，人数就没有限制，上市公司股东可以是成千上万人。

（三）一人有限责任公司与有限责任公司

除了股东人数不同外，股东是否对公司的对外债务承担责任的举证责任不同：有限责任公司的债权人如果要让股东承担连带责任，需要举证证明公司股东财产和公司财产混同，股东个人财产与公司财产“公私不分”，如股东将公司财产用于其个人或家庭消费，如果事实成立，则股东应对公司承担连带责任，这时的举证责任在公司的债权人，举证难度较大；如果一人有限责任公司对外有债务，债权人可以将一人有限责任公司和一人股东同时作为被告，股东则需要证明公司财产独立于股东自己的财产，这时的举证责任在一人有限责任公司的股东，其需要举证证明公司建立了独立规范的财务制度、财务支付明晰，没有在公司支取费用用于个人消费，必要时可以聘请会计师事务所出具审计报告，证明其严格地划清个人财产和公司财产界限，举证义务较重。因此，2 人以上组成的有限责任公司比一人有限责任公司的法律风险小。

（四）公司与分公司，母公司与子公司

因异地经营的需要，公司在住所地以外设立的分支机构是分公司，分公司的人事、业务、财产受总公司的直接控制，在总公司的经营范围内从事经营活动，分公司不具有独立承担民事责任的能力，总公司以其全部财产为限对分公司在经营活动中的债务承担责任。也就是分公司如果对外负债，债权人可以要求总公司偿还。

母公司出资成立一家子公司，如果是 100% 出资的话，就是全资子公司，母子公司分别是两个独立法人，分别对外独立承担民事责任。母公司一般不直接控制子公司，而是通过任免子公司董事会成员、作出投资决策等方式影响子公司的生产经营活动。子公司以其全部财产为限对债务承担责任，如果子公司资不抵债或破产了，母公司不需要替子公司还债。如果母公司股权超过 50%，可以通过公司治理结构控股子公司，子公司的财务报表可以合并进来。如果一个母公司预上市，但营收、利润指标达不到，可将其所有的子公司财务报表合并到母公司的财务报表，就有可能达到上市标准。

母子公司属于独立的纳税主体，分别缴纳企业所得税，应纳税所得额可以减去亏损数额，故亏损俗称“税盾”。子公司的亏损只能用未来的利润弥补，不能结转由母公司弥补。总分公司在税法上视为一个纳税主体，汇总缴纳企业所得税，分公司的亏损就是总公司的亏损，可以直接抵减总公司以及其他分公司当年度利润，降低总公司企业所得税。因此，在分支机构预计会产生亏损时，选择分公司的形式可以降低企业税负。

（五）普通合伙和有限合伙

个人独资企业、普通合伙企业、个体工商户不能独立承担民事责任，如果企业经营不善，或个体工商户经营的店面资不抵债，出资人（经营人、合伙人）承担无限连带责任。

普通合伙相对有限合伙而言，合伙人的法律地位相同，合伙人都承担无限连带责任。如两个人合伙做生意，一旦亏损，两个人要承担连带责任。几个朋友合伙开一家餐厅，注册个体工商户经营，营业执照上经营人是张三，餐厅经营不善，最后倒闭，餐厅债权人可以向张三要钱。张三用餐厅的资产偿还不足以清偿债务，就要用自己的财产还。因为个体工商户营业执照对外公示的经营人是张三，根据公示公信原则，债权人可以一并起诉餐厅（字号）和张三，餐厅不能偿债的，则张三承担连带责任。张三对外偿还债务后，内部可以再向其他合伙人追偿各自应偿债的份额。如果餐厅债权人掌握了餐厅系张三和几个朋友合伙开的，向法院提供合伙证据，可以同时起诉张三和其他合伙人，要求他们承担连带责任。

有限合伙企业，由普通合伙人和有限合伙人组成。一类是普通合伙人执行合伙事务，对外代表有限合伙企业，承担无限连带责任，即使其1%出资，也可以控制合伙企业；另一类是有限合伙人，不管理合伙事务，对合伙企业债务承担有限责任。

某基金管理公司成立有限合伙企业，基金管理公司作为普通合伙人，吸引有资金的企业成立一家有限合伙企业，基金管理公司是普通合伙人，对有限合伙企业事务进行管理，选择投资对象，募投管退，尽管基金管理公司投资份额很少，但他对重大事项仍有决定权，对合伙企业的债务要承担连带责任；其他有限合伙人，不参与企业管理，如果亏损，由基金管理人承担连带责任，其他合伙人不用分担亏损。有限合伙人入伙时的出资亏完结束，不用再用自己的财产还债。而且有限合伙企业在企业层面不需要缴税，根据合伙人是自然人还是公司，先分后税，在合伙人层面缴一道税。

可以看出，公司（法人）的法律风险最小，资不抵债可以破产，而个体工商户、个人独资企业和合伙企业资不抵债不能破产，其出资人需要承担无限连带责任，用其个人财产偿还经营主体的债务，个人法律风险较大。那为什么还有人愿意注册个人独资企业和合伙企业呢？因为个人独资企业和合伙企业只要缴纳一道税。

三、各商事主体税负

我国不同注册形式的商事主体税负不同。我国税法规定的所得税包括企业所得税和个人所得税。表1－2可以看出，不同类型的公司都需要缴纳企业所得税。个人独资企业和合伙企业的名称虽为“企业”，但不需要缴纳企业所得税。

表1－2　股东身份对税的影响

场景	自然人股东	法人股东
分红涉税	20%个税	免税
股权转让涉税	20%个税	25%企业所得税

（一）有限责任公司税负

1. 有限责任公司股东取得分红。

有限责任公司股东取得分红受股东身份影响。（1）自然人股东从设立的公司取得分红，公司先要缴纳一道企业所得税，税率为25%；股东从公司获得分红时，以“利息、股息、红利所得”应税项目，再缴纳一道个人所得税，适用20%的税率。例如，自然人A投资有限责任公司，净利润100万元，公司先缴纳25万元企业所得税，A从剩余75万元中分红，还需再缴纳15万元个人所得税，最终分得60万元，综合税率40%，如图1－1所示。（2）法人（公司）股东从设立的公司取得利润分配，不需要缴纳企业所得税，即居民企业之间的股息、红利等权益性投资收益免税。①

---

①　居民企业指依法在中国境内成立，或者依照外国（地区）法律成立但实际管理机构在中国境内的企业。我国《企业所得税法》第26条规定：企业的下列收入为免税收入：……（二）符合条件的居民企业之间的股息、红利等权益性投资收益……

自然人A通过甲公司持股乙公司，获得红利缴纳的税负如图1－2所示：乙公司盈利100万元，乙公司缴纳25万元企业所得税，75万元分给甲公司，甲公司获得该分红时不需要缴纳企业所得税。甲公司将75万元分红给A时，A再缴纳15万元（75万元×20%）的个人所得税，A可得60万元。从法律角度看，图1－2自然人A的法律风险远远低于图1－1，如果出现股东有限责任的例外情形（详见下一节内容），图1－2中甲公司会成为A的法律风险隔离墙。

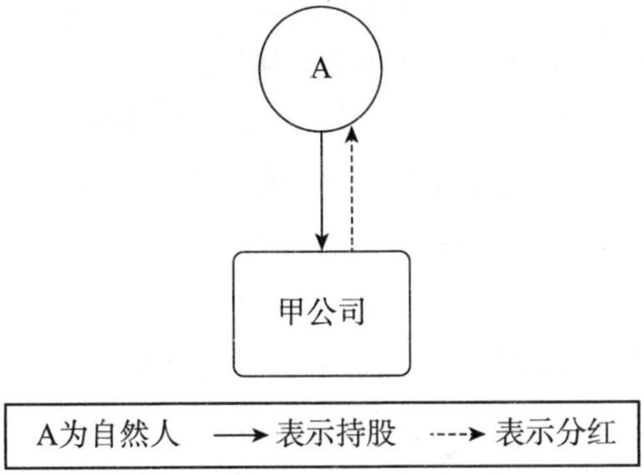

图1－1　自然人持股

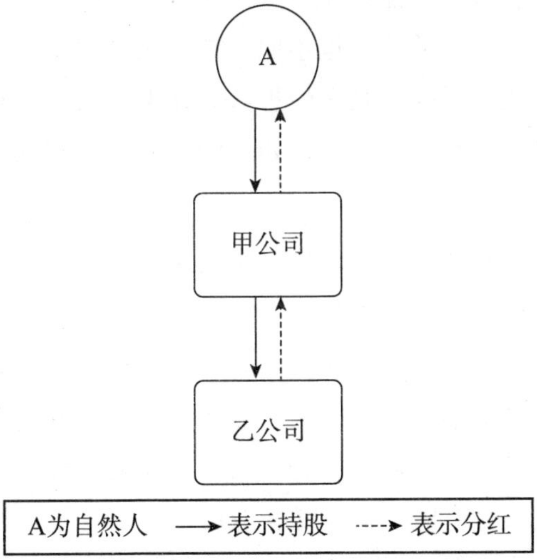

图1－2　法人持股

2. 有限责任公司股东转让股权收益比较。

（1）自然人股东将持有的公司股权转让出去，其股权转让款系财产转让所得，税率为20%。

（2）法人（公司）股东将持有的公司股权转让出去，其股权转让款系财产转让所得，税率为25%。

如图1－1所示，自然人股东A转让股权，作为财产转让收入，需缴纳20%的个人所得税。A出资1000万元成立甲公司，现将持有的甲公司股权以4000万元转让给他人，A获得3000万元需缴纳20%个税，A缴纳个人所得税＝（4000万元－1000万元）×20%＝600万元，A获得的4000万元股权转让款，减去600万元个人所得税，A实际获得3400万元。

如图1－2所示，如果A将乙公司的股权转让给他人，需要两步：

第一步：甲公司将持有的乙公司股权以4000万元转让给他人，甲公司出资成本1000万元，甲公司所得3000万元，需缴纳企业所得税＝3000万元×25%＝750万元，剩余的2250万元属于甲公司收入。

第二步：如果A想把2250万元股权转让款拿走，还需要缴纳20%个人所得税，2250万元－2250万元×20%＝1800万元，即A最终可以获得股权转让款1800万元。企业所得税和个人所得税合计＝750万元＋450万元＝1200万元。

可见，自然人直接设立公司和自然人通过法人股间接持股公司，最终获得的分红不同，股权转让的收益也不同。在什么情况下设立自然人股东，什么情况下设立法人股东，要看股东的想法。如果自然人股东想从公司直接受益，把钱拿走，就设立自然人股东；如果股东并不想把钱拿走，而是放在企业发展，就设立法人股东。

（二）个人独资企业和合伙企业税负

个人独资企业由一个自然人投资，因此，个人独资企业的出资人只能是自然人。合伙企业的出资人（合伙人）可以是自然人，也可以是公司。合伙企业生产经营所得和其他所得不缴纳企业所得税，采取先分后税的原则，即在合伙企业层面无须缴税，而是在合伙人层面缴税，如合伙人是自然人，缴个人所得税；合伙人是有限公司，缴企业所得税。这里的个人所得税是按照股息红利的20%缴纳，还是按3%～35%经营所得税率缴纳，要看纳税所得是合伙企业自身的经营还是合伙企业投资的收益。即使都是投资收益，根据合伙人是执行事务合伙人还是有限合伙人的不同，各地政策也不同。

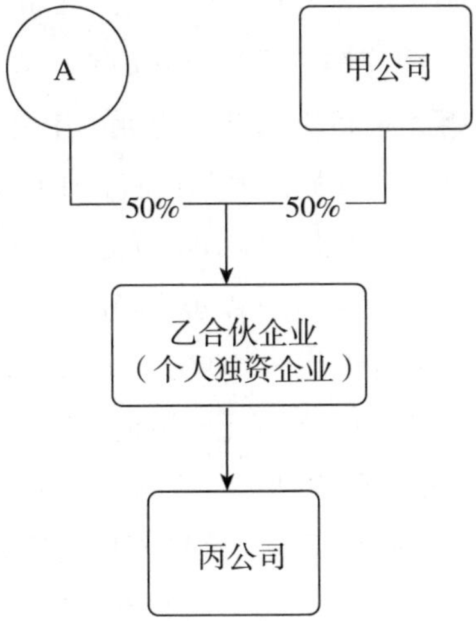

图1－3　合伙（个人独资）企业持股模式

1. 自然人从个人独资企业和合伙企业取得分红。

（1）对个人独资企业和合伙企业生产经营所得，自然人投资者比照《个人所得税法》的“个体工商户的生产经营所得”应税项目，比照个体工商户5%～35%的五级超额累进税率，缴纳个人所得税。国家税务总局《关于〈关于个人独资企业和合伙企业投资者征收个人所得税的规定〉执行口径的通知》[（国税函〔2001〕84号），以下简称（国税函〔2001〕84号）] 规定个人独资企业和合伙企业对外投资分回的利息或者股息、红利，不并入企业的收入，以“利息、股息、红利”所得应税项目（20%税率）计算缴纳个人所得税，即对于合伙企业股权投资的收益，不并入合伙企业经营所得，单独以20%税率计算分红。也就是个人独资企业或合伙企业的经营所得分红按照5%～35%税率缴纳个人所得税，而个人独资企业或合伙企业对外投资分红按照20%税率缴纳个人所得税。

（2）法人（公司）股东从设立的合伙企业取得分红。对公司投资者从合伙企业取得的股息红利，公司股东需缴纳25%企业所得税。

如图1－3所示：A和甲公司对乙合伙企业各持股50%，乙合伙企业通过经营取得100万元利润，乙合伙企业不交税，分红给A和甲公司，先分后税，

A 按 5% ~35% 的五级超额累进税率，缴纳个人所得税，则 A 应缴纳个人所得税 =50 万元 ×30% −4.05 万元 =10.95 万元，A 可获得分红 =50 万元 −10.95 万元 =39.05 万元；甲应纳税所得额 =100 万元 ×50% =50 万元，甲公司缴纳企业所得税 =50 万元 ×25% =12.5 万元，甲公司获得分红 37.5 万元。

如果乙合伙企业向丙公司投资，丙公司获得 100 万元利润，分红给乙合伙企业，先分后税，A 应纳税所得额 =100 万元 ×50% =50 万元，A 缴个人所得税 =50 万元 ×20% =10 万元，A 获得分红 40 万元［根据（国税函〔2001〕84 号）］；甲应纳税所得额 =100 万元 ×50% =50 万元，甲公司缴纳企业所得税 =50 万元 ×25% =12.5 万元，甲公司获得分红 37.5 万元。

各地对于投资类合伙企业的自然人，又区分普通合伙人（GP）和有限合伙人（LP），对合伙企业的投资所得，区别不同类型的合伙人计算个人所得税。如上海市金融服务办公室、上海工商行政管理局、上海市国家税务局、上海市地方税务局《关于本市股权投资企业工商登记等事项的通知》（沪金融办通〔2008〕3 号）规定：执行有限合伙企业合伙事务的自然人普通合伙人，适用 5% ~35% 的五级超额累进税率。不执行有限合伙企业合伙事务的自然人有限合伙人，其从有限合伙企业取得的股权投资收益，依 20% 税率计算缴纳个人所得税。湖南省人民政府《关于进一步加快发展资本市场的若干意见》（湘政发〔2010〕1 号）规定，有限合伙企业，执行有限合伙企业合伙事务的自然人普通合伙人，适用 5% ~35% 的五级超额累进税率，不执行企业合伙事务的自然人有限合伙人，适用 20% 的税率计算缴纳个人所得税。个人所得税税率见表 1 −3。

表 1 −3　个人所得税税率表（个体工商户的生产、经营所得和对企事业单位的承包经营、承租经营所得适用）

级数	全年应纳税所得额	税率	速算扣除数（元）
1	不超过 30000 元的	5%	0
2	超过 30000 元至 90000 元的部分	10%	1500
3	超过 90000 元至 300000 元的部分	20%	10500
4	超过 300000 元至 500000 元的部分	30%	40500
5	超过 500000 元的部分	35%	65500

国地税合并后，这些地方政策正在逐步取消。①

2. 个人独资企业和合伙企业自然人出资人转让出资份额。

（1）个人独资企业和合伙企业自然人出资人转让出资份额（股权），比照个体工商户所得的5%～35%税率纳税。

（2）法人（公司）股东将持有的合伙企业出资份额转让取得的收入，公司股东需缴纳25%企业所得税。

综上可以看出，自然人投资成立有限公司，在取得利润前需要公司缴纳企业所得税，个人缴纳个人所得税，共计两道税；而个人独资企业、合伙企业则无须缴纳企业所得税，只要缴纳个人所得税后即可取得利润分配。然而，对个人独资企业和合伙企业而言，投资人均要承担无限连带责任（有限合伙企业的有限合伙人例外）。因此，在设立商事主体时，需要结合法律风险和税负综合考虑，以实现出资商业目的。

---

① 合伙企业和个人独资企业税收演变历程：2000年合伙企业和个人独资企业停止征收企业所得税，按生产、经营所得征收个税；2001年，出台政策明确了股息红利税率为20%；2008年，合伙企业"先分后税"，以每一个合伙人为纳税义务人；2009年，全国各地纷纷出台政策，有全部按20%税率征收的，有对有限合伙人按20%税率征收、普通合伙人按5%～35%税率征收的；2018年，国家税务总局稽查局要求按5%～35%税率补税；2019年区分是否创投企业，创投企业按20%税率征收，非创投企业按5%～35%税率征收。政策依据分别是国务院《关于个人独资企业和合伙企业征收所得税问题的通知》（国发〔2000〕16号）；国家税务总局《〈关于个人独资企业和合伙企业投资者征收个人所得税的规定〉执行口径的通知》（国税函〔2001〕84号）；财政部、国家税务总局《关于合伙企业合伙人所得税问题的通知》（财税〔2008〕159）；国家税务总局稽查局《关于2018年股权转让检查工作的指导意见》（税总稽便函〔2018〕88号）；《关于创业投资企业个人合伙人所得税政策问题的通知》（财税〔2019〕8号）。

第二讲

公司股权比例如何分配

股东会是公司的最高权力机构，股东拥有股权的多少直接影响表决权。而且，董事会成员组成也需要股东的表决（推荐），控股股东的意见可以主导公司股东会的决议，从而影响公司的控制权。因此，持股比例的多少不仅影响股东的分红，而且决定一个公司的控制权。公司股权分配问题如果在开始没处理好，在创业开始的“蜜月期”可能不会发生争执，但步入正轨后，股权分配不合理产生的分歧可能会造成股东分道扬镳。

股权是股东基于出资对公司享有的从公司获得经济利益并参与公司经营管理的权利，包括表决权、知情权、财产收益权等，股权的取得可以在公司设立时出资取得，或通过股权转让、受赠、继承的方式取得，也可通过增资入股的方式取得。股权可以分为共益权和自益权。自益权是股东专为自己利益行使权利，如知情权、股息红利分配请求权；共益权是股东行使权利时兼以自己和公司的利益为目的而行使权利，尽管以自己的利益为目的，但客观上有利于公司和其他股东，如表决权、对公司高管诉讼的权利等。

一、公司股权权能

股权权能就是股东拥有的权利，包括：

1. 股东身份权，也称社员权，是股东享有公司相应的身份和资格。证明股东身份的标志有出资证明书、出资凭证、股东名册、公司章程签名、股东会决议表决（签名）等。不同于房地产登记，股权工商登记并非股东资格取得的必要条件。我国法律规定未经工商登记，不得对抗第三人。如张三将其替李四代持的股权转让给王五，王五不知股权实际是李四的，支付了股权对价并办理了工商变更登记，此时，张三虽然是实际股东，但未办理工商登记，不能向王五索回股权，这里的王五是第三人，李四虽然是股东，但没有进行工商登记，不能对抗王五取得股权。

2. 表决权。股东可以按照认缴（实缴）出资比例行使表决权。对是否增减资、解散公司、并购等特别重大事项，应有代表股份总数 2/3 以上的股东出席，并由代表股份总数 2/3 以上表决权的股东同意方可通过。普通决议应有代表股份总数 1/2 以上的股东出席，并由代表股份总数的持 1/2 以上表决权的股东同意方可通过。

3. 提案权。股东可以在股东会召开以前向召集人提出书面提案，召集人应将该提案送达各股东，并提交股东会决议。如果召集人不予提交的，该股东有权直接在股东会上提出。股东也可以在股东会上提出临时提案，是否需要在股东会上审议表决由股东会按照普通决议程序形成决定。

4. 股利分配请求权。股东有权按照认缴出资（实缴出资）比例分配公司税后的利润和其他形式的利益。股东会可以决定公司每年至少将净利润的百分之多少用于分红，也可以决定不分红，用于企业发展。但如果公司连续 5 年盈利，并符合《公司法》分配条件，股东对股东会决议不分红投反对票，可以请求公司收购其股权。股东会决议通过 60 日内，未达成收购股权协议，股东在股东会决议通过之日起 90 日内可以向人民法院起诉，要求公司收购其股权。

5. 知情权。公司股东均有查阅、复制（抄录、复印）公司章程、股东名册、股东会会议记录、董事会会议决议、监事会会议决议、财务会计报告的权利，但会计账簿只能查阅，不能复制，且查阅会计账簿前，应当向公司提出书面请求，并说明目的。如果公司有合理根据认为股东查阅会计账簿有不正当目的，可能损害公司合法利益，可以拒绝。如果上述材料涉及公司商业秘密的，股东查阅复印这些材料的同时要遵守公司规定，承担保密义务。

6. 股权转让、赠与与继承权。股东可以将自己持有的股权进行转让和赠与。股东死亡时，其所持有的股权是否可以继承由股东在公司章程中约定。

7. 优先购买权。股东向非股东转让股权的，在同等条件下，其他股东享有优先购买权。两个以上股东主张优先购买权的，协商确定各自的购买比例，协商不成的，按照转让时的持股比例行使优先购买权。这样的制度安排是为了保持公司的人合性，以免让不受老股东欢迎的人进入公司。

8. 新股优先认购权。在公司新增资本时，公司股东有权按照（认缴出资/实缴的出资）出资比例优先认缴出资。

9. 质询权。股东有权以书面形式向董事、监事、高级管理人员提出质询。

10. 召集股东会请求权和自行召集权。代表1/10以上表决权的股东有权请求公司召开临时股东会。董事会、监事会不召集和主持股东会的，上述股东可以自行召集和主持。

11. 确认决议不成立、无效和请求撤销决议权。当公司未召开股东会、董事会会议，会议未对决议事项进行表决；出席会议的人数或者股东所持表决权不符合公司法或者公司章程规定的；会议的表决结果未达到公司法或者公司章程规定的通过比例时，决议不成立。公司股东有权向法院提出股东会、董事会决议不成立的诉讼。当公司股东会或董事会的决议内容违反法律、行政法规时，公司股东有权向法院提出诉讼确认决议无效；当股东会、董事会的会议召集程序、表决方式违反法律、行政法规或者公司章程，或者决议内容违反公司章程的，股东可以自决议作出之日起60日内，请求撤销决议。如果股东会、董事会的决议侵害了股东的合法权益，股东有权同时提出停止该违法行为和侵害行为的主张，并有权要求公司承担民事赔偿责任。

12. 股东代表诉讼权。股东滥用股东权利或公司董事、监事、高级管理人员执行职务时违反法律和公司章程给公司造成损失的，股东可以依照《公司法》第151条以个人的名义代表公司向其进行索赔，索赔胜诉后的利益归属于公司。

13. 股东直接诉讼权。董事会、高级管理人员违反法律、行政法规或者公司章程的规定，损害股东利益的，股东可以向人民法院提起诉讼，诉讼利益属于股东个人。

14. 申请公司解散权、申请公司清算权。公司存在以下情形之一的，可以确认为《公司法》第182条规定的公司经营发生严重困难，持有公司全部股东表决权 10% 以上的股东，有权请求人民法院解散公司：

（1）公司持续两年以上无法召开股东会，公司经营管理发生严重困难的；

（2）股东表决时无法达到法定或者公司章程规定的比例，持续两年以上不能作出有效的股东会决议，股东经营管理发生严重困难的；

（3）公司董事长期冲突，且无法通过股东会解决，公司经营管理发生严重困难的；

（4）公司经营管理发生困难，公司继续存续会使股东利益受到重大亏损的。股东的该项权利不受出资瑕疵的影响。

15. 公司剩余财产分配请求权。公司解散清算后，股东有权按照认缴出资/实缴出资的出资比例分配公司剩余财产。

二、不同持股比例的股权权能

根据我国《公司法》第 43 条的规定，修改公司章程、增资、减资、公司合并、分立、解散、变更公司形式的决议，须经代表 2/3 以上表决权的股东通过。因为上述事项是重大事项，所以要求经 2/3 表决权的股东同意才能通过，换算成百分比就是 67%。因此，只要股东持股比例达到 67% 及以上，有关增资、减资、合并、解散等重大事项，都由他一人说了算，因此该股东对公司在股权层面拥有绝对控制权。相对于 67% 的绝对控股，34% 的持股比例也很重要。只要股东持股达到 34%，即拥有公司重大事项一票否决权，当持股比例 34% 的小股东不同意大股东修改章程、分立、合并、解散公司等重大事项提案时，其行使否决权，该决议就无法通过。

除上述重大事项外，公司一般事项须经代表 1/2 以上表决权的股东通过，因此，股东持股比例超过 51%，可以实现对公司的相对控制。

持股 10% 以上的股东，可以提议召开股东会和董事会，在董事会（执行董事）和监事会（监事）不召集和主持股东会时，代表 10% 以上表决权的股东可以自行召集和主持。

持股 3% 以上股东可以向董事会提出临时提案，由董事会将提案提交股东大会审议。

持股1%以上股东在公司董事、监事、高级管理人员侵害公司利益时，可以提起股东代表诉讼。

实践中，有公司章程约定，所有重大事项表决必须所有股东一致通过，该约定其实赋予了所有股东一票否决权，对公司经营风险很大，只要有任何一名股东不同意，修改公司章程等重大事项均难以通过决议。

所以公司初创时期最好有一位“带头大哥”，持股比例达到51%甚至67%以上，这样可以让带头人有绝对控制力。我国《公司法》规定的不同比例的股权权能如表2-1所示。

表2-1　《公司法》不同比例的股权权能

股东持股比例	股东权利	《公司法》条款
持股2/3以上	修改公司章程、增加或者减少注册资本的决议，以及公司合并、分立、解散或者变更公司形式的决议，必须经代表2/3以上表决权的股东通过	第43条
持股1/2以上	股东大会作出决议，必须经出席会议的股东所持表决权过半数通过	第103条
单独或合计持有10%以上	（1）有权提议召开股东（大）会、董事会会议； （2）连续90日单独或合计持有公司10%以上表决权的股东在董事会、监事会不召集股东大会后，可以自行召集股东（大）会； （3）在公司僵局时，有权向法院申请公司解散	第39、40、100、101、110、182条
单独或合计3%以上	有权在临时股东大会召开前向董事会提出议案	第102条
1%以上	有限责任公司股东，股份有限公司连续180日以上单独或者合计持有公司1%以上股份的股东享有股东代表诉讼权	第151条

三、如何根据资金、人力、技术、资源要素分配发起人股权

以发起人贡献的资源要素分配股权。衡量公司的总投入是多少，以发起人投入的资金、拥有的知识产权、行业管理经验、社会资源以及贡献度分配股权。

（一）根据资金、人力和资源要素权重确定股权比例

1. 公司总投入包括资金和人力两种要素。设定资金股占总股比40%权重，人力股占60%权重（这个比例股东协商，看公司是资金驱动型还是人力驱动型）。

发起人A：负责公司整体运营，出资100万元；

发起人B：负责营销，出资40万元；

发起人C：负责技术，不出资；

发起人D：不在公司工作，出资60万元。

A、B、C三人在人力股中的占比为2∶1∶1（四人民主讨论决定）。

A的资金股比例为100万元÷（100万元+40万元+60万元）×40%=20%

B的资金股比例为40万元÷（100万元+40万元+60万元）×40%=8%

C的资金股为0

D的资金股比例为60万元÷（100万元+40万元+60万元）×40%=12%

A的人力股比例为2÷（2+1+1）×60%=30%

B的人力股比例为1÷（2+1+1）×60%=15%

C的人力股比例为1÷（2+1+1）×60%=15%

D的人力股为0

综上，发起人持股比例见表2-2。

表2-2　发起人持股比例　　单位:%

股东	资金股比例	人力股比例	持股比例
A	20	30	50
B	8	15	23
C	0	15	15
D	12	0	12
总计	40	60	100

2. 公司总投入包括资金、人力和资源三种要素。假设发起人中各有资金、资源和人力投资。

发起人A：不在公司工作，出资100万元；

发起人B：负责公司整体运营，出资60万元；

发起人C：有资源，不出资不在公司工作；

发起人D：负责技术，不出资。

该公司是资源驱动型公司，三人讨论后设定资金股占总股本30%权重；人力股30%权重，其中B与D在人力股中的占比为2∶1；资源股40%权重，则发起人持股比例见表2－3。

表2－3　资源驱动型公司发起人持股比例　　单位：%

股东	资金股比例	人力股比例	资源股比例	持股比例
A	18.75	0	0	18.75
B	11.25	20	0	41.25
C	0	0	40	40
D	0	10	0	10
总计	30	30	40	100

（二）以创始人和发起人的身份以及股东贡献度分配股权

创始人身份股权重10%，发起人身份股权重10%（创始人除外），认缴出资额权重40%，按实际出资计算比例；岗位贡献度权重40%，根据岗位和业务、业绩计算比例，兼职持股比例不超过5%；

发起人A：创始人，负责公司整体运营，出资100万元；

发起人B：负责市场销售，出资60万元；

发起人C：负责技术，出资40万元；

发起人D：负责资源渠道，不出资。

根据每个人的身份和价值贡献，计算出每人的持股比例见表2－4。

表2-4　发起人持股比例　　单位：%

股东	创始人身份股	发起人身份股	出资	岗位贡献度	持股比例
A	10	0	20	15	45
B	0	3.5	12	10	25.5
C	0	3.3	8	10	21.3
D	0	3.2	0	5	8.2
权重	10	10	40	40	100

（三）同一股东出资比例、持股比例和分红比例不同

股东股权比例设置，出资是股权分配的必要依据，却非唯一依据，创业者最终核算的持股方案可以与出资比例不一致。这种将股东权利进行分离设计，使得股权在股权比例、表决权和分红权之间作出不等比例的安排，又叫二元股权设计，其实质是将决策权和分红权分离，通过股权分配、公司表决权和公司分红权不等比例，从而实现股东之间的权利平衡。对于承担风险较大的股东，应给予其更高的股权，以保证其享有决策权，而对于贡献度较高的合伙人，则应给予较高比例的分红。

不同于上市（股份有限）公司，我国《公司法》第34条规定，有限责任公司股东按照实缴的出资比例分取红利，但是全体股东约定不按照出资比例分取红利的除外，因此股东出资比例和分红比例可以不一致。《公司法》第42条规定，股东会会议由股东按照出资比例行使表决权，但是《公司章程》另有规定的除外。出资比例与持股比例是否可以不一致，《公司法》没有规定，但司法实践对此持肯定态度。最高人民法院审理的深圳市启迪信息技术有限公司与郑州国华投资有限公司等股权确认纠纷案，认为有限责任公司股东内部可以约定不按实际出资比例持有股权，该约定不影响公司资本对公司债权担保等对外基本功能地实现，应属有效。因此，股东可按约定享有持股比例和分红比例，即持股比例、分红比例以及出资比例可以分离，比例可以不一致。如两个股东新设一家公司，张三有技术且为全职，李四仅投资不在公司工作，如果张三投资20万元，占股20%，李四投资80万元，占股80%，在公司发展顺利、回报可观的情况下，张三心态一定会发生变化，认

为其投入和回报不成正比，那么企业会难以做好。

根据出资、人力贡献度，分别划定投资、持股和分红比例。

（1）二人投资数额不变，张三投资20万元，李四投资80万元，将股权调整为张三占股80%，李四占股20%，公司管理决策权交给张三。分红比例可以按持股比例确定，张三80%，李四20%。也可以不按持股比例定，比如张三和李四各50%。

（2）二人股权比例按照投资比例确定，张三占股20%，李四占股80%，但分红比例为张三60%，李四40%，投入产出成正比，张三心态就不会发生变化。

上帝的归上帝，恺撒的归凯撒。通过以上比例变通的方法，保持股东贡献与收益成正比，形成公司健康发展的局面。

四、公司控制权设计

公司控制权，包括股权层面的控制权、董事会层面的控制权和公司经营管理层面的实际控制权。为了维护大股东的控制权，可以将其他股东股权中的投票权分离出来，交给创始股东行使，或者通过制度设计，控制公司董事会，从而间接控制公司。以下是集中公司控制权常用方法：

1. 投票权委托

投票权委托是指公司部分股东通过协议约定，将其投票权委托给其他特定股东行使的行为。上市公司中，阿里巴巴上市招股书表明，软银将不低于30%的普通股投票权委托给马云和蔡崇信行使；腾讯股东之一的南非MH公司将持有的34%股权投票权委托给腾讯管理团队，实现马化腾对腾讯的控制。

2. 一致行动人协议

一致行动人是通过协议约定，股东就特定事项采取一致行动，意见不一致时，其他股东必须跟随一致行动人投票，体现在股东行使提案权、表决权时，做出与一致行动人相同的意思表示，增加创始股东的投票权重。其核心内容为，在处理有关公司经营发展需要由公司股东大会、董事会作出决议的事项时均应采取一致行动；在表决权之前，一致行动人内部先对相关议案或表决事项进行协调，直至达成一致意见，在行使表决权时保持一致。

3. AB股计划

AB股计划（dual - classstructure）是指公司股票区分为A序列普通股（Class A common stock）与B序列普通股（Class B common stock）；A股由机构投资人与公众股东持有，B股由创业团队持有，每一股A股有一票，每一股B股有十票，如Face book、Google、百度等公司。而京东的AB股计划，刘强东及管理层持有的股份每股代表20个投票权，其他股东持有的股份每股只有一个投票权。

4. 有限合伙企业持有公司股权

设立有限合伙企业间接持有公司股权，通过有限合伙企业普通合伙人（GP）的绝对控制权，从而加大大股东在公司的持股比例，以利于控制公司。

5. 决议事项设计

通过调整和改变股东会、董事会的权利，增加董事会的权利范围和权限，实现股东通过董事会控制公司。如果一个股东持股比例未超过50%，但在董事会里，只要“自己人”在董事会议席（人数）压倒多数，这名股东就可以控制公司。董事会作为公司的业务经营决策机关和执行机关，是法人治理结构中的中枢，通常股东会和董事会的权限范围是固定的，但股东会可以通过章程修订将股东会的权利让渡给董事会，如授权董事会对公司员工，包括管理层进行股权激励计划；授权董事会在不经过股东大会同意的情况下调整董事会结构，包括随时任免、增减董事，且不受人数限制；公司引进战略投资人由董事会决定。这样扩大了董事会权限，但必须授权明确，不能过度授权，否则可能导致董事会偏离股东会的意愿，影响股东利益。董事会的治理结构很重要，包括董事的选任、董事会议事方式和表决程序、独立董事制度设计等。公司章程可以约定公司董事由股东委派，当某位董事损害委派股东利益时，委派股东可以自行决定免除其董事身份，无须和其他股东商量。还可以在公司章程中明确，在董事任期届满前，股东有权随时解除其董事身份。

6. 合伙人决定“董事会”

对只持有少数股权的马云及其团队来说，无法通过股权多数决形成对阿里巴巴的有效控制。2010年马云及其团队创设了一个新的制度——阿里巴巴合伙人制度。公司成立了由合伙人组成的合伙委员会，合伙人必须在阿里巴巴服务满5年；必须持有公司股份，且有限售要求。合伙人由在任合伙人向合伙人委员会提名推荐，超过75%的合伙人投票同意其加入。合伙人委员会共5名委员，马云和蔡崇信是永久合伙人，合伙人委员会审核新合伙人的提名和选举，提名公司董事人选；合伙人提名的董事占董事会人数一半以上，董事会成员中由合伙人提名或任命的董事不足半数时，合伙人有权任命额外的董事以确保其半数以上的董事控制权；如果股东不同意选举合伙人提名的董事，合伙人可以任命新的临时董事，直至下一年度股东大会。阿里巴巴合伙人与投资人软银、雅虎达成了一整套表决权拘束协议约定，上市公司董事会共9名成员，阿里巴巴合伙人有权提名简单多数（5人），如软银持有阿里15%及以上的股份，软银有权提名1名董事，其余的3名董事由董事会提名委员会提名，前述提名董事将在股东大会上，由简单多数选举产生。

可见，合伙人委员会是阿里巴巴合伙人架构中最核心的部门，股东会将超过半数的董事提名权和任命权让渡给了合伙人委员会，可视作阿里巴巴创始人与投资人软银、雅虎协商的结果，通过这一机制的设定，阿里巴巴合伙人拥有了超越其他股东的董事提名权和任免权，控制了董事会，进而控制了公司。

董事会层面控制。股东通过提名、委派、任命、选举董事，控制公司董事会大部分席位，通过人数多数决决定董事会决议。如果规定发起人对超过半数董事会人选具有提名权，则发起人就可以控制公司董事会，进而控制公司。

7. 累积投票权

累积投票权指股东大会选举两名以上的董事时，股东所持的每一股份拥有与待选董事总人数相等的投票权，股东既可用所有的投票权集中投票选举一人，也可分散投票选举数人，按得票多少一次决定董事人选的表决权制度。目的在于防止大股东利用表决权优势控制董事的选举，矫正一股一票表决制度存在的弊端。选举董事时每一股份代表的表决权数不是一个，而是与待选董事的人数相同，股东在选举董事时拥有的表决权总数，等于其所持有的股份数与待选董事人数的乘积。如某公司要选5名董事，公司股份共1000股，股东10人，其中一名大股东持有51%股权，拥有510股，另外9名股东合计持股49%，拥有490股。若按直接投票，每一股一个表决权，大股东能让自己想选上的5名董事全部当选，小股东则无话语权。若采取累积投票制，表决权的总数就成为1000×5=5000票，大股东拥有2550票，其他股东拥有2450票。股东可以集中投票给一个或几个董事候选人，并按所得同意票数多少排序确定当选董事，从理论上来说，其他9名股东至少可以使自己的2名董事当选，大股东最多能选上3名自己的董事。

累积投票制度本身对小股东有利，能够制约大股东。在股东大会选举的董事、监事为两名以上时，股东所持每一股份拥有的投票权与所选举的董事、监事人数相等，股东既可以把所有投票权集中起来选举一人，也可以分散选举数人。如某公司总股本为100股，其中A股东持有51股，B股东持有49股，现要从3名候选人甲、乙、丙中选两名董事，其中甲和乙是A提名，丙是B提名。如果采用直接投票，A股东有51票，每张票可以投两个人，A在每张票上都选甲和乙，甲和乙分别得到51票，B每张选票只选丙，并最多得49票。最后甲和乙进入董事会。如果采取累积投票制，A股东的表决权数为102票，B股东表决权票数为98票。所有候选人放在一起进行选举，每张票只能选一个人。B股东会将受理的98票全部投给丙，丙就肯定能进董事会。A股东的总票数是102票，无论怎么投，都不可能使甲和乙的票数都超过98票，因此，甲和乙只能有一个人进入董事会。A股东想完全控制董事会的企图在累积投票制下就无法实现，小股东的代表也可以进入董事会。

计算公式为：

$$X=(Y\times N1)\div(N2+1)+1$$

X代表选出N1个董事人数需要持有的股数，Y代表股本总数，N1是预要选的董事人数，N2是总共要选的董事人数。

大股东要选3名董事所需要的股权数：

$$X=1000\times 3\div(5+1)+1=501\text{股}$$

大股东要选2名董事所需要的股权数：

$$X=1000\times 2\div(5+1)+1=333.33+1=334\text{股}$$

已知股本总数，大股东最多可以选几名董事？

公式：$N1=(N2+1)\times(X-1)\div Y$

$N1=(5+1)\times(510-1)\div 1000=3.054$

大股东持有510股，最多可以选3名董事。

8. 公司经营管理权控制

公司经营管理的实际控制权包括控制法定代表人的职位、总经理任命、掌握公章、营业执照、财务印鉴等实现公司控制权。

万科董事会票决的奥妙

2016年6月，在万科董事会上，对股东提出万科引进深圳地铁的重组预案进行投票表决，该决议必须2/3董事多数通过。当时万科的董事会共有11名董事，其中大股东华润有董事3名，管理层董事4名，独立董事4名。当天开会时，独立董事张利平从海外回来，飞机晚点，表决时，董事会秘书朱旭电话询问张利平投票意见。张利平电话回答：第一个声明我新的工作在黑石（公司），目前对两大（万科）股东都有交易，我有利益冲突，所以我弃权。朱旭追问：那您这样的话，属于利益关联，您就属于回避表决，是这样吗？张利平答：没有错。朱旭再次确认：回避表决？对吗？张利平回答：对。朱旭再跟进：那我要提醒您的是，关于独立董事，您做出回避表决的话，必须给我们书面回避理由，签字，然后我们会在公告里公告。张最后答：就是我刚才讲的理由，因为利益冲突，所以我必须回避表决，我会提供书面意见。最终，管理层4名董事全部投赞成票，华润3名董事全部投反对票，3名独立董事投赞成票，张利平回避表决。后来，对这个表决结果股东提出异议，认为对张利平的表决行为应该认定为弃权而不是回避表决。弃权和回避表决的区别是什么呢？法律后果有什么不同呢？

如果是回避表决，那么参加表决的全部票数为10票，赞成7票，反对3票，7/10大于2/3，表决通过；如果是弃权，那么参加表决的全部票数为11票，赞成7票，反对3票，7/11小于2/3，表决未通过。

《公司法》第124条规定，上市公司董事与董事会会议决议事项所涉及的企业有关联关系的，不得对该项决议行使表决权，也不得代理其他董事行使表决权。该董事会会议由过半数的无关联关系董事出席即可举行，董事会会议所做决议须经无关联关系董事过半数通过。出席董事会的无关联关系董事人数不足3人的，应将该事项提交上市公司股东大会审议。

该条规定会议决议的关联关系董事不得表决，这就是回避表决，回避表决的1票不能计算在全部参加的表决票内。需要回避表决的董事投票权不计入有效表决票。弃权则意味着董事可以表决，弃权票应计入到有效表决票内。

董事弃权时，有效表决数等于出席董事人数，如果有董事回避表决时，有效表决数要小于出席董事人数，二者区别就在于是否计入全体表决票中，通过票数与有效表决票的比例，分母不同，决定了是否能够通过表决。

上述案例中，宝能集团通过在二级市场上大量收购股票，其持有的万科股票超过28%，成为公司第一大股东。我国《公司法》规定，持股比例超过10%的股东，可以提议召开临时股东会，提出议案，由公司股东会表决。宝能成为公司第一大股东后，可以提议召开临时股东会，提出更换公司董事会的决议案，如果股东大会持股多数决通过，则公司以王石为代表的董事会将被替换，宝能提名的董事占据董事会多数席位，公司的控制权将落于宝能。因此，董事的提名，董事的产生很重要，一般是超过一定比例的股东提名董事人选，由股东会选举产生。

假设万科为狙击宝能更换董事，可以在公司章程中规定，董事由10%的股东提名，每届任期3年，每次换届只能改选1/4董事，而且新增董事必须分批改选。这种轮换董事制度又叫"驱鲨剂条款"。如此一来，宝能即使成为大股东，提议更换董事，也需要等到这一届董事会任期届满，并且只能每次更换1/4董事，万科董事会有11名董事，每次只能改选2名，控制董事会需要很长时间，从而延长宝能获得多数董事席位的时间。

附：出资协议书

出资协议书

遵照《中华人民共和国公司法》及有关法规规定，本着平等互利的原则，以下各方经友好协商，一致决定共同发起设立公司（以下简称公司或目标公司），并于2021年____月____日在________市________区签订本协议。

甲方：__________ 身份证号：__________

户籍地址：__________

送达地址：__________

联系电话：__________ Email：__________ 微信：__________

乙方：__________ 身份证号：__________

户籍地址：__________

送达地址：__________

联系电话：__________ Email：__________ 微信：__________

丙方：__________ 身份证号：__________

户籍地址：__________

送达地址：__________

联系电话：__________ Email：__________ 微信：__________

甲、乙、丙三方，均可单独称为出资人或股东，合称为各方或全体股东。

第一章　公司宗旨与经营范围

1.1 本公司的中文名称为：________（此名称为暂定名，最终以工商部门核准的为准）。

1.2 本公司的住所为：________。

1.3 本公司的组织形式为：有限责任公司。

1.4 本公司的经营宗旨为：________。

1.5 本公司的经营范围为：________。

第二章　注册资本

2.1 本公司的注册资本为人民币____万元整，各出资人全部以现金出资。

2.2 约定在公司章程和市场监督管理部门登记的认缴出资数额和持股比例如下：

甲方：认缴出资额为：____万元，以现金出资，占注册资本的____%；

乙方：认缴出资额为：____万元，以现金出资，占注册资本的____%；

丙方：认缴出资额为：____万元，以现金出资，占注册资本的____%。

2.3 三方另行约定实际出资和实际持股比例如下：

甲方：认缴出资额为：____万元，名义持股比例为____%，实际持股比例为____%；

乙方：认缴出资额为：____万元，名义持股比例为____%，实际持股比例为____%；

丙方：认缴出资额为：____万元，名义持股比例为____%，实际持股比例为____%；

另外____%公司股权为甲方代持，用作股权激励。

第三章　出资人的权利与义务

3.1 出资人的权利

3.1.1 随时了解本公司的设立工作进展情况。

3.1.2 签署本公司设立过程中的法律文件。

3.1.3 审核设立过程中筹备费用的支出。

3.1.4 推举任本公司的执行董事，执行董事任期三年，任期届满可连选连任。执行董事任期届满前，股东会不得无故解除其职务。本公司总经理由执行董事提名，股东会聘任，任期三年，可连聘连任。

3.1.5 提出本公司的监事候选人名单，经本公司股东会按本公司章程的规定审议通过后选举产生，监事任期三年，任期届满可连选连任。本公司设监事一人。

3.1.6 在本公司成立后，按照国家法律和本公司章程的有关规定，行使股东权利、承担股东义务。

3.2 出资人的义务

3.2.1 按照法律规定和本协议的约定，将资金及时、足额地划入为设立公司所指定的银行账户。出资人未能按照本协议约定按时缴纳出资的，除向本公司补足其应缴付的出资外，还应对其未及时出资行为给其他出资人造成的损失承担赔偿责任。一方不履行出资义务的，其他履行义务的出资人有权催告，催告后仍未按时出资的，可按照其实际出资额调整股权比例。

3.2.2 及时提供本公司申请设立所必需的文件材料。

3.2.3 股权激励

____承诺，在其持有的经工商登记的股权中，另行提取股权总额____%作为公司激励股权。公司若要向员工实施激励股权，由股东会确定。当上述____%股权激励发放完毕后，另需对其他人员进行股权激励的，各出资人协商激励股权来源，协商不一致的，按照各股东同比例稀释提供激励股权。

3.2.4 勤勉工作

各方承诺，自本协议签署之日起，尽最大勤勉为公司发展贡献力量，提供资源支持，其中，全职参与公司经营，其余两方可不全职参与公司经营。

3.2.5 离职、竞业限制、禁止劝诱

全体出资人承诺，非经全部其他出资人书面同意，不得到与公司有竞争关系的其他用人单位任职，或者自己参与、经营、投资与公司有竞争关系的企业。

全体出资人承诺，非经全部其他出资人书面同意，该出资人不会劝诱、聘用在本协议签署之日及以后受聘于公司的员工，并促使其关联方不会从事上述行为。

若各出资人有违反上述承诺的行为，则该行为所产生的归属该出资人的一切收益都归公司所有。

3.2.6 股权锁定

为保证创业项目的稳定，公司在成立____年内，任何一方未经其他股东一致同意的，不得向本协议外任何人以转让、赠与、质押、信托或其他任何方式，对其所持有的公司股权进行处置或在其上设置第三人权利，但经其他出资人书面同意的除外。

3.2.7 股权回购

3.2.7.1 在本协议签署之后且在公司上市或被整体并购之前，某股东触发以下任一回购事件的，则其余股东有权回购该股东（指触发回购条件的一方）的全部股权：(1) 某股东因故意给公司造成重大损失；(2) 或某股东因故被判处承担刑事责任的；(3) 或某股东违反本协议约定的其他义务的。

3.2.7.2 回购价格由各方协商，协商不一致的，以提出回购时标的股权对应的以下两种价格较者为准：（1）其所持股权所对应的公司最近一次股权融资的估值的____分之一；（2）截至回购时，离职股东的实际出资额。

3.2.7.3 回购方可以以发出书面通知的方式行使回购权，被回购方须在收到通知后10个工作日内配合办理股权回购相关事项，否则视为违约，承担违约责任。

3.2.8 股权继承与分割

3.2.8.1 各方同意，如任一出资人去世，则其继承人不能继承取得股东资格地位，仅能继承股东的财产权益；针对已成熟的股权遗产财产权益，交由公司指定的评估机构进行评估（评估费用由公司承担），其余全部或部分股东有权按评估价格回购，多位股东要求回购的，回购比例由各方协商回购比例，协商不一致的，按照各方持股比例受让。

3.2.8.2 各方同意，任一股东离婚，若其股权被认定为夫妻共同财产，其配偶不能取得股东地位。已成熟的股权，交由公司指定的评估机构进行评估（评估费用由该股东承担），并由该股东对其配偶进行分配补偿，否则，其余全部或部分股东有权代为回购其配偶的股权，回购比例各方协商确定，协商不一致的，按照各方持股比例回购。

3.2.9 公司在未来股权融资时，各出资人的股权同比例稀释。

3.2.10 各方同意，在本协议签订之后，任意一方在任职期间所进行的开发、研发、创新所产生的各项技术、知识产权、代码或解决方案的知识产权归公司所有，未经公司书面允许，不得以任何方式做其他用途。

第四章 筹备、设立与费用承担

4.1 在本公司设立成功后，同意将为设立公司所发生的全部费用列入本公司的开办费用，由成立后的公司承担。这些费用包括但不限于：聘请代理机构代办公司注册的费用、租赁办公场地的费用等。

4.2 在本公司不能成立时，同意对设立行为所产生的债务和费用支出按各出资人的出资比例进行分摊。

4.3 公司的筹备工作由全体出资人共同进行，在筹备期间各出资人应根据情况合理分工，以保证筹备工作的顺利进行。

4.4 筹备期间筹备人员不计报酬。

4.5 筹备期间的筹备工作安排由____统一调度，各出资人应积极予以配合。

第五章　出资人各方的声明和保证

本出资人协议的签署各方作出如下声明和保证：

5.1 出资人各方均为具有独立民事行为能力的自然人，并拥有合法的权利或授权签订本协议。

5.2 出资人各方投入本公司的资金，均为各出资人所拥有的合法财产。

5.3 出资人各方向本公司提交的文件、资料等均是真实、准确和有效的。

第六章　本协议的解除

当发生下列情形时，本协议可解除：

6.1 发生不可抗力事件。

6.1.1 不可抗力事件是指不能预见、不能避免并不能克服的客观自然情况，不包括政策法规环境的变化、社会动暴乱的发生、罢工等社会情况。

6.1.2 不可抗力事件发生后，任何一方均可在事件发生后的3天内通知对方解除本协议，并各自负担此前有关本协议项下的支出。

6.2 各方协商一致同意解除本协议，并已就协议解除后的善后事宜作出妥当安排。

第七章　争议的解决

履行本协议过程中，出资人各方如发生争议，应尽可能通过协商途径解决。如协商不成，任何一方均可向____仲裁委申请仲裁。

第八章　协议的生效

8.1 本协议一式叁份，自出资人各方签字后生效。

8.2 如无相反证明，本协议首部列明的日期即为本协议签署的日期。

第九章　其　　他

9.1 本公司的具体管理体制由本公司章程另行予以规定；本协议的相关事项在公司设立后仍然有效，除非全部股东另行签署新的股东协议。

9.2 根据本协议需要一方向另一方发出的全部通知以及各方的文件往来及与本协议有关的通知和要求等可采用电子邮件或快递方式传递，相应地址信息以协议首部载明的为准。

9.3 未尽事宜，出资人各方应遵守诚实信用、公平合理的原则协商签订补充协议，以积极地推进本公司的设立工作。

[以下无正文]

各方签字：

甲方：　　　　（签字）

乙方：　　　　（签字）

丙方：　　　　（签字）

公司章程范本①

第一章　总　　则

1.1 公司宗旨

本公司所有股东为了设立本公司，并根据中华人民共和国相关法律制订本章程，以资遵守。

1.2 公司名称和组织形式

公司的名称为________；公司的组织形式为有限责任制，公司股东以其认缴出资额对公司承担有限责任，公司以其全部资产对公司的债务承担责任。

1.3 公司住所地　公司的住所地为：________

1.4 法定代表人

公司的法定代表人是________，职务为________。

1.5 公司经营范围

公司的经营范围是：________

1.6 公司股东

本公司股东共有人，分别是：________

① 此章程范本采用了北京市京师律师事务所邓海虹律师的版本，《守护股权——股权控制精要详解及实务指引》，法律出版社2016年版。

股东名称或姓名	住所地	身份证号码或营业执照注册号

本公司仅认可在股东名册上的股权持有者为本公司股东。

1.7 股东出资

公司注册资本为人民币________元。股东采取下述方式缴纳出资，缴纳出资后，股东有权获得公司签发的股东出资证明书：

□所有股东在公司成立时一次缴足，缴纳情况为：

股东名称或姓名	缴纳情况		
	数额	方式	比例
合计	非货币出资		
	货币出资		

□股东分批进行出资。首次出资额为________元，其余出资在____年内缴足。具体的出资计划是：股东会可以授权董事会在不违反公司法强制性规定的前提下，在范围内对出资时间和方式作出调整。具体情况如下：

股东名称或姓名	认缴情况			设立时实缴情况			后续出资情况		
	数额	方式	比例	数额	方式	比例	数额	方式	比例
合计	非货币出资			非货币出资			非货币出资		
	货币出资			货币出资			货币出资		

1.8 瑕疵出资、抽逃出资股东的责任

瑕疵出资和抽逃出资的股东需要承担如下责任：

1. 补足出资：对于瑕疵出资、抽逃出资的股东，公司应书面通知其于____个工作日内补足出资或返还出资。

2. 限制权利：期限届满未缴纳或返还出资的仍需要在未出资的范围内对公司债务承担责任，对未缴纳或未返还出资部分，丧失股东权利。

3. 赔偿金：未按照约定履行出资义务的股东和抽逃出资的股东应按未履行出资额或抽逃出资额的向公司支付赔偿。违约股东还需在应缴或应返还的范围内对公司因瑕疵出资、抽逃出资而遭受的损失承担责任。

4. 公司董事、高级管理人员因其未尽忠实义务、勤勉义务造成出资瑕疵、出资抽逃，应对公司承担责任。

1.9 共有股权

1. 共有人预先弃权：在公司设立和受让股权时，公司有权要求共同财产出资的其他共有人以书面形式声明放弃股东资格请求权。

2. 股权代理：如果一个股权不可分割的由数人共有，数名共有人应当向公司提交共同签署的代理委托书，由指定的代理人行使股东权力。对应当向公司缴纳或续缴的出资，该数名共有人共同向公司承担连带责任。

1.10 公司资本增加

公司增资应当由董事会拟订方案，由股东会代表2/3以上表决权的股东同意后，股东会可以做出增资决议。股东会决议应规定增资数额及增资的分配方式。

1.11 公司资本减少

公司减资应当首先编制资产负债表和财产清单。由董事会拟订方案，由股东会代表2/3以上表决权的股东同意，在符合《公司法》要求的前提下，股东会可以通过减少注册资本的决议。在作出决议后，公司应当自作出减资决议之日起10日内通知债权人，并于30日内进行公告。

1.12 公司经营期限

本公司的营业期限为____年，自公司营业执照签发之日起计算。

如需要变更公司营业期限，则须经持有2/3以上表决权的股东同意。

经营期限到期前3个月，应当召开股东大会，决定公司是否存续。

第二章　股东权利义务

第一节　股东的权利

2.1 提案权

股东可以在定期股东会召开____日以前、临时股东会召开____日以前向召集人提出书面提案，召集人应将该提案送达各股东，并提交股东会决议。

如果召集人不予提交的，该股东有权直接在股东会上提出。股东也可以在股东会上提出临时提案，是否需要在股东会上审议表决由股东会按照普通决议程序形成决定。

2.2 表决权

股东按照股东名册上的记录，按照认缴出资/实缴出资的方式行使表决权。普通决议应有代表股份总数1/2以上的股东出席，并由代表股份总数的1/2以上表决权的股东同意方可通过。对于是否增减资、解散公司、并购等特别重大事项，应有代表股份总数2/3以上的股东出席，并由代表股份总数的持2/3以上表决权的股东同意方可通过。

股东会选举董事会和监事会适用累计投票制。

瑕疵出资、抽逃出资的股东，仅能按照实际履行出资部分所代表的股权比例行使表决权。

公司是否为公司股东或控制人提供担保、公司是否与股东关联公司进行关联交易的决议事项，相关股东不得参加这些事项的表决，该项表决由出席会议的其他股东所持表决权的过半数同意方可通过。

享有表决权的股东可以书面委托其他股东代行其表决权，该委托书需要在召开股东会之前交由股东会进行备案。

2.3 股利分配请求权

公司每年至少将净利润的____%用于分红。如果有股东提议不分红，将利用于企业发展，除非持有股份2/3以上的股东同意，否则必须分红。

股东有权按照认缴出资/实缴出资/平均分配的方式分配公司税后的利润和其他形式的利益。

股利分配请求权不能单独转让，但股东根据股东会决议而享有的请求公司支付特定股利的权利可以转让。

2.4 知情权

公司股东均有查阅、复印公司章程、股东名册、股东会会议记录、董事会会议决议、监事会会议决议、财务会计报告和会计账簿。股东查阅记录应当提前____日以书面形式向公司提出申请。

如果上述材料涉及公司商业秘密的，股东查阅、复印这些材料的同时要遵守公司规定，承担保密义务。

公司由合理证据认为股东查阅会计账簿有不正当目的，可能损害公司合法利益的，应当自股东提出书面请求之日起15日内，以书面形式拒绝提供查阅并说明理由。

2.5 股权转让、赠与与继承权

股东可以将自己持有的股权进行转让和赠与。股东死亡或丧失主体资格时，其所持有的股权不能继承。

2.6 优先购买权

股东向非股东转让股权的，在同等条件下，其他股东享有优先购买权。

两个以上股东主张优先购买权的，协商确定各自的购买比例，协商不成的，按照转让时的持股比例行使优先购买权。

主张优先权的股东应在请求答复期限届满之日起30日内或股东会决议之日起15日与拟转让股东签订股权转让合同，该期限届满未签订合同的，拟转让股权的股东可以向非股东转让股权。

2.7 新股优先认股权

在公司新增资本时，公司股东有权按照认缴出资/实缴出资的出资比例优先认缴出资。

2.8 质询权

股东有权以书面形式向董事、监事、高级管理人员提出质询。

在股东会上或者在股东会召开前提出质询的，董事、监事、高级管理人员应在股东会上给予答复。重大事项或者不方便立即答复的问题，经包含提出议案股东在内的____%股东同意可以另行指定答复时间。

不召开股东会时提出的质询，董事、监事、高级管理人员应于____日内给予书面答复。重大事项或者不方便立即答复的问题，经包含提出议案股东在内的____%股东同意可以另行指定答复时间或拒绝答复。

2.9 召集股东会请求权和自行召集权

代表1/10以上表决权的股东有权请求公司召开临时股东会。董事会、监事会不召集和主持股东会的，上述股东可以自行召集和主持；

公司没有根据公司章程规定召开定期股东会，则股东有权请求董事会召开股东会，董事会不召集的，适用临时股东会召集和主持程序。

2.10 确认决议无效权和请求撤销决议权

1. 当公司股东会或董事会的内容违反法律、行政法规时，公司股东有权向法院提出诉讼确认决议无效。

2. 当股东会、董事会的会议召集程序、表决方式违反法律、行政法规或者公司章程，或者决议内容违反公司章程的，股东可以自决议作出之日起60日内，请求撤销决议。

3. 如果股东会、董事会的决议侵害了股东的合法权益，股东有权同时提出停止该违法行为和侵害行为的主张，并有权要求公司承担民事赔偿责任。

2.11 异议股东股权回购请求权

在如下的情形下，对股东会决议投反对票的股东可以请求公司回购其股权：

1. 公司连续5年不向股东分配利润，而公司该5年连续盈利且符合公司法规定的分配利润条件。

2. 公司合并、分立、转让主要财产的。

3. 公司章程规定的营业期限届满或者公司章程规定的其他解散事由出现，股东会会议通过决议修改章程使公司存续的。

公司回购股权的价格采取____方式确定。公司在回购股权后，可以向其他股东或第三人转让该股权；如果没有人受让的，则公司应及时办理减资。

2.12 股东代表诉讼权

股东滥用股东权利或公司董事、监事、高级管理人员执行职务时违反法律和公司章程给公司造成损失的，股东可以依照《公司法》规定以个人的名义代表公司向其进行索赔。

如股东胜诉，其所支付的诉讼费、律师费及其他必要费用由公司承担。

2.13 股东直接诉讼权

董事会、高级管理人员违反法律、行政法规或者公司章程的规定，损害股东利益的，股东可以向人民法院提起诉讼，并有权要求公司承担聘请律师、会计师和其他诉讼中支出的合理费用。

2.14 申请公司解散权、申请公司清算权

公司存在以下情形之一的，可以确认为《公司法》规定的公司经营发生严重困难，持有公司全部股东表决权10%以上的股东，有权请求人民法院解散公司：

(1) 公司持续两年以上无法召开股东会，公司经营管理发生严重困难的；

(2) 股东表决时无法达到法定或者公司章程规定的比例，持续两年以上不能作出有效的股东会决议，股东经营管理发生严重困难的；

(3) 公司董事长期冲突，且无法通过股东会解决，公司经营管理发生严重困难的；

(4) 公司经营管理发生困难，公司继续存续会使股东利益受到重大亏损的。股东的该项权利不受出资瑕疵的影响。

2.15 公司剩余财产分配请求权

公司解散清算后，股东有权按照认缴出资/实缴出资的出资比例分配公司剩余财产。

2.16 其他权利

1. ____________________

2. ____________________

3. ____________________

第二节　股东的义务

2.17 出资义务

股东有根据公司章程的约定缴纳出资的义务。

2.18 忠诚义务

股东应积极促进公司业务的发展和经营目标的实现。

股东滥用股东权利给公司造成损失的，应对实际损失以及公司为追索损失形成的费用进行赔偿。

2.19 控股股东义务

公司的控股股东（指持有____%以上）不得作出有损公司和其他股东合法权益的决定。

控股股东侵害公司和其他股东权利的，应对公司和其他股东的实际损失以及为追索损失形成的费用进行赔偿。

2.20 股东清算义务

公司解散事由出现之日起15日内，股东有义务组成清算组对公司进行清算。

清算股东对公司负有忠实义务和勤勉义务。

2.21 其他义务

1. ______________________________

2. ______________________________

3. ______________________________

第三章　股权转让

3.1 股东之间股权转让

1. 股东之间转让股权时，应当书面通知其他股东。通知应该包含股权转让价格和其他股权转让的条件。其他股东应当在接到转让通知之日起____日内给予是否购买的答复，逾期未答复者视为放弃。

2. 在同等条件下，多个股东均要求购买，应按各自的持股比例受让。

3. 要求购买的股东应当在请求答复期限届满之日起与转让股份的股东签订股权转让合同。如该期限届满未签订合同的，拟转让股权的股东有在其他股东中任意选择转让对象的权利。

3.2 对外股权转让

1. 股东对外转让股权，应就其股权转让事项书面通知其他股东。通知应该包含股权转让价格和其他股权转让的条件。经其他股东过半数同意，可以对外进行股权转让。

2. 其他股东应当自接到通知之日起____日内给予答复，逾期未答复者视为同意转让。

3. 在同等条件下，其他股东享有优先购买权。行使该权利，应当在答复期限届满之日起____日与转让股权的股东签订股权转让合同。如该期限届满未签订合同的，则视为放弃优先购买权。如果股东恶意行使优先购买权的，需要向转让股份的股东承担违约责任。

4. 如果超过半数其他股东不同意向非股东转让股权的，异议股东应该在请求答复期限届满之日起内与转让股权的股东签订股权转让协议，为签订协议的则视为同意转让。

3.3 转让股权的其他限制

1. 公司设立人于公司成立后____年内不得转让其股权。

2. 公司董事、监事、根据股东转让股权时，必须经全体股东同意。

3. 因公司股权激励而获得的股权不得进行转让和继承。

3.4 瑕疵出资股东、抽逃出资股东转让股权的限制

股东在瑕疵出资、抽逃出资的情况下可以转让股权，但公司有权要求转让人、受让人补足出资，转让人与受让人在补足出资范围内对公司承担连带责任。

3.5 特殊的股权转让

1. 股权因为继承、赠与、析产原因发生变动的，合法取得股权的人可以直接获得该股权的财产性权利。

2. 没有取得股东资格应按本章程规定的程序转让该股权，其他股东在同等条件下享有优先购买权。如股权发生变动后____个月内仍没有转让股权，公司有义务回购该股权。

回购价格按照确定。

3.6 股权交付

出让股权的股东应当将转让的情况以书面方式通知公司，并通知公司办理股权变更登记手续。公司应注销原股东的出资证明书，将受让人的姓名或者名称、住所以及受让的出资额记载于股东名称，并向新股东签发出资证明书。

第四章　组织机构

第一节　股东会

4.1 股东会职权

股东会是公司的权力机构，由全体股东组成，行使下列职权：

1. 决定公司的经营方针和投资计划；

2. 选举和更换非由职工代表担任的董事、监事、决定有关董事、监事的报酬事项；

3. 审议批准董事会的报告；

4. 审议批准监事会或者监事的报告；

5. 审议批准公司的年度财务预算方案、决算方案；

6. 审议批准公司的利润分配方案和弥补亏损方案；

7. 对于公司增加或者减少注册资本作出决议；

8. 对发行公司证券作出决议；

9. 对公司合并、分立、变更公司形式、解散和清算等事项作出决议；

10. 修改公司章程；

11. 对公司聘用、解聘律师事务所、会计事务所作出决议；

12. 审议股东的提案；

13. 审议批准本章程规定的公司对外担保、投资事项；

14. 审议批准金额超过公司最近一期经审计总资产百分之____的合同；

15. 检查和监督业务执行的情况，必要时可以进行特别审计；

16. 本章程规定的其他职权。

4.2 公司投资、担保的特别规定

公司下列对外投资、担保行为，必须经代表以上表决权的股东同意：

1. 公司的对外投资、担保总额，达到或超过最近一期经审计净资产的百分之____以后提供的任何投资、担保；

2. 单笔投资、担保额超过最近一期经审计净资产百分之____ 的投资、担保的；

3. 为资产负债率超过百分之____的担保对象提供的担保；

4. 对股东、实际控制人及其关联方提供的投资、担保。

4.3 股东会会议种类

1. 公司股东会分为定期股东会和临时股东会。

2. 定期股东会每年召开次，并应于上一个会计年度完结之后的____个月之内举行。

3. 有下列情形之一的，公司董事会必须在事实发生之日起____日内召开临时股东会：

（1）董事人数不足《公司法》规定的法定三人，或者少于本章程所定人数的2/3时；

（2）公司未弥补的亏损达股本的1/3时；

（3）代表1/10以上表决权的股东书面请求时；

（4）1/3以上的董事认为必要时；

（5）监事会（监事）提议召开时。

4.4 股东会的召集和主持

1. 股东会由董事会召集，董事长主持。首次股东会会议由出资最多的股东召集和主持。

2. 监事会有权以书面形式向董事会提议召开临时股东会，同时阐明会议议题。董事会应当根据法律、行政法规和本章程的规定，在收到提案后____日内做出同意或不同意召开临时股东会的书面反馈意见。

董事会同意召开临时股东会的，在作出董事会决议后的____日内发出召开股东会的通知。如果变更议题的，应征得监事会的同意。董事会不同意召开临时股东会，或者在收到提案后____日内未作出反馈的，视为董事会不能履行或者不履行召集股东会会议职责，监事会可以自行召集和主持。

3. 代表1/10以上表决权的股东有权以书面形式向董事会请求召开临时股东会，同时阐明会议议题。董事会应当根据法律、行政法规和本章程的规定，在收到请求后____日做出同意或不同意召开临时股东会的书面反馈意见。

董事会同意召开临时股东会的，应当在作出董事会决议后的____日内发出召开股东会的通知。如果变更议题的，应当征得相关股东的同意。董事会不同意召开临时股东会，或者在收到请求后____日内未作出反馈的，代表

1/10以上表决权的股东有权以书面形式向监事会提议召开临时股东会。

监事会同意召开临时股东会的，应在收到请求日内发出召开股东会的通知。如果变更议题的，应当征得相关股东的同意。监事会不同意召开股东会或在收到请求后____日内未作出反馈的，视为监事会不召集和主持股东会，代表1/10以上表决权的股东可以自行召集和主持。

4. 监事会或股东会自行召集股东会的，应书面通知董事会，董事会应予以配合，会议所必需的费用由公司承担。

4.5 股东会提案

1. 公司召开股东会，董事会、监事会和股东有权提出提案。提案应有明确议题和具体决议事项，内容应当属于股东会职权范围。

2. 股东可在定期股东会召开____日以前、临时股东会召开____日以前向召集人提出书面提案，召集人应当在收到提案后____日内向其他股东发出股东会补充通知，告知提案的内容。如果召集人未将该提案提交股东会决议，该股东有权直接在股东会上提出。

3. 召集人在发出股东会通知公告后，不得修改股东会通知中已列明的提案。

4. 股东可以在股东会上临时提出提案，但是需要在该次股东会上审议表决应先由股东会按照普通决议程序形成决议。

4.6 股东会通知

公司应置备股东确认的股东通讯录，股东负有及时将地址、联系方式变更的情况告知公司的义务。召集人将在定期股东会召开____日前、临时股东会召开____日前以邮寄方式通知所有股东名册上的股东。通知邮寄后第三日视为送达。

股东会的通知包括以下内容：

1. 会议的时间、地点和期限；
2. 提交会议审议的事项、提案及其具体内容；
3. 会务联系人姓名、电话号码。

4.7 股东会最低出席人数或表决权数

股东会需要代表2/3表决权的股东出席，方能举行。如果未达到最低出席人数，会议应当延期，延期的股东会应在一个月内召开。会议延期召开后如果出席人数仍达不到最低人数，则应当解散会议。

4.8 股东会表决

公司章程如无特别规定，股东按照认缴出资/实缴出资的比例方式行使表决权。

股东会审议有关关联交易事项时，关联股东不应当参与表决，其所代表的表决权的股权数不计入有效表决总数。

是否属于关联交易如有争议，可以由股东会按照特别决议程序先行表决。

4.9 股东会决议

股东会决议分为普通决议和特别决议。

股东会作出普通决议，应当经代表1/2以上表决权的股东同意才能通过，股东会作出特别决议，应当经代表2/3以上表决权的股东同意才能通过。

下列事项由股东会以特别决议通过：

1. 公司增加或者减少注册资本；
2. 公司的分立、合并、解散和清算；
3. 本章程的修改；
4. 公司在一年内购买、出售重大资产或者担保金额超过公司最近一期经审计总资产百分之____的；
5. 本章程规定的其他事项。

股东会不得对股东会通知中未列明的事项作出决议。

第二节　董事会

4.10 董事会职权

公司设董事会，董事会对股东会负责，行使下列职权：

1. 召集股东会，向股东会报告工作；
2. 执行股东会的决议；
3. 决定公司的经营计划和投资方案；
4. 制订公司的年度财务预算方案、决算方案；
5. 制订公司的利润分配方案和弥补亏损方案；
6. 制订公司增加或者减少注册资本方案；

7. 拟订公司重大收购、回购本公司股权或者合并、分立、解散及变更公司形式的方案；

8. 决定公司内部管理机构的设置；

9. 聘任或者解聘公司经理，根据经理的提名，聘任或者解聘公司副经理、财务负责人等高级管理人员，并决定其报酬事项和奖惩事项；

10. 制订公司的基本管理制度；

11. 在股东会授权范围内，决定公司对外投资、收购和出售资产、资产抵押、对外担保、关联交易等事项；

12. 决定公司职工的工资、福利、奖惩方案；

13. 制订本章程的修改方案；

14. 向股东会提请聘请或更换为公司提供审计的会计事务所；

15. 听取公司经理的工作汇报并检查经理的工作；

16. 本章程规定或股东会授予的其他职权。

4.11 董事

公司董事会由名自然人董事组成。董事由提名，由股东会选举。

经超过1/2表决权的股东同意，即可由股东会正式任命。董事任期3年，从就任之日起至本届董事会任期届满时为止。董事任期届满，可以连选连任。董事在任期届满以前，股东会不能无故解除其职务。董事辞职或者任期届满，应向董事会办理交接手续。

4.12 董事长

董事会设董事长一人，设副董事长人。董事长和副董事长由董事会选举和罢免。

董事长行使下列职权：

1. 主持股东会和召集、主持董事会会议；

2. 督促、检查董事会决议的执行；

3. 董事会授予的其他职权。

公司副董事长协助董事长工作，董事长不能履行职务或者不履行职务的，由副董事长履行职务（公司有两位或两位以上副董事长的，由半数以上董事共同推举的副董事长履行职责）；副董事长不能履行职务或者不履行职务的，由半数以上董事共同推举一名董事履行职务。

4.13 董事会会议种类、通知

董事会分为定期会议和临时会议，定期会议每年至少召开次。有下列情况之一的，董事长应该在____个工作日内召开临时董事会：

1. 代表1/10以上表决权的股东提议时；
2. 1/3以上董事联名提议时；
3. 监事会提议时；
4. 经理提议时；
5. 董事长认为必要时。

董事会由董事长召集，定期会议于会议召开前，临时会议于会议召开日前以____方式通知全体董事、监事和经理。

4.14 董事会提案、最低出席人数

公司董事、监事经理可以向董事会提交提案，提案内容应随会议通知一起送达全体董事、监事、经理和需要列席会议的有关人员。在董事会召开期间，每个董事都有权提交临时提案，该提案是否由本次会议审议表决，先由董事会决议。

董事会会议应有1/2的董事出席方可举行。董事因故不能出席，可以对董事会议题提出书面意见或者书面委托其他董事代为出席。

4.15 董事会决议

董事会实行一人一票。董事会审计关联交易时，关联董事不能行使表决权，也不得代理其他董事行使表决权。出席董事会的无关联董事人数不足3人的，应将该事项提交股东会审议。

董事会决议分普通决议和特别决议，普通决议必须经全体董事的过半数通过，特别决议必须由2/3以上董事同意方可通过。董事会应有会议记录。

4.16 公司经理

公司设经理，任期____年，由董事长提名，董事会聘任或解聘。经理对董事会负责，行使下列职权：

1. 全面主持公司的日常生产经营管理工作，切实保证公司各项经营目标的实现；

2. 组织实施董事会决议、公司年度工作计划、对外投资方案，公司财务预算报告及利润分配与使用方案；

3. 在董事会授权范围内，对外代表公司签署有关协议、合同或处理有关事宜；

4. 拟订公司内部管理机构设置方案与公司的基本管理制度；

5. 制订公司组织编制、人事编制和公司的具体规章制度；

6. 提请董事会聘任或者解聘公司副总经理、财务总监及其他高级管理人员；

7. 聘任或者解聘应由董事会聘任或者解聘以外的管理人员；

8. 决定公司中层管理人员及其以下各级管理人员与员工的任免、工作安排、报酬、奖惩与福利等事项；

9. 负责审查并批准公司年度计划内的生产、经营、投资、改造、基建项目、科研开发的可行性研究报告，依照公司年度计划，决定公司有关资金、资产的运用或安排；

10. 提议召开董事会临时会议；

11. 签署公司日常行政、业务文件；

12. 负责处理公司重大突发事件；

13. 根据董事会的授权或要求拟订应由董事会决议事项的初步方案并报请董事会决议；

14. 公司章程或董事会授予的其他职权。

公司应置备董事会批准的经理工作细则。

第三节　监事会

4.17 监事会职权

公司设监事会，监事会对股东会负责，行使下列职权：

1. 检查公司财务；

2. 对董事、高级管理人员执行公司职位的行为进行监督，对违反法律、行政法规、本章程或者股东会决议的董事、高级管理人员提出罢免的建议；

3. 当董事、高级管理人员的行为损害公司的利益时，要求董事、高级管理人员予以纠正；

4. 提议召开临时股东会，在董事会不履行《公司法》规定的召集和主持股东会职责时召集和主持股东会；

5. 向股东会提出提案；

6. 依照《公司法》第151条的规定，对董事、高级管理人员提出诉讼；

7. 发现公司经营情况异常，可以进行调查，必要时，可以聘请会计师事务所、律师事务所等专业机构协助其工作，费用由公司承担；

8. 应当对董事会编制的公司定期报告进行审核并提出书面审核意见；

9. 本章程规定或股东会授予的其他职权。

4.18 监事

公司监事会由未持有公司股权的数名自然人监事组成，其中包括名职工代表，监事会应该有（比例）从事经营、会计、法律专业的监事。股东代表监事由____提名。股东会选举产生和更换，职工代表监事由公司职工民主选举产生和更换。监事任期三年，监事任期届满，连选可以连任。监事辞职或者任期届满，应向监事会办理交接手续。

4.19 监事会主席

监事会设主席一人。监事会主席由全体监事过半数选举产生。监事会主席召集和主持监事会会议，督促、检查监事会决议的执行。监事会主席不能履行职务或者不能履行职务的，由半数以上监事共同推举一名监事召集和主持监事会会议。

4.20 监事会会议

监事会每年召开次定期会议，所有监事均可以提议召开临时监事会会议，并向会议提交提案。监事会决议的表决实行一人一票。监事会决议应当经半数以上监事通过，监事会应有会议记录。

第四节　其他

4.21 董事、监事、高级管理人员的忠诚义务和勤勉义务

董事、监事、高级管理人员应当遵守法律、行政法规和本章程，对公司负有忠诚义务和勤勉义务，勤勉义务是指：

1. 应谨慎、认真、勤勉地行使公司赋予的权利，以保证公司的商业行为符合国家法律、行政法规以及国家各项经济政策的要求；

2. 及时了解公司业务经营管理状况；

3. 应当对公司定期报告签署书面确认意见；

4. 保证公司所披露的信息真实、准确、完整；

5. 应当如实向监事会提供有关情况和资料，不得妨碍监事会或者监事行使职权；

6. 法律、行政法规、部门规章及本章程规定的其他勤勉义务。

董事、监事、高级管理人员离职后的年内，不得为与本公司同类业务的公司服务。

4.22 高级管理人员的定义

公司经理、副经理、财务负责人为公司高级管理人员。

第五章　公司财务会计制度

5.1 公司财务会计年度、半年度报告

董事会应在每一会计年度前6个月结束后____日内，每一个会计年度结束后____日内完成半年度、年度财务会计报告的编制，财务会计报告应包括下列财务会计报告及附属明细表：

1. 资产负债表；

2. 损益表及利润分配表；

3. 现金流量表；

4. 财务情况说明书；

5. 财务会计报表附注。

5.2 公司财务会计月度、季度报告

董事会应在每月结束后一个星期、每个季度结束后两个星期内完成月度、季度财务会计报告编制工作。月度、季度会计报告至少应当包括资产负债表、利润表、现金流量表及当期发生的影响财务数据和状况的重大事项的附注。

5.3 股东财务会计报告的知情权

财务会计报告经监事会审查后，董事会应当将该报告和监事会审查结果以书面方式送达各股东。

5.4 法定公积金、任意公积金及股利分配

公司税后利润弥补亏损、提取利润的10%列入公司法定公积金，提取利

润的____%列入任意公积金后，如果有可供分配利润，经股东会决议可向股东分配红利。

股东按照认缴出资/实缴出资的比例分取红利。

公司股东会通过股利分配方案后，董事会在股东会召开____个月内完成股利分配。

5.5 承办公司审计业务的会计师事务所的聘用、解聘权

公司年度财务会计报告应依法经会计师事务所审计，董事会应在收到审计报告之日起____日内将审计报告送达各股东和监事会，并将该审计报告提交年度股东会。

承办公司审计业务的会计师事务所的聘用、解聘及报酬事宜，应由股东会普通决议通过，在公司任董事、高级管理人员的股东无表决权。

第六章　公司的解散和清算

6.1 公司解散原因

公司因下列原因解散：

1. 本章程规定的营业期限届满；
2. 股东会决议解散；
3. 因公司合并或者分立需要解散；
4. 依法被吊销营业执照、责令关闭或者被撤销；
5. 人民法院依《公司法》第182条判令解散公司；
6. 其他。

6.2 成立清算组

除公司合并、分立外，公司股东应当在解散事由出现之日起15日内成立清算组。清算组负责人由清算组成员过半数选举产生。

公司进入清算程序后，公司董事和高级管理人员需要向清算组移交公司营业、财务和法律等文件，协助清算组工作。

6.3 剩余财产的分配

清算组依法定程序进行公司清算，如有剩余财产，股东按照实缴出资/认缴出资比例参加公司剩余财产的分配。

公司清算后应依法注销。清算组成员履行清算义务适用本章程对董事义务的规定。

第七章　附　　则

7.1 公司根据需要或涉及公司登记事项变更的可修改公司章程，修改后的公司章程不得与法律、法规相抵触，修改公司章程应由全体股东表决通过。修改后的公司章程应送原公司登记机关备案，涉及变更登记事项的，同时应向公司登记机关办理变更登记。

7.2 公司章程的解释权属于股东会。

7.3 公司登记事项以公司登记机关核定的为准。

7.4 本章程经股东共同订立，自公司设立之日起生效。

7.5 本章程一式叁份，公司留存壹份，各股东留存壹份，报公司登记机关备案壹份。

附录：一致行动协议

一致行动协议

甲方：____________

统一社会信用代码：____________

法定代表人：____________

住所：____________

乙方：____________

统一社会信用代码：____________

法定代表人：____________

地址：____________

鉴于：甲乙双方均系________公司的股东，甲方现持有________公司________%的股权，乙方现持有________公司 ________%的股权。由于乙方致力于××项目建设。为保障________公司持续、稳定发展，提高________公司经营、决策的效率，现甲乙双方协商，一致同意在________的股东大会中采取一致行动，以一致行动人的身份参与________公司的决策及经营管理相关事项，特达成《一致行动协议》（以下简称本协议）如下，以期共同遵守。

第一条 一致行动事项

在________公司股东会就包括但不限于以下事项（以下简称一致行动事项）进行表决时，甲方须与乙方进行充分沟通，若双方内部无法达成一致意见，乙方应甲方提出的意见为准，并与甲方就股东会决议保持投票及表决的一致性：

（1）决定公司的经营方针和投资计划；

（2）选举和更换董事、监事，决定有关董事、监事的报酬事项；

（3）审议批准董事会的报告；

（4）审议批准监事的报告；

（5）审议批准公司的年度财务预算方案、决算方案；

（6）审议批准公司的利润分配方案和弥补亏损方案；

（7）对公司增加或者减少注册资本作出决议；

（8）对发行公司债券作出决议；

（9）对公司合并、分立、解散、清算或者变更公司形式作出决议；

（10）修改公司章程；

（11）其他需提交股东会表决的事项。

第二条 陈述与保证

为达本协议之目的，双方陈述与保证如下：

1. 协议双方均具签订本协议的合法资格和有效授权；

2. 协议双方签署本协议并履行本协议项下的任何义务和责任，不会与任何一方的其他合同、协议的约定相违背或抵触；

3. 协议双方将不因签订或履行与任何第三方的合同、协议或其他法律安排而妨碍其对本协议的履行；

4. 任何一方如其将所持有的________公司的全部或部分股权对外转让，则该等转让需以受让方同意承继本协议项下的义务并代替出让方重新签署本协议作为股权转让的生效条件之一。

第三条 协议期限

双方同意，本协议的期限与________公司存续的期限保持一致。

第四条 保密义务

双方应对本协议的内容进行严格保密，不得向第三人披露，除非根据有关法律、行政法规的规定应向有关政府部门或证券监管部门办理有关批准、备案手续，或为履行在本协议下的义务或声明与保证需向第三方披露，或向其已签署保密协议的财务顾问或法律顾问进行咨询。

第五条　违约责任

任何一方未能遵守或履行本协议项下任何约定、陈述或保证的，违约方除需根据守约方要求继续履行本协议外，并应向守约方支付违约金人民币____万元，同时赔偿守约方因此产生的全部损失（包括但不限于律师费、差旅费等）。

第六条　争议解决

1. 本合同在履行过程中若发生争议，双方应友好协商妥善解决，若协商不成，提交至本合同签订地具有管辖权的人民法院诉讼解决。

2. 甲乙双方一致确认本合同中载明的甲乙双方住所地作为与本合同相关的所有文书（包括但不限于诉讼活动产生的相关法律文书）的送达地址，任何一方变更送达地址，应当书面通知对方，否则视为送达地址没有变更，文书被快递服务企业退回之日视为文书送达之日。

第七条　其他约定

1. 本协议如有未尽事宜，协议双方可另行协商并签订补充协议。本协议的任何补充或修改必须经协议双方以书面方式作出。

2. 本协议自双方签字盖章后生效。

3. 本协议一式伍份，甲方持叁份，乙方持壹份，________公司留存壹份，均具有同等法律效力。

甲方：（盖章）

法定代表人或授权代表：____________

日期：____年____月____日

乙方：（盖章）

法定代表人或授权代表：____________

日期：____年____月____日

协议签订地：______________________

第三讲

初创企业顶层架构设计

我们了解了我国各商事主体股东是否承担连带责任和税负负担，下面我们总结一下，不同身份股东投资设立不同注册形式的商事主体的利弊。公司的投资形式如图 3－1 所示。

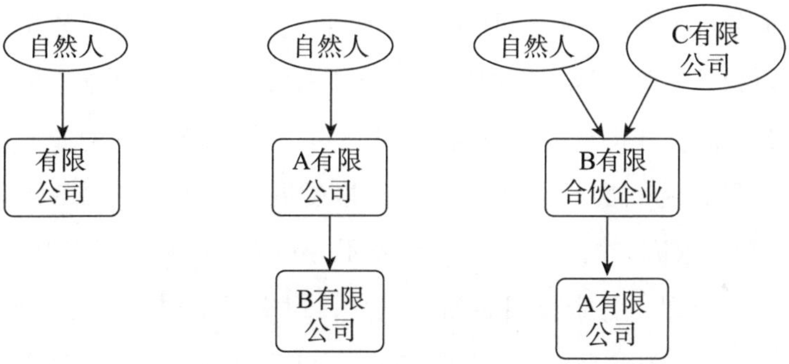

图 3－1　公司的投资形式

（1）自然人成立有限责任公司，这是最常见的一种投资形式。

（2）自然人成立一家有限责任公司，由有限责任公司再成立一家有限责任公司。

（3）自然人先成立一个有限合伙企业，然后有限合伙企业再成立一家有限责任公司。

以上三种顶层架构设计各自优劣怎样呢?

一、自然人直接持有股权

（一）自然人直接承担有限责任公司法律责任和税负负担

该架构方式的主要优势在于控制力强，股东承担有限责任，相比较个人独资企业和合伙企业而言，法律风险小，适合初创企业。自然人股东从设立的公司取得分红，公司先要缴纳一道企业所得税，个人再缴一道个人所得税，综合税负40%，税负较高。自然人转让股权，缴纳20%个人所得税。如果自然人持有的是上市公司或者新三板公司的股票，股东的股息红利可以享受优惠政策。国家鼓励股东长期持股，持股一年以上，股息红利免税。

（二）有限责任公司股东承担有限责任的例外

虽然有限责任公司对股东的法律风险最小，股东只需要以认缴出资额为限对公司债务承担有限责任，但在现实生活中，很多有限责任公司存在下列现象：公司利益与股东利益不加区分，致使双方财务账目严重不清；公司与股东的资金混同，并持续地使用同一账户；公司与股东之间的业务持续地混同，具体交易行为、交易方式、交易价格受同一控制股东支配或者操纵；“夫妻店”公司家庭共同财产与公司财产不分；“一套人马两块牌子”，相同股东设立多个公司，各个公司表面上独立，但实际上财务不分、经营不分、资产不分。一旦存在这些情况，股东就需要对公司债务承担连带责任，这叫“刺破公司的面纱”，把股东从（公司）面纱后面揪出来，让股东承担连带责任。我国法律规定的有限责任公司股东承担责任的情形包括：

1. 瑕疵出资

瑕疵出资包括出资不到位、虚假出资和抽逃出资等情形。承诺的出资期限已到，没有出资；隐瞒真相，提供虚假材料，将自己没有所有权的财产进行出资，或非货币财产低值高估；将已经投入公司的出资通过非法手段重新转出等行为。

（1）出资不到位

根据《公司法解释（三）》第13条第2款的规定，公司债权人请求未履行或未全面履行出资义务的股东在未出资本息范围内对公司债务不能清偿的部分承担补充赔偿责任的，人民法院应予支持。

因为《公司法》规定公司实行认缴制，股东超过认缴时限仍然没有实际缴纳出资，当然应该承担补充赔偿责任。但是，如果公司章程约定的出资时限还未到，股东还享有期限利益，股东是否也需要承担补充赔偿责任呢？例如股东认缴100万元，实缴80万元，还有20万元根据公司章程已到缴纳期限，则应在20万元内对公司债务承担补充赔偿责任。如果公司章程约定的缴纳期限未到，则股东不承担责任，除非：①公司作为被执行人的案件，人民法院穷尽执行措施无财产可供执行，已具备破产原因，但不申请破产的；②在公司债务产生后，公司股东（大）会决议或以其他方式延长股东出资期限。[①]

在注册资本认缴制下，股东依法享有期限利益。但在公司作为被执行人的案件中，人民法院已穷尽执行措施仍无财产可供执行的，公司实际已具备破产原因，股东不能再以未届出资期限为由拒绝履行对公司的出资义务，股东出资应该加速到期，在认缴与实缴出资的差额内向公司债权人承担补充赔偿责任。

另外，在公司债务产生后，公司股东（大）会决议或以其他方式延长股东出资期限，股东主观上有延长出资期限的故意，这种情形也势必侵害债权人利益，因此，股东出资也需要加速到期。

（2）虚假出资和抽逃出资

虚假出资，指股东表面上出资而实际未出资或未足额出资，股东未支付相应对价或未足额支付对价而取得公司股权。如作为出资的非货币财产未经评估作价且实际价额显著低于公司章程所定价额，或者提供虚假材料，将自己没有所有权的财产进行出资。股东虚假出资相当于未全面履行出资义务，

---

① 根据《全国法院民商事审判工作会议纪要》（以下简称《九民纪要》）的规定，在注册资本认缴制下，股东依法享有期限利益。债权人以公司不能清偿到期债务为由，请求未届出资期限的股东在未出资范围内对公司不能清偿的债务承担补充赔偿责任的，人民法院不予支持。但是，下列情形除外：（1）公司作为被执行人的案件，人民法院穷尽执行措施无财产可供执行，已具备破产原因，但不申请破产的；（2）在公司债务产生后，公司股东（大）会决议或以其他方式延长股东出资期限的。

因此，股东在未出资本息范围内对公司债务不能清偿的部分承担补充赔偿责任。《公司法解释（三）》第12条规定："公司成立后，公司、股东或者公司债权人以相关股东的行为符合下列情形之一且损害公司权益为由，请求认定该股东抽逃出资的，人民法院应予支持：（一）制作虚假财务会计报表虚增利润进行分配；（二）通过虚构债权债务关系将其出资转出；（三）利用关联交易将出资转出；（四）其他未经法定程序将出资抽回的行为。"一旦认定股东抽逃出资，对内，股东应向公司返还出资本息；对外，股东在抽逃出资本息范围内对公司债务不能清偿的部分承担补充赔偿责任。并且，协助抽逃出资的其他股东、董事、高级管理人员或者实际控制人对抽逃股东承担连带责任。

股东出资不到位、虚假出资和抽逃出资，均属于未履行出资义务，经公司催告后，其在合理期间内仍未缴纳或者返还出资，公司可以股东会名义解除其股东资格（除名）。

2. 公司人格不独立

股东实施了滥用公司法人独立地位及股东有限责任的行为，且该行为严重损害了公司债权人利益，常见的情形包括：人格混同、过度支配与控制等。

人格混同，是指公司和股东"公""私"不分，公司不具有独立意思和独立财产，主要的表现是公司的财产与股东的财产混同且无法区分。股东无偿使用公司资金或者财产，用于家庭消费，买车、买房，不作财务记载；股东用公司的资金偿还股东的债务，或者将公司的资金供关联公司无偿使用，不作财务记载；公司账簿与股东账簿不分，致使公司财产与股东财产无法区分；公司的财产记载于股东名下，由股东占有、使用；股东自身收益与公司盈利不加区分，致使双方利益不清，股东都要对公司债务承担连带责任。

过度支配与控制。股东操纵公司的决策过程，使公司完全丧失独立性，沦为股东的工具或躯壳，严重损害公司债权人利益，如母公司作为子公司股东，母子公司之间进行利益输送；母子公司或者子公司之间进行交易，收益归一方，损失却由另一方承担；先从原公司抽走资金或将原公司的生产经营要素转移成立新公司，致使原公司无法偿债，公司股东都要承担连带责任。

3. 股东怠于履行清算义务

当公司解散事由出现后，公司股东怠于履行公司清算义务，应当承担赔偿责任。《公司法解释（二）》第 18 条规定，有限责任公司的股东、股份有限公司的董事和控股股东未在法定期限内成立清算组开始清算，导致公司财产贬值、流失、毁损或者灭失，债权人主张其在造成损失范围内对公司债务承担赔偿责任的，人民法院应依法予以支持。有限责任公司的股东、股份有限公司的董事和控股股东因怠于履行义务，导致公司主要财产、账册、重要文件等灭失，无法进行清算，股东应承担连带清偿责任。股东在法定清算事由出现后，在能够履行清算义务的情况下，故意拖延、拒绝履行清算义务，或者存在因过失导致无法进行清算的消极行为。股东没有履行公司清算义务，无法清算或清算时导致公司财产损失，股东要对公司债务人承担赔偿责任或连带责任。

上述三种情形是股东和公司之间纵向的连带（赔偿）责任，还有一种关联公司人格混同是公司横向的连带赔偿责任。

4. 关联公司人格混同

控制股东或实际控制人控制多个子公司或者关联公司，滥用控制权使多个子公司或者关联公司财产边界不清、财务混同，利益相互输送，丧失人格独立性，沦为控制股东逃避债务工具的，可以否认子公司或者关联公司的法人人格，判令其承担连带责任。判定标准包括：（1）人员混同。关联公司的经理、财务负责人、出纳会计经办人均相同，其他管理人员亦存在交叉任职的情形。（2）业务混同。关联公司经营业务重叠，共用宣传手册、经销协议。（3）财务混同。关联公司使用共同账户，各公司资金支配无法区分。也就是关联公司之间表征人格的因素高度混同，丧失独立人格，构成人格混同。

因此，出资人选择了有限责任公司，并不意味着股东万事大吉，其还需要遵守股东法律义务，才能彻底阻断承担连带责任的风险。

二、自然人以设立的有限责任公司持有股权

如果由自然人股东先成立一家A有限责任公司，再由A有限责任公司成立一家B有限责任公司，根据股东有限责任原则，就在自然人股东与B公司之间设置了隔离墙。如果B公司资不抵债，申请破产，由A公司承担有限责任，自然人股东隔离在风险之外，B公司债务偿还不会波及自然人股东的个人及家庭财产。更重要的是，A公司从B公司取得利润分配，不需要缴纳企业所得税。如果不给自然人分红，自然人股东需要依法缴纳个人所得税。如果自然人股东不分红，A公司可以投资设立众多子公司，子公司盈利后分红给A公司则无须缴税。该情形即常见的集团公司模式，A公司类似于钱包，所有收益均归入A公司，A公司还可以继续投资。

有限责任（股份有限）公司是现代企业制度发展的产物，其在治理结构、资本利用效率和投资风险控制方面都具有优势，特别是母子公司、法人股东之间的股权转让、股息红利收入税负，公司间以股权支付的并购，留存收益转增股本等制度安排都具有比自然人直接持股享受更多的税收优惠政策。如果企业有未来集团化考虑，可以在不同经营领域不断投资成立新公司，形成企业集团。特别是形成以母子公司为纽带建立起来的企业内部管控关系，利用股权收购、企业合并、企业分立等手段，实现集团内部资源整合，有利于集团战略发展规划。

但这种架构也有缺点，A公司持有B公司股权，如果A公司出现经营风险，可能会波及B公司，因为A公司持有的B公司股权可以被拍卖、执行，从而导致B公司股东变更，控制权变化引发B公司管理层震荡，影响公司经营。如果A公司上市，主营业务突出，还需要剥离B公司的相同业务，会增加上市成本。

三、自然人以设立的有限合伙企业持有股权

自然人和C有限责任公司设立B有限合伙企业，B有限合伙企业再设立A有限责任公司。这种架构一般出现在投资基金向实体企业股权投资的情形，或者公司设立一个有限合伙企业持股平台，对公司员工进行股权激励。其优

势在于：第一，机制灵活，通过订立合伙协议，吸收大量资金；第二，激励员工人数多，提高公司决策效率，避免员工直接持股发生股东间矛盾波及公司经营，起到隔离风险的作用；第三，普通合伙人可以较小的投资额掌握有限合伙企业的控制权，有利于保障大股东对公司的控制力；第四，税收不需要缴纳企业所得税。

张三、李四、王五是好朋友，拟成立一家有限责任公司，三人都是某市汽车协会的会员。因为项目非常好，三四十个会员单位都想参与，加入公司。问题来了，协会人数众多，最多只能参加 50 人，且都做公司股东直接持股的话，股东会开会相当烦琐，而且很难形成有效决议，决策效率会受到影响。我们的顶层设计方案如图 3－2 所示：

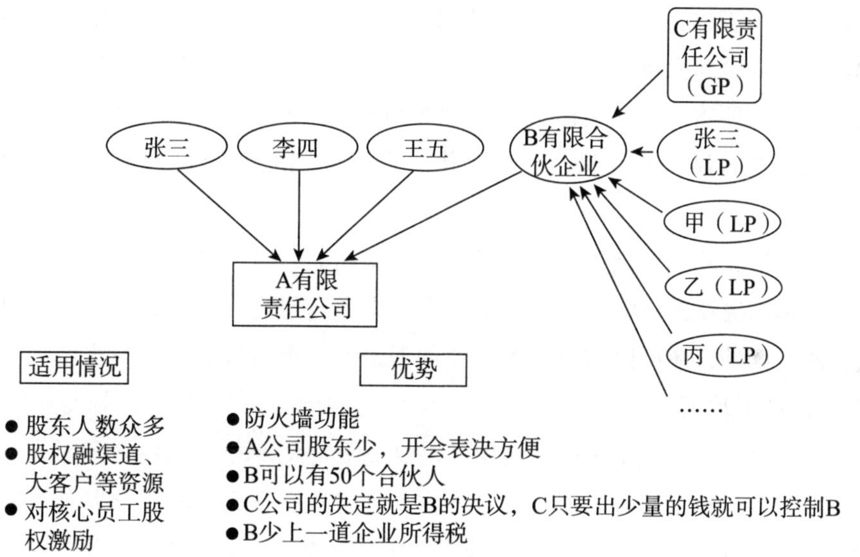

图 3－2　A 公司股权结构

第一步，张三作为公司大股东、实际控制人，由其个人（或妻子等关系密切的人）先成立一家有限责任公司 C 公司，张三再和 C 有限责任公司成立一家 B 有限合伙企业，由 C 公司担任 B 有限合伙企业普通合伙人（GP）。这样做的目的是，根据《合伙企业法》的规定，C 公司作为普通合伙人要对合伙企业债务承担无限连带责任。如果张三自己做普通合伙人（GP），风险极大。通过C有限责任公司做普通合伙人（GP），无限责任有限化，最大限度降低个人风险。即使C公司承担无限连带责任，最坏结果是破产，股东承担有限责任，起到风险隔离的作用。

第二步，鉴于A公司不想让众多会员都以股东身份进入公司直接持股，可让想投资A公司的人进入B有限合伙企业间接持有A公司股份。间接持股有什么好处？C有限责任公司即使仅持有合伙份额的1%，也可决定合伙企业事项，剩余99%合伙份额全部由张三代持，其他会员进入合伙企业，大家把钱都投进有限合伙企业，再由合伙企业入股到A有限责任公司。如此一来，有限合伙企业依法最多可以有50个合伙人，决议由C有限责任公司（普通合伙人）来决定，决定通知其他合伙人即可，而不需要每次决定都通知合伙人来表决，而是由C有限责任公司说了算。即使合伙人之间产生矛盾，在有限合伙企业内解决，不会波及A公司。此外，B有限合伙企业无须缴纳企业所得税，B有限合伙企业投资到A公司的钱赚取的分红在分配给合伙人的时候先分后税，根据合伙人身份分别缴纳个人所得税和企业所得税。

以上模式的主要优势在于，具有防火墙功能，可以过滤其他合伙人的表决权，提高决议效率，如果其他资源商、渠道商想进入合伙企业，也可以间接持股。此外，还可以增加多人入股的渠道，一个有限合伙企业出资人只要不超过50人均可。

以上设计在实践中被广泛应用。蚂蚁金服股权架构如图3－3所示，马云出资成立的云铂公司作为执行事务合伙人（普通合伙人GP），与其他有限合伙人LP，分别成立了君洁合伙企业、君济合伙企业，由云铂公司作为执行事务合伙人，也就是云铂公司说了算；再由君洁合伙企业、君济合伙企业作为有限合伙人，与普通合伙人云铂公司分别成立了君瀚合伙企业、君澳合伙企业，还是由云铂公司作为执行事务合伙人；最后再用君瀚合伙企业、君澳合伙企业成立蚂蚁金服。云铂公司的注册资本只有1010万元，等于马云用1000万元的资金就撬动了一个万亿元市值的金融帝国。

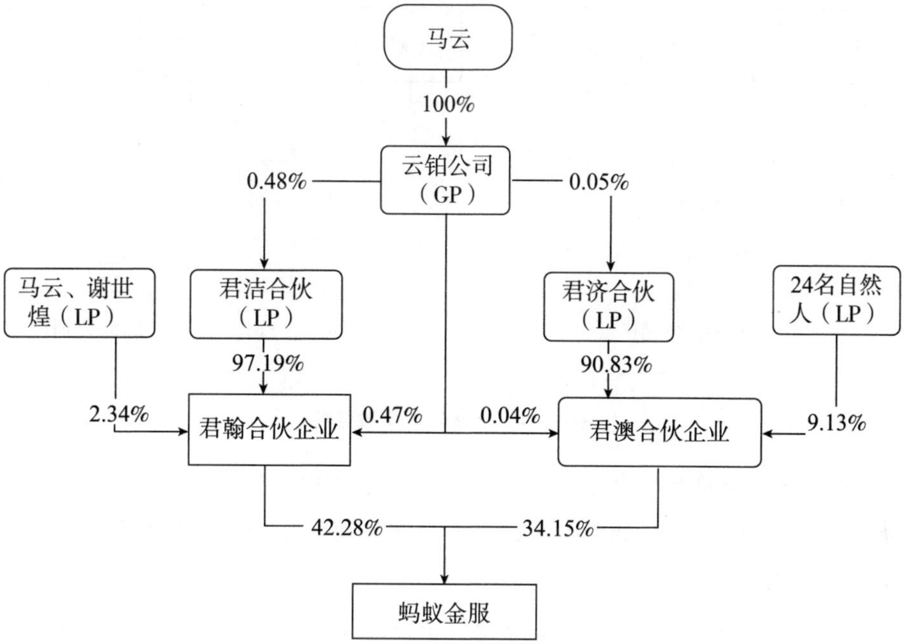

图 3－3　蚂蚁金服股权架构

四、股权出资

王总和小李持股阳光公司，阳光公司是一家化工企业，因场地和环保要求，王总想在外省重新成立一家化工公司今后上市，王总欲以阳光公司作为股东出资在外省成立新海公司。因阳光公司以前是乡镇企业改制而来，阳光公司历史沿革存在问题会造成新海公司上市障碍，因为若新海公司上市，也要审查阳光公司历史沿革，如果产权不清晰或存在法律问题，将直接影响上市。此外，阳光公司和新海公司是母子公司关系，化工企业风险较大，如果阳光公司经营不善，可能需要拍卖阳光公司持有的新海公司股权，进而使王总失去对新海公司的控制权。我们通过股权出资的顶层架构设计解决了上述问题（见图 3－4）。

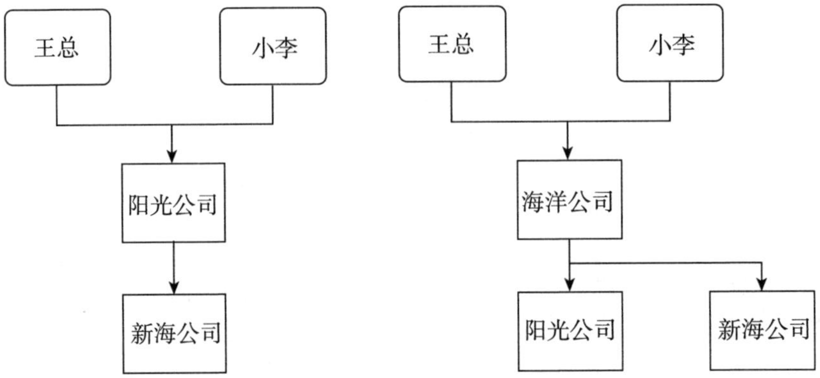

图 3－4　阳光公司持股结构

第一步，王总和小李先成立海洋公司，王总和小李以其持有的阳光公司股权向海洋公司出资，如此一来，阳光公司和海洋公司成为母子公司，海洋公司持有阳光公司 100% 股权。

第二步，海洋公司再出资设立全资子公司——新海公司。

这样设计的优势在于：(1) 将原先阳光公司和新海公司的投资母子关系变成现在的兄弟平行关系，阳光公司与新海公司是兄弟公司，阳光公司的风险不会影响新海公司，假设新海公司上市，阳光公司的历史沿革与新海公司关联不大。(2) 假设海洋公司上市，其作为母公司同时控制两个子公司，可以将两个全资子公司——阳光公司和新海公司的财务报表合并，增加营收和利润额，加快上市步伐。(3) 海洋公司作为阳光公司和新海公司的母公司，对阳光公司和新海公司的持股分红收益不用缴税，海洋公司可以作为投资公司横向、纵向投资多个子公司，形成企业集团，做大做强。

第四讲

动态股权设计

罗振宇和申音注册成立独立新媒（北京）信息科技有限公司，申音占82.35%、罗振宇占17.65%。申音负责平台搭建，视频制作、策划和推广，罗振宇负责在前台以“有趣有料”的内容（产品）传播，使其俘获了一大批忠实的粉丝。“逻辑思维”播放量很快破亿，视频在优酷上的总播放量达7050多万，微信公众号订阅数达110多万，最吸引眼球的是两次会员招募，共有3万会员贡献了近千万元的会费收入，并有人给予“逻辑思维”1亿美元的估值。但不久，两人分道扬镳。可以说，最初的股权结构为二人分道扬镳埋下了隐患。假设，双方在成立公司的时候有个约定：公司分配三年利润后，申音收回投资款，罗振宇有权以N倍的价格购买申音手中1/2或1/3的股权。通过调整股权调整当事人的心里预期，也许两人就不会分道扬镳。

股权分配并不是一锤定音，股东对公司的价值贡献不是恒定不变的，股权的数量要和该股东对公司的贡献度成正比，当股权（分红收益）与贡献度成正比时，股权比例没有问题，股东之间关系融洽；当股东认为其贡献度与持有的股权比例不成正比时，股东之间的关系就会失去平衡。因此，在公司设立后，预留出股权比例的调整空间，通过对个人能力和对公司贡献的再评估、再分配，最大限度平衡股东持股数和贡献度，不失为一种方法。

一、到达里程碑后各股东同比例稀释股权

股东在初始股权的基础上，当公司经营到一定规模，营收或利润达到一

定里程碑时，其先前预留的股权会根据各股东的贡献度重新予以分配，详见表4－1。

表4－1　到达里程碑后重新分配情况　　单位:%

姓名	初始比例	第一里程碑稀释出25.5%股权中占比	第一里程碑后各股东持股比例	第二里程碑稀释出17%股权中占比	第二里程碑后各股东持股比例
甲	51	50	51.49	30	48.5
乙	24	20	22.98	30	24.5
丙	20	10	17.45	20	18.5
丁	5	20	5.1	20	8.5

如表4－1所示，公司实施动态股权计划，公司拟拿出15%股权作为公司未来核心员工激励股权，由甲代持。85%股权中的42.5%作为公司成立时的分配股权，另外42.5%作为未来贡献股权比例，当公司到达第一个里程碑时，即公司营业额达到600万元时，各股东同比例稀释出25.5%股权，届时股东会根据各股东的投入时间、投入资金、知识产权、资源人脉等贡献度民主打分确定各股东在该25.5%股权中的比例分配，确定好比例后，以实缴出资价格转让股权；当公司到达第二个里程碑时，即公司营业额达到1000万元时，各股东同比例稀释出17%股权，届时股东会根据各股东的投入时间、投入资金、知识产权、资源人脉等贡献度民主打分确定各股东在该17%股权中的比例分配，确定好比例后，以实缴出资价格转让股权。

二、计点制[①]动态股权

计点制特别适合律师事务所、会计师事务所、教育机构等突出体现人力、智力资源的企业。在对美国的多家律师事务所考察后发现，点数就是每个律师在律所的资产账户、分红依据，点数是合伙人能力与梦想的动态平衡。美

① 本节内容主要参考北京新橙科技有限公司创始人胡清平iCourt培训内容，“计点”也称“记点”或“积点”。

国律师认为，几百年来，计点是律师行业的最大发明。

计点制是不改变公司现有股权结构，以点数为基础，根据合伙人贡献度来分配公司利润的一种分配机制。点数没有表决权，不代表管理权利，只计算分红。计算方法为：合伙人分红 = 当年分红总额 ÷ 全体合伙人当年度总点数 × 合伙人当年拥有点数，当年分红总额 ÷ 全体合伙人当年度总点数 = 单点价值，即该年度每一点的人民币价值。比如某律师事务所一共有 5 个合伙人，合伙人甲、乙、丙、丁、戍的点数分别为 60、40、40、40、20 点，甲拥有 60 点，今年合伙人分红池有 200 万元，全体合伙人总点数 200 点，单点价值 = 200 万元 ÷ 200 点 = 1 万元，甲可分得 60 万元。当年分红总额是公司营业收入减去全部成本的可分配利润。该律师事务所营收减去场租、办公费用、工资福利后，在利润中提取一定比例发展基金以及合伙人认为需要的其他用作团队发展所需的储备基金后剩余即为合伙人分红。发展基金由合伙保留，合伙人个人退伙时不予结算。

（一）合伙人点数如何确立

合伙人初始计点由全体合伙人结合综合因素进行打分评价，去掉最高分和最低分，取平均分后二舍三入保留 5 的整数倍，如该合伙人的初始点数低于 20 点，按 20 点计。合伙人计点区间从 20 点到 100 点，初始点数不低于 20 点，最高不超过 100 点。每年各合伙人述职，薪酬评价委员会根据考评结果打分，合格者（80 分以上）获得次年增加积分；60 ~ 80 分的，保留原计点；60 分以下连续两年取消合伙人分红资格。点数不可继承，不可转让。吸纳新的合伙人应结合该合伙人前三年平均创收以及专业领域、个人综合实力、未来发展等综合因素确定其初始点数。向合伙人每月支付一定数额的工资。

合伙人必须按照要求填写工作日志，或根据工作软件统计工作小时数，每人每年工作时间不应少于 1200 小时。为鼓励业务拓展，也可以给业务拓展人每单 5% 的展业费。为主要盈利业务提供支持的必不可少的非主要盈利业务（如对商会进行法律讲座），应合理控制其规模和成本。考核指标及分值见表 4 – 2。

表4－2　考核指标及分值

序列	考评内容	分值
1	创收金额	12.5
2	工作时间	7.5
3	团队合作	7.5
4	团队培养	10
5	专著、文章发表及讲座	12
6	拓展维护客户能力	14
7	参加律所公共事务	5
8	承办业务	12
9	收费回收率	12
10	团队贡献	7.5

（二）点数如何增长

合伙人的点数的增长和年龄、业绩对应，假如一个合伙人30岁时加入，第一年起始点20个点，考核合格，每年涨5个点，第4年35点，第7年50点，第17年100点，也就是他45岁时涨到100点，此后不再涨点数，一直到他55岁都是100点，56岁开始每年降10个点，到他60岁时还有50个点，以后每年减20点，62岁时还有10个点。60岁以后，身体状态良好，精力旺盛，能够全身心投入工作，经本人申请，可以保留点数或缓慢降低点数，到其完全退休时点数归零（见图4－1）。

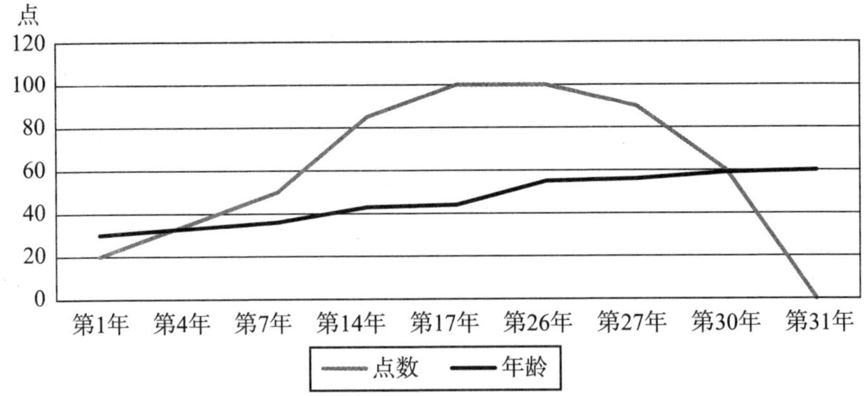

图4－1　点数和年龄变化

从图4－1可以看到，一个人从30岁开始到60岁退休，45岁到55岁是一个人最年富力强的时候，点数最高，55岁后点数直线下降，符合人的生命周期规律。对企业贡献最大时，点数最多，年龄到56岁以后，让出点数给企业创造更多财富的年轻人。

根据合伙人的成长规律，也可以当点数在65点前时每年5点增长，当点数在65点到80点时，每年增长10点，满80点后每年点数增长5点，直至100点。

在合伙人点数达到35点、65点和80点时，全体合伙人可以对该合伙人进行一次全面综合考评，通过考评的合伙人，其点数正常增长，未通过考评的，其点数不再增长，根据其表现对其点数进行调整。

（三）如何计算“挖角”期待的点数

假如一位法官辞职后应聘律所，期望年薪30万元，加入合伙人的初始点数该如何计算？期望薪水÷单点价值＝30万元，假设去年律所可分红1000万元，全部合伙人总点数100点，单点价值为10万元，30万元÷10万元/点＝3，即该辞职法官至少可以获得3个点。

（四）如何根据团队历史业绩计算点数

如果三个律师团队拼团实行计点制，则按照各团队领头人前三年创收平均值在总数中的比例来确定各带头人的初始点数。

如甲律师团队前三年平均创收1000万元，乙律师团队前三年平均创收500万元，丙律师团队前三年平均创收300万元，则甲律师贡献度占比55%，乙律师28%，丙律师17%，全部点数如果是100点，则甲律师为55点，乙律师为28点，丙律师为17点。再根据三个团队一年磨合后的情况调整点数。

薪酬是律师事务所最大的战略，计点制的公司化合伙模式改变了传统律所合署办公的“跑单帮”模式，让团队分工合作成为可能，使律所吸引更优秀的律师。国内一些律师事务所尝试该模式后，律师力量合众为一，律所得到不断发展壮大。

三、李子柒与杭州微念公司纠纷评析

李子柒和杭州微念品牌管理有限公司（以下简称微念公司）合作争议，因为没有搭建好利益平衡的合作设计和股权安排平台，导致双方讼争。

2021年10月25日，网红李子柒正式起诉与之合作的杭州微念公司及其大股东刘同明，本来微念公司估值已经达到50亿元，上市指日可待，由于这场诉讼上市梦断。

李子柒（原名李佳佳）凭借着田园诗意的生活视频，快速涨粉。微念公司总经理刘同明看到商机，向李子柒抛来橄榄枝，双方于2016年9月达成合作协议，微念公司为李子柒提供网上平台推广服务，全面负责李子柒消费品牌的推广、变现和供应链运营；李子柒则负责视频制作（种菜、酿酒、砍柴、造纸……），春耕秋收中的唯美画卷打造了多频道网络“李子柒”IP。2017年双方将合约合作转换为合资成立公司，微念公司与李子柒共同出资成立四川子柒文化传播有限公司（以下简称子柒文化），微念公司占股51%，李子柒占股49%。

2018年，以“李子柒”字号命名的天猫旗舰店正式上线，粉丝数642万，螺蛳粉、藕粉、米糕、牛肉酱、蛋黄酥等店内在售的多款产品都达到了100万份以上的总销量。据2021年最具成长性的中国新消费品牌统计，2020年“李子柒”品牌的销售额达16亿元，同比增长300%。2021年2月，李子柒更以1410万的YouTube粉丝刷新了“最多订阅量的YouTube中文频道”的吉尼斯世界纪录。微念公司一跃成为国内顶尖的MCN（Multi – Channel Network，即多频道网络）机构，相继引入华映资本、新浪微博、芒果基金、字节跳动后估值一路飙升至近50亿元。

也许是前期合作的惯性使然，天猫旗舰店品牌电商渠道的注册经营者并不是子柒公司，而是微念公司。同时，这些产品中最火爆的螺蛳粉，其生产商是微念公司入股的柳州两家公司，李子柒本人并不占有股份（见图4－2）。

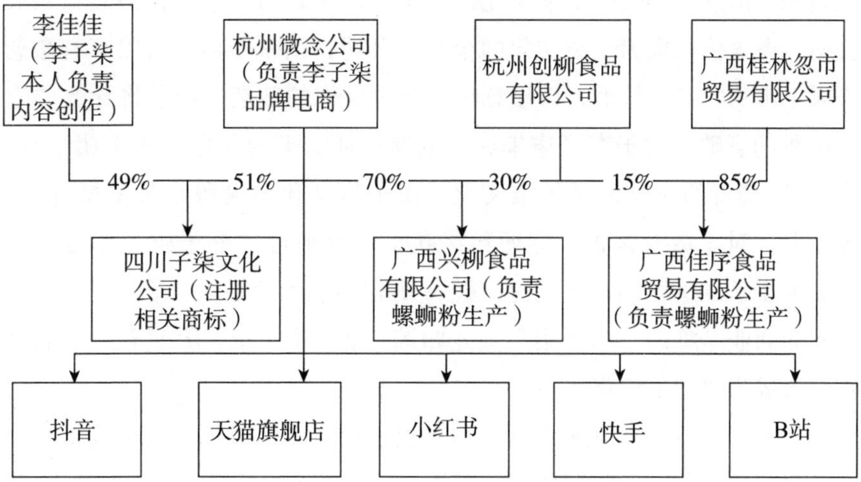

图 4－2 李子柒及其品牌相关股权及经营分布

股东收益是从持股公司分红获得，公司收益是销售收入获得。天猫旗舰店是微念公司注册经营，子柒文化没有经营，无法获得销售收入，作为股东的李子柒当然无法获得分红。而作为螺蛳粉生产商的两家公司李子柒也没有股权，这两家公司的提供货源的销售收入，李子柒不能参与分红。由于微念公司打造的“李子柒”IP 品牌吸金能力很强，由此吸引了一轮又一轮融资，可作为上市主体的微念公司却没有李子柒的股份。假如微念公司与李子柒前期合作对电商平台和社交平台收入约定了分成比例，应按照约定执行。如果没有约定，则我们看到的公司股权架构及经营设计的法律后果就是：无论是各大社交平台“李子柒”IP 旗下流量变现还是天猫旗舰店的销售收益均与李子柒本人无关。

微念公司股东 22 名，没有李子柒，也没有子柒文化。随着微念公司不断融资，李子柒本人无法在微念公司的估值上获得收益。

股权和经营模式设计使合作双方权益失衡，引发李子柒断更三个月直至提起诉讼。李子柒与微念公司双方的合作模式从协议合作到成立公司，从松散型合作走向紧密型合作，那么子柒文化应该走向前台，对电商平台进行运营和销售，进而获得营业流水，才能给股东分红。然而，子柒文化经营的悬空，造成股东李子柒的收入空白。

假如，微念公司收购子柒文化，李子柒以持有的子柒文化的股权入股微念公司，微念公司成为子柒文化的全资母公司，则李子柒也可以享有微念公司未来上市的收益。然而，诉讼意味着双方合作的破裂，纷争将导致“李子柒”品牌的衰败。对于李子柒来说，电商和社交平台的账号并不属于自己，“李子柒”商标的注册人是子柒文化，而子柒文化的大股东又是微念公司，处处掣肘；对于微念来说，即便最终获得所有平台“李子柒”账号的所有权，失去李子柒这样的灵魂人物，这个IP很可能因此走向没落。

作为商业品牌的“李子柒”究竟归谁？即“李子柒”IP平台的运营及其价值归属成为双方争议焦点。

个人IP，指个人对某种成果的占有权。在互联网时代，它可以指一个符号、一种价值观、一个共同特征的群体、一部自带流量的内容。打造IP的载体分为视频、音频和图文，视频包括：优酷、爱奇艺、腾讯视频、抖音、快手、B站等；音频包括：喜马拉雅、懒人听书、蜻蜓FM等；图文包括：微信公众号、知乎、豆瓣、微博、简书、今日头条、一点资讯等。IP的打造，就是树立个人品牌，就是当我们提到某个人时，就知道在某个领域他的地位，他在这个领域拥有的高于常人的认知和价值。个人IP通过众多的音视频图文平台，多频道增加曝光量，塑造了价值，增加了信任度，从而提升了转化率。

如果一个人分享的视频，戳到了观看者的内心，喜欢就会点赞、关注、收藏，成为粉丝。某一天网红做完视频分享，弹出来一个销售商品橱窗，商品和这个视频内容相关，粉丝们大多会毫不犹豫地下单购买。

李子柒经常分享手作、美食，精致的画面和诗意生活使人产生一种向往和期待，因此她推荐或冠以“李子柒”品牌的商品都给人以美好的想象和信任，从而造就了千万级粉丝账号、吸金能力强劲的“李子柒”品牌和网店。

“李子柒”天猫旗舰店的所有权人是谁？从工商资质来看，“李子柒”天猫旗舰店的注册企业是微念公司，即天猫旗舰店经营主体是微念公司。

在互联网环境下，网络行为的主体一般均以“账户+密码”或电子签名等认证方式来识别，权利义务均由该主体承担。《天猫规则》规定，天猫入驻只能是企业，商家应如实提供其店铺运营的主体及相关信息。微念公司通过与天猫签订服务协议并经认证，取得网店经营权。“李子柒”天猫旗舰店的经营者正是微念公司。微念公司为设立及经营该网店花费了人力、物力，而网店名为“李子柒”，天猫不接受未取得商标注册证或商标受理通知书的品牌的入驻申请。因此，店铺使用的“李子柒”商标，视为是子柒公司授权给微念公司使用。李子柒拍摄视频，对网店的经营也投入了精力，虽然该网店名义上是微念公司所有，但李子柒也有贡献。因此，“李子柒”天猫旗舰店应属于双方共同共有。

实际上网店是二者合作期间开办的，无论登记何人为店主，相关权利都属于二者共同所有，经营收益归双方共同所有。假设二者闹掰，合作关系解除，能否由微念公司将店铺转让给李子柒呢？《天猫规则》不允许店铺自由转让，但离婚和继承两种情况除外。转让店铺须经天猫的同意。转让网店是转让已积累的流量、客源及变现率。天猫服务协议规定不得以任何方式转让店铺的登录名和密码。网店店铺转让实质是转让与天猫间合同关系项下的权利义务，因此非经天猫同意不发生法律效力。因为网店不能分割为两个，所以只能在双方之间进行分配，就像离婚一样，属于共有财产的分割，不属于网店转让。同时，因经营者仍为原经营者中的一人，不发生信用度标准与网点的经营积累相分离的情况，对不特定的天猫买家也不会产生误导，因此最后的结果可能是店铺作价归一方所有。

同理，其他抖音、快手等社交平台“李子柒”的注册账号虽然是微念公司注册，但也应属于双方共同共有。

“李子柒”注册商标专用权属于谁呢？

公开资料显示，李佳佳在 2016 年曾以个人名义申请了“李子柒”等多个品类的商标，后其将这些商标悉数转到新成立的子柒公司旗下。微念公司 2017 年、2019 年和 2020 年也申请了多个品类“李子柒”注册商标，于 2021 年 6 月转到子柒公司名下。

目前，“李子柒”包括的 45 个品类 81 件商标都属于子柒公司所有。子柒公司已有 257 件商标申请信息，包括李子柒、柒家好物、LIZIQI、子柒等。

当一个人的姓名具有一定知名度和影响力时，若进行商业性的使用，会实现经济利益，经济利益理应由该姓名权人享有。如果对他人姓名权造成损害，则不能注册成商标。《商标法》第 32 条规定，申请商标注册不得损害他人现有的在先权利。其中“在先权利”包括申请注册日之前的姓名权。申请注册的商标如果指向该姓名权人且该商标注册可能给他人姓名权造成损害，就不能被注册。

“杨幂”商标（以下称争议商标）由梅州市大家闺秀贸易有限公司向商标局提出注册申请，于2015年8月7日获准注册，该商标被杨幂提出无效宣告请求。杨幂认为自己是知名演员，社会公众人物，其名字具有极高的商业价值和社会影响力，申请人商标的注册损害了其姓名权。商标评审委员会经审理认为，争议商标无效。

无独有偶，“屠呦呦”商标由宿州市夏氏眼镜有限公司向商标局申请注册，于2014年4月7日获准注册。屠呦呦本人提出无效宣告请求，最终该商标也被宣告无效。

“李子柒”商标注册人是子柒文化，由于李子柒是公司股东，不会提出无效宣告，但子柒文化的大股东是微念公司，“李子柒”商标授权他人使用并不是李子柒一人说了算，还需要子柒公司决议，如果该项表决事宜属于公司一般事宜，由持50%以上表决权的股东同意方可通过，则“李子柒”这个商标给谁用不给谁用就是微念公司说了算，而不是李子柒本人说了算。

上述案例给我们警示，商业合作需要了解不同的股权架构设计带来的法律后果是什么，商业目标安排一定要和股权架构设计相匹配并进行必要的主体登记，以免商业目标落空引发纷争。

第五讲

境外上市与信托构架的设计与运用

离岸公司顶层架构设计，又称红筹架构，是指境内自然人或机构，以投融资或上市为目的，在境外设立离岸公司，由该境外公司间接持股境内经营公司，或者该境外公司与境内实际经营公司达成协议控制，将经营实体利益转移给境外公司，从而实现境外公司海外上市。分为两种模式，一种是境外公司对境内公司直接控股（“股权控制模式”），另一种则是通过协议控制，即 VIE 架构（Variable Interest Entities），也称“新浪架构”。离岸公司可以简单理解为“纸上公司”，就是说这些地方注册的公司允许经营人不用亲临当地，而且他们往往具有无税负/无外汇管制、保密性高的特点。VIE 架构是境内实体公司为了在境外上市绕开政策限制不得已而为之。

境内注册公司直接到境外上市存在障碍。存在障碍的原因有两个：一是境外交易所如纽约证券交易所接受的申报公司注册地不包括中国内地；二是境内公司到境外上市须得到中国证券监管部门批准，而获得审批的概率较低。为此，就需要上市主体公司在境外注册，境外注册地首选开曼和维尔京群岛。

我国禁止或限制外资进入电信、媒体、互联网等一些领域，但这些领域的企业发展又需要外国资本、技术和管理经验，于是为规避政府管制，出现了 VIE 架构。最初采用 VIE 架构上市的中国公司，大多数是互联网企业，比如新浪、百度，这些公司去境外上市存在政策障碍。我国 ICP（增值电信业务经营许可）牌照只能由内资公司持有，而中国互联网公司大多因为接受境外投资而成为“外资公司”，为绕开政策限制，这些公司往往成立由内地自然人控股的内资公司持有经营牌照，用协议来规定持有牌照的内资公司与外资公司的关系。美国通用会计准则也专门为此设计了“VIE 会计准则”，允许在美上市的公司合并其在中国国内协议控制的企业报表，这一举措解决了困扰中国公司的财报难题。

2006 年，我国商务部等六部委联合发布了《关于外国投资者并购境内企业的规定》（以下简称 10 号令），其中有关“关联并购”的规定，即境内企业或个人在境外设立离岸公司后，返程并购境内企业须经商务部批准，鲜有企业取得批准，故一些非外资投资限制的企业也开始搭建 VIE 架构，以避免政策风险。

再有一些企业，大股东为融资释放了大多数股权，为了控制公司，企业实施双层股权，股权分 A、B 股，A 股一股一票，B 股一股十票，同股不同权，在国内就无法上市，这样的公司往往也选择红筹架构在国外上市。

一、VIE 架构

VIE 架构（Variable Interest Entities），红筹架构之一，也称“新浪架构”，是指境外注册的上市公司与境内的业务运营实体相分离，境外的上市公司通过协议的方式控制境内的业务实体，业务实体就是上市公司的 VIEs（可变利益实体），其架构如图 5－1 所示。

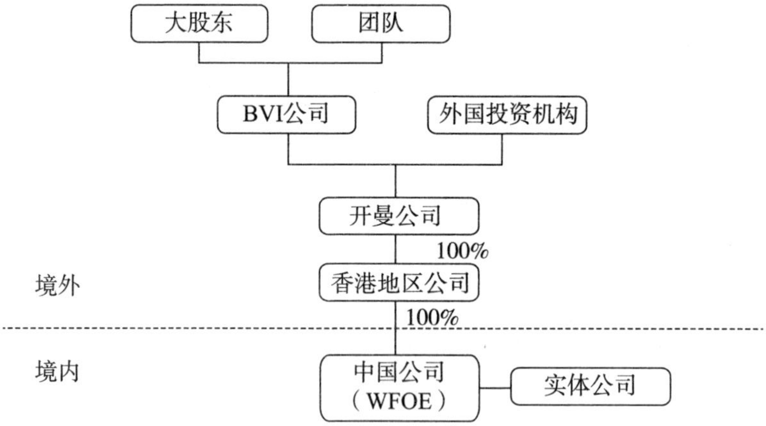

图 5－1　红筹架构：VIE 模式

1. 公司的创始人或是与之相关的管理团队在英属维尔京群岛（BVI）或

开曼群岛设立一个离岸公司。

2. 该公司外资投资机构或其他的股东，再共同成立一个公司（通常是开曼），作为去美国上市的主体。

3. 开曼公司再在香港地区设立一个公司，并持有该香港地区公司100%的股权。

4. 香港地区公司在中国内地投资设立一个或多个境内全资子公司（WFOE）。

5. 该WFOE与国内运营业务的实体签订一系列协议，达到享有VIEs权益的目的，同时符合美国证券交易委员会（SEC）的法规。

开曼群岛和英属维尔京群岛都在加勒比海，被称作避税天堂。如开曼群岛只有印花税，没有外汇管制，资金可灵活出入。开曼公司的股东没有任何限制，可以是任何国籍的自然人或法人，公司股东、成员、受益人和授权人的信息受到保护，任何人如果披露该信息或试图获取该信息或通过非法途径获取了该信息，将触犯刑律。开曼公司可在美国、中国香港地区、新加坡多个国家和地区上市。公司成立后，不在开曼当地营业，公司不需申报和缴纳任何税项（除了年度牌照费）。

一般境内企业B公司已经成立并经营数年，企业初具规模，创始人此时有B公司到美国上市的想法，如何操作？可以分为以下几步：

1. 创始人和其他股东在英属维尔京群岛成立BVI公司，同时在内地成立一家A公司。

2. BVI公司收购创始人及其股东在A公司的股权，则A公司变为BVI公司的全资子公司。

3. BVI公司在开曼群岛注册成立一家离岸公司作为日后在美国上市的开曼公司。

4. BVI公司将其持有的A公司的全部股权转让给开曼公司。

5. 开曼公司在我国香港地区设立香港地区公司，开曼公司将其持有的A公司的全部股权转让给香港地区公司。

最终形成创始人—BVI公司—开曼公司—香港地区公司—A公司的持股状况。A公司是外资公司，不能经营电信增值业务。A公司与B经营实体公司签订一系列协议，《独家技术服务协议》《知识产权许可协议》《租赁及服务协议》《股权未来转让协议》《股权质押协议》《表决权委托协议》《资产收购协议》等，B 公司把全部利润以技术使用费、知识产权许可使用费和租赁费的形式支付给 A 公司，A 公司享有对 B 公司的投票表决权、经营控制权、股权的优先购买权和质押权。

另外还有股权质押合同，股权质押就是国内的名义股东把他在国内公司的股权质押给外商投资企业，用来担保国内公司和外商投资公司之间签订的利润转移协议。此外，还会签订借款协议，外资独资企业借款给国内经营公司，使这种利润转移更加真实。

在开曼公司上一层，往往会设立一家 BVI 公司。开曼公司往往作为上市主体，因为相比于 BVI 公司，承认开曼公司作为上市主体的国家比较多，美国不承认 BVI 注册的公司作为上市主体。开曼公司相较于 BVI 公司更为规范，有更多信息披露，因而满足了很多国家上市的要求。BVI 公司保密性比开曼公司更强，开曼公司和香港地区公司需要一些信息披露，BVI 公司则不需要，BVI 公司也不需要交审计报告，具有更强的隐蔽性。

按照中国的法律，还有一个特殊原因，如果开曼群岛上层直接是实际控制人，那么股东在上市公司的分红按照国家外汇管理局《关于境内居民通过境外特殊目的公司融资及返程投资外汇管理有关问题的通知》（75 号文）必须在 180 日之内汇入境内，而如果中间有 BVI 公司，那么就可以很好地规避这一规定。①

在开曼公司下面一层设立 BVI 公司，目的是：按照中国的法律，如果要在 BVI 公司下设置开曼公司，需要商务部审批。商务部《关于外国投资者并购境内企业的规定》（商务部令 2009 年第 6 号）第 11 条规定，境内公司、企业或自然人以其在境外合法设立或控制的公司名义并购与其有关联关系的境内的公司，应报商务部审批。当事人不得以外商投资企业境内投资或其他方式规避前述要求。因此，可以先设立 BVI 公司，再设立上面的开曼公司，

① 国家外汇管理局《关于境内居民通过特殊目的公司境外投融资及返程投资外汇管理有关问题的通知》（汇发〔2014〕37 号）取消了分红汇入境内的时限。

用开曼公司买下 BVI 公司，从而规避了国内审批的问题。

一般在拟上市的开曼公司的上层再设立一家 BVI 公司，可以起到的作用主要有：为公司上市前后可能要做业务重组和股权调整提供便利。上市后，大股东套现，只要转让 BVI 公司的股权，相当于间接处置了上市公司的股权，避开上市公司大股东股权变动的影响以及上市公司禁售期的限制；可以享受 BVI 公司低税率的待遇；当公司业务有变时，可通过出售 BVI 公司的形式放弃原有业务。另外，BVI 公司的股东可以不透明，在隐藏股东身份方面也有很好的优势。

在开曼公司和内地公司之间多设立一个香港地区公司，这一设计主要是为了避税，设立一个香港地区公司系为节税考虑。根据《内地和香港特别行政区关于对所得避免双重征税和防止偷漏税的安排》规定，如果香港地区公司作为受益所有人直接拥有内地分红公司 25% 以上的权益，则所征税款不应超过股息总额的 5% 。而一般的境外企业从境内外商独资企业所获得分红的预提税是 10% 。香港地区公司再向其股东分红时，因为其全部收入来源内地投资企业对其的分红，收入来源非香港地区本地，无须在香港地区缴纳利得税。

上述 BVI 公司又叫 SPV 公司（特殊目的实体，special purpose vehicle），通常指仅为特定、专向目的而设立的公司。相较于普通公司，往往 SPV 公司除设立的特定目的外，没有独立的经营、业务等职能。

二、瑞幸咖啡股权架构设计

大股东陆正耀家族、钱志亚家族以及基金资本共同设立开曼公司，开曼公司设立 BVI 公司，BVI 公司在香港地区设立瑞幸香港公司，瑞幸香港公司在境内设立瑞幸中国公司，瑞幸中国公司直接持股 49 家子公司，拥有 3000 多家咖啡门店，属于直接持股模式的红筹架构，而不是协议控制模式（见图 5 -2）。

为什么是陆正耀家族持股，而不是其本人持股呢？这里又有一个信托架构（见图 5 -3）。

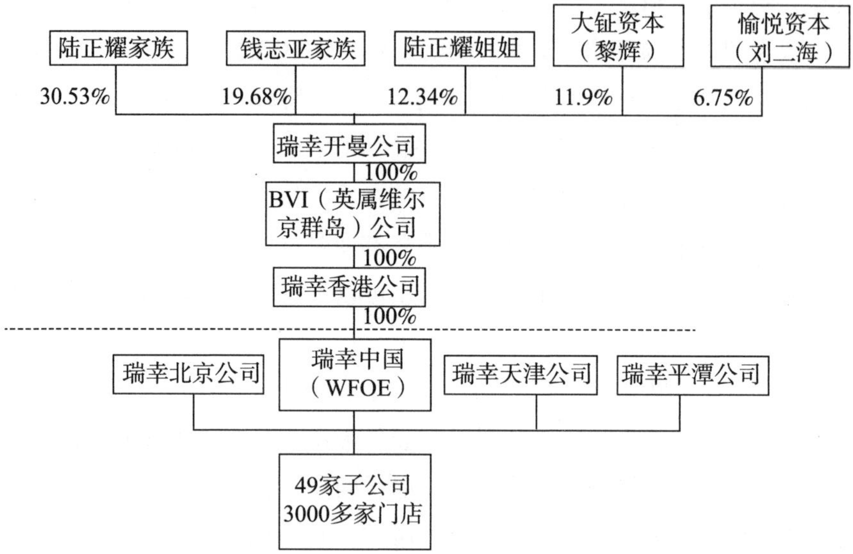

图5－2　瑞幸咖啡股权架构

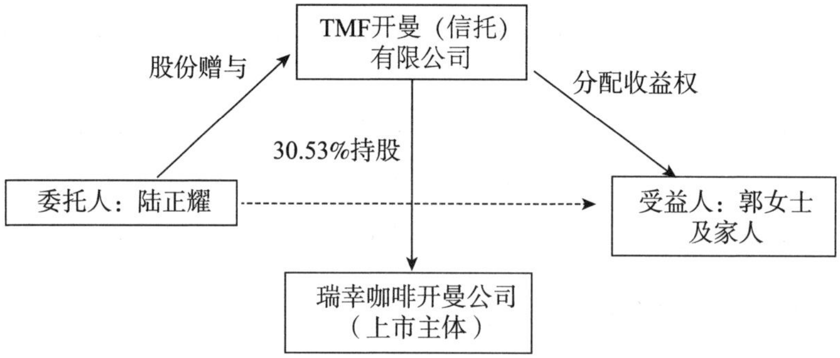

图5－3　瑞幸咖啡信托架构

还是规避法律风险和传承安排的需要。陆正耀将其持有的上市（开曼）公司的股权直接赠与TMF开曼有限公司，TMF公司是一家信托公司，陆正耀持有的上市公司股权的所有权就转让给了开曼这家信托公司（信托），股权（信托资产）属于信托公司。由于公司股权类的财产可以将财产的不同权限进行约定，比如委托人保留投票权，这样公司实际经营人仍然是大股东及其团队。而股权每年的分红收益则归入信托账户中，根据信托协议约定分配给陆正耀指定的受益人，包括其父母、配偶和子女，也可以是自己。当陆正耀个人有外债时，法院不能执行 TMF 公司持有的上市公司的股权（除非因避债目的而设立），陆正耀指定的受益人获得的权益也不被执行，这样设计可以最大限度地减少法律风险。再有，大股东直接持有上市公司股权，其配偶也享有一半股权权益，当大股东婚姻发生危机时，上市公司股权就会发生变动，甚至影响公司控制权，而信托架构就不会有这种风险。

委托人的意愿代表了信托意愿（trust intent），委托人设立信托的意愿就是其中最基本也是最核心的内容。受托人根据委托人的意愿可以合理安排向受益人支付收益金的时间和金额。如当子女作为受益人时，受托人可以根据其成长阶段支付收益金，上大学给 20 万元，结婚给 100 万元，创业给 1000 万元。

信托在家族财富管理与传承上的上述功能，避免了自然人股东离婚、死亡等原因而导致股权越来越分散的情形，以及造成企业经营的混乱与动荡的结果。反之，如果将家族企业的股权装入信托，可以将企业控股权紧锁在受托人名下，保持家族企业所有权和控制权的集中和稳定，将家族企业的所有权、经营权、收益权及信托受益权进行分离。如此，既能保障家族企业的可持续经营和代际传承，又能确保家族成员从企业经营中持续获得收益。

三、对红筹架构具有深远影响的反避税措施

近年来，以欧盟为首的多国出于反避税目的，对 BVI 公司、开曼当局提出了公司经济实质的要求。英属维尔京群岛、开曼于 2018 年 12 月颁布了《经济实质法》，并于 2019 年 1 月 1 日起正式实施。开曼于 2019 年 2 月 22 日颁布了《实施细则》，要求在开曼注册的企业，应满足经济实体要求，经济实体要求即要求企业有实质性经营活动，包括：

1. 核心创收活动：（1）管理决策行为；（2）为集团内其他主体承担费用开销的行为；（3）统筹协调集团的业务活动行为。

2. 足够的收入：（1）在开曼有足够的经营费用开支；（2）在开曼有足够的办公场所；（3）在开曼有足够的全职员工。

3. 以合适的方式对经营管理和指示：（1）董事会整体是否具有履职的经验；（2）董事会在开曼召开的频次与相关决定是否匹配；（3）召开董事会的

法定人数是否满足；（4）董事会记录是否在开曼保存等。

上述规定要求在开曼注册的公司必须要实际经营，提高了公司注册和经营门槛，更对利用税收洼地进行税务筹划提出了更高要求。

红筹架构企业如何规避经济实质?①

深交所对一家拟IPO企业发问询函问：BVI公司是否满足当地“经济实质”?

该企业回复：“根据BVI《经济实质法案》以及Oiger律师事务所出具的法律意见，2019年1月1日实施的BVI《经济实质法案》规定，在任何财务年度从事‘相关活动’的‘法律实体’应当满足关于‘经济实质’的要求。‘相关活动’系指从事银行业务、保险业务、基金管理业务、金融和租赁业务、总部业务、航运业务、控股业务、知识产权业务、分销和服务中心业务等九类业务。《经济实质法案》第2条规定的‘控股业务’指纯控股企业的业务，‘纯控股企业’系指仅持其他实体的股权并仅赚取股息和资本利得的企业。依据《经济实质规则》第5.25款（及其注释），‘纯控股企业’采用狭义定义，即只有一个法律实体有且只持有产生股息或资本利得的股权时才符合‘纯控股企业’的定义。依据《经济实质规则》第5.27款，拥有其他形式资产（比如有息债券、政府证券、不动产法定权益或受益权）的实体，不属于‘纯控股企业’，不会被认为从事‘控股业务’。所以，鉴于韩萤焕及其近亲属设立的5家BVI公司另外持有美国政府债券，因而不属于‘纯控股企业’；此外五家公司亦未从事《经济实质法案》规定的其他‘相关活动’，因此不属于《经济实质法案》的规制范围。”

简言之，如果BVI公司仅持有公司股权，会被认为从事“控股业务”，需要满足经济实质；但如果持有公司股权+同时持有其他类型的资产（如政府债券、房产）且未从事其他类型的“相关活动”，则不会被认为从事“控股业务”，也无须进行“控股业务”的测试，不受经济实质约束。

---

① 此处参考了公众号“Amy姐的跨境金融圈”的文章：《首例? 个人用BVI公司避税，又巧妙躲过BVI经济实质法，怎么做到的?》。

第六讲

夫妻公司高频法律问题

在日常生活中，往往夫妻在夫妻关系存续期间共同成立公司，有夫妻二人共同在工商登记成为夫妻股东，也有夫或妻一人登记，另一方不注册登记。夫妻股权由于同时涉及《公司法》和《民法典》，因此需要澄清以下高频法律问题。

一、夫妻公司实质是一人有限责任公司，夫妻可能对公司承担连带责任

夫妻共同出资注册公司，公司一旦对外承担债务，债权人能否可以将公司视为一人有限责任公司，从而追加夫妻二人为共同被告呢？

实务判例：根据（2019）最高法民再372号判决，熊某与沈某为夫妻，两人婚后成立青曼瑞公司，注册资本200万元，实收资本200万元，双方各持50%股权。青曼瑞公司债权人猫人公司起诉青曼瑞公司胜诉后，未能执行到位，故申请追加公司股东熊某、沈某夫妻二人为被执行人。熊某和沈某主张一人有限责任公司是指只有一个自然人股东或一个法人股东的有限责任公司，青曼瑞公司股东为复数，不符合一人有限责任公司条件。现行法律并未将夫妻公司的股东视同为一个自然人股东，也未规定将夫妻共同设立的有限责任公司视为一人有限责任公司。猫人公司认为夫妻二人以夫妻共同财产出资成立有限公司，全部股权实质源于同一财产权，符合一人有限责任公司特点。

最高人民法院对于夫妻公司是如何认定的呢？判决结果具有指导意义。

终审判决要点如下：

1. 青曼瑞公司属于一人有限责任公司

青曼瑞公司的注册资本源于熊某、沈某夫妻共同财产，青曼瑞公司的全部股权实质来源同一财产权，并为一个所有权共同享有和支配，该股权主体具有利益的一致性和实质的单一性。本案青曼瑞公司由熊某、沈某在婚姻关系存续期间设立，公司资产归熊某、沈某共同共有，双方利益具有高度一致性，难以形成有效的内部监督。二人均实际参与公司的管理经营，夫妻其他共同财产与青曼瑞公司财产容易混同，从而损害债权人利益。在此情况下，应参照《公司法》第63条规定，将公司财产独立于股东自身财产的举证责任分配给股东熊某、沈某。综上，青曼瑞公司与一人有限责任公司在主体构成和规范使用上具有高度相似性，应认定为实质意义上的“一人有限责任公司”。

2. 猫人公司申请追加熊某、沈某为被执行人应予支持

青曼瑞公司系实质意义上的一人有限责任公司，适用《公司法》第63条规定，而最高人民法院《关于民事执行中变更、追加当事人若干问题的规定》第20条的实体法基础亦是《公司法》第63条规定。据此，熊某、沈某应对青曼瑞公司财产独立于双方其他共有财产承担举证责任，在二人未举证证明其自身财产独立于青曼瑞公司财产的情况下，应追加二人为被执行人。

因此，夫妻共同出资成立有限责任公司可能被公司债权人追加为共同被告，其理论基础是公司出资源于夫妻共同财产，夫妻公司全部股权实质来源同一财产权，并由一个所有权共同享有和支配，该股权具有利益的一致性和实质的单一性。从公司财产混同角度分析，准许一人设立有限责任公司的出发点在于节约创业成本，繁荣市场经济。但该种便利性亦会带来天然风险性。《公司法》规定的一人有限责任公司财产独立性举证责任倒置规则就是对该种风险予以规制的措施之一，因此将该举证责任倒置规则运用于夫妻公司，更有利于保护债权人利益。

在最高人民法院审理的高某霞、宁夏金特嘉工贸有限公司（以下简称金特嘉公司）合同纠纷再审案［（2020）最高法民申1515号］中，最高人民法院认为，高某霞与张某在夫妻关系存续期间成立金特嘉公司，设立公司时，

未向工商登记部门提交分割财产证明。高某霞未提交证据证明其个人财产独立于金特嘉公司，即不能证明公司财产独立于股东自己的财产，故案涉债务应由高某霞承担共同付款责任。

1998 年，原国家工商行政管理总局制定的《公司登记管理若干问题的规定》曾规定家庭成员共同出资设立有限责任公司，必须以各自拥有的财产作为注册资本，并各自承担相应的责任，登记时需提交财产分割的书面证明或协议。2005 年《公司法》修订后，《公司登记管理若干问题的规定》已被废止。由此建议夫妻二人设立公司时，向工商登记部门递交一份夫妻财产协议，以此切断公司注册资本源于夫妻共同财产的同一性来源，还原夫妻各自出资的独立性。

夫妻如何能证明夫妻财产独立于公司财产？《公司法》第 62 条规定一人有限责任公司应当在每一会计年度终了时编制财务会计报告，并经会计师事务所审计。因此，夫妻公司应每年由会计师事务所审计财务会计报告，以证明夫妻财产独立于公司财产。

二、离婚时，夫妻股东股权如何分割

生活中，夫妻双方共同成立有限公司，必然登记公司股东的出资比例，夫妻二人名下的出资比例一般比较随意，二八或三七，甚至五五。如果夫妻离婚，他们之间的股权如何分配？按照工商登记比例确定股权还是按照一人一半分割？

根据（2017）最高法民终 336 号判决，魏某与李某夫妻二人婚后成立多家公司，离婚时，魏某主张所有公司股权均为一人一半；李某主张公司股权应按工商登记确定的比例分割。法院认为，涉诉几家公司均为二人婚后设立，根据《婚姻法》[①] 第 17 条的规定，夫妻在婚姻关系存续期间所得的下列财产，归夫妻共同所有：（1）工资、奖金；（2）生产、经营的收益；（3）知识产权的收益；（4）继承或赠与所得的财产但本法第 18 条第 3 项规定的除外；（5）其他应当归共同所有的财产。除非李某能拿出二人对股权归属的书面夫

① 《婚姻法》已被《民法典》代替，为保证案例引用准确，仍用原法条。

妻约定，否则涉讼股权属于《婚姻法》规定的“其他应当归共同所有的财产”，归夫妻共同共有，应予平均分割。由此看出，工商登记文件虽然具有对外的公示效力，但不能以此将工商登记出资比例作为分割股权的依据。

为预防夫妻公司在夫妻离婚时公司股权平均分割对公司控制权和公司治理带来消极影响，建议在夫妻登记设立公司时，签署夫妻财产协议排除股权共同共有。因为《民法典》第1065条规定：夫妻可以约定婚姻关系存续期间所得的财产以及婚前财产归各自所有、共同所有或部分各自所有、部分共同所有。夫妻对婚姻关系存续期间所得的财产以及婚前财产的约定，对双方具有约束力。因此，夫妻签订的财产协议，可以证明各自出资的独立性，由此阻却股权均分的后果。

在公司设立时没有签订夫妻财产约定，而公司仍由夫妻二人共同打理，股权一人一半，势必造成经营难题，甚至导致公司出现僵局，对此，建议夫妻一人取得全部股权，给另一半股权折价补偿，以此获得控股权和公司治理的安全稳定。

上述情形均为自然人股东直接持股，如果设立母公司控制各个子公司，夫妻二人不再直接持有子公司股权，而是通过母公司持有股权，一旦夫妻离婚，只要分割母公司股权，就不会触及子公司股权，进而将夫妻离婚分割股权的不利影响降到最低。

三、夫或妻一人注册公司，离婚时，股权如何分割

夫或妻一人注册公司，离婚时，配偶能否分得一半股权？需满足以下三个条件：

1. 涉讼股权属于夫妻共同财产；
2. 夫妻之间没有书面夫妻财产约定；
3. 其他股东没有行使优先购买权。

最高人民法院《关于适用〈中华人民共和国民法典〉婚姻家庭编的解释（一）》第73条第1款规定：

人民法院审理离婚案件，涉及分割夫妻共同财产中以一方名义在有限责任公司的出资额，另一方不是该公司股东的，按以下情形分别处理：

（1）夫妻双方协商一致将出资额部分或全部转让给该股东的配偶，过半数股东同意、其他股东明确表示放弃优先购买权的，该股东的配偶可以成为该公司股东；

（2）夫妻双方就出资额转让份额和转让价格等事项达成一致后，过半数股东不同意转让，但愿意以同等价格购买该出资额的，人民法院可以对转让出资所得财产进行分割。过半数股东不同意转让，也不愿意以同等价格购买该出资额的，视为其同意转让，该股东的配偶可以成为该公司股东。

基于公司人合性特征，其他股东不愿离婚股东配偶成为公司股东，可以优先购买该股东股权，则股东配偶不能成为公司股东，但其他股东购买股权的对价的一半可以分给配偶。

因此，夫妻离婚，对于股权的分割，可以是股权分割——配偶取得公司股东资格；可以是股权对价的分割——股权转让款的一半分给配偶，配偶不成为公司股东，以此避免配偶取得股权成为公司股东后还要和前夫/妻共事的尴尬。

根据（2017）最高法民终336号判决，魏某与李某为夫妻，两人婚后成立多家公司。终审法院认定涉讼股权归夫妻共同所有，且一审时魏某已经发出告知函通知公司其他股东，就其是否同意股权转让给魏某及是否行使优先购买权征询意见，部分股东回函同意转让且不购买，其余股东在判决前未予答复，法院认为应视为其他股东同意转让并放弃优先购买权，因此判决二人平均分割股权。在当事人自己或法院给其他股东发函征询购买意见后，只要其他股东不购买，则法院可以直接判决分割股权，配偶成为公司股东。

在（2013）浙民提字第121号案中，柳某与王某甲系夫妻，赛达公司系柳某在夫妻关系存续期间以夫妻共同财产与案外人共同出资设立，柳某持有公司33%的股权。一审法院认定赛达公司33%的股权作为夫妻共同财产依法予以分割，因柳某未征得王某甲同意，擅自将该股份以明显低价转让给女儿王某乙，根据《婚姻法》第47条的规定柳某应少分财产，一审法院据此判决赛达公司33%股权中18.15%的归王某甲所有，柳某分得14.85%的股权。不过，王某甲提出，应当通过竞价方式确定整体股权归属一方（另一方获得折价款，而不是分割股权）。对于王某甲的要求，二审法院认为，分割股权的方案属法院自量范围，直接分割股权并无不当。

在（2015）苏民再提字第00064号案中，章某与陈某甲离婚，章某要求分割陈某甲名下夫妻共同财产银鼎公司100%的股权，而陈某甲则要求直接按股权价值分割现金，双方当事人未能就股权分割达成一致。《婚姻法解释（二）》第16条关于分割有限责任公司出资额的规定，适用前提是夫妻双方协商一致。由于本案双方未能协商一致如何分割股权，法院根据财产的具体情况，未判分割股权，而是按照双方在一审达成一致的股权价值，给予原告股权折价款补偿。

可见，夫妻双方协商一致分割股权，其他股东同意，则配偶可以成为公司股东；其他股东不同意，但出资购买，则配偶可以分得股权转让对价款。如果夫妻双方未协商一致，法院既可以径行判决分割股权，又可能按股权对价分割。

为了不因股东离婚造成公司控制权旁落，可以在公司章程中约定：当公司股东发生离婚、需要分割股权时，夫妻二人中只能一人担任公司股东，且这个人选应当至少有1/2的股东同意，该离婚股东没有表决权。如此，可以通过公司章程限制离婚股东配偶进入公司。

| 第七讲 |

怎样让技术人才零出资成为创始股东

完善资源要素市场化配置，实现要素价格由市场决定是商品经济市场体系的内在要求。随着社会不断变迁，不同资源要素在人类社会的不同时期，受重视的程度也不同。农业时代，土地资源是最重要的要素；工业时代，资本成为重要资源要素；今天，我们处于互联网时代，技术、知识要素逐渐占据更大比重，“资本 + 技术”成为当今资源要素配置的主要形态。

“技术入股”属于非货币财产出资中的知识产权出资的范畴，根据以出资的技术按是否已经国家有权机关认证，可分为已经国家认证的技术（如专利、软件著作权、集成电路布图设计专有权、生物医药新品种等）及未经国家有权机关认证的技术，也称非专利技术、专有技术。虽然取消了技术出资的比例限制，但非专利技术入股容易产生价值争议和交付争议，在实际操作过程中争议最多，也最受企业及广大技术人才的关注。

我国《公司法》第 27 条规定：股东可以用货币出资，也可以用实物、知识产权、土地使用权等可以用货币估价并可以依法转让的非货币财产作价出资。第一次取消了非货币出资（包括技术出资）的比例限制。理论上来讲，非货币出资比例可以达到 100%。

一、技术入股容易产生的法律风险

一是容易产生价值争议。技术入股时未评估或仅在股东之间协议作价，但随着时间的推移，其市场贡献度降低，其他股东对技术作价估值质疑，认为技术股东未履行出资义务，届时申请法院评估，评估值显著低于现在的出资协议出资额，则法院有权认定技术股东未全面履行出资义务。《公司法解释（三）》第9条规定：出资人以非货币财产出资，未依法评估作价，公司、其他股东或者公司债权人请求认定出资人未履行出资义务的，人民法院应当委托具有合法资格的评估机构对该财产评估作价。评估确定的价额显著低于公司章程所定价额的，人民法院应当认定出资人未依法全面履行出资义务。

在（2018）浙06民终4448号案件中，原被告在公司成立之初，对技术出资（技术包括初期机器设计、制造、安装、调试，正常生产后的维修、保养、模具加工、研发、新产品开发等）未经评估，而径直由双方协商作价30万元。后因公司破产，公司主张技术股东出资瑕疵。法院经审理认为，法律对“评估作价”的操作标准未予明文规定，可以请专业评估机构作出价值评估，也可以由各方当事人协商作价。基于本案协商作价未显失公平且未违反协议约定，判定该技术出资作价合理、有效。从上述案例可以看出，相较于评估作价，协商作价具有较大的不确定性，因此，为避免技术随时间推移估值降低的风险，我们建议应在入股时即委托第三方进行评估，评估的主要作用在于：（1）判断该项技术是否属于拟入股的技术人员、是否属于该技术人员在其他单位的职务成果、是否侵犯他人在先权利、是否存在其他潜在风险；（2）评估该项技术价值与拟占股比例是否匹配。

此外，从税收优惠的实操层面来看，也要求在出资人入股前进行评估。国家税务总局《关于股权激励和技术入股所得税征管问题的公告》（国家税务总局公告2016年第62号）规定：个人以技术成果投资入股境内公司并选择递延纳税的，被投资公司应于取得技术成果并支付股权之次月15日内，向主管税务机关报送技术成果投资入股个人所得税递延纳税备案表、技术成果相关证书或证明材料、技术成果投资入股协议、技术成果评估报告等资料。因此，没有技术成果评估报告，就有可能无法享受税收优惠。

根据财政部、国家税务总局《关于完善股权激励和技术入股有关所得税政策的通知》和国家税务总局《关于股权激励和技术入股所得税征管问题的公告》的规定，需要在股票（权）期权行权、限制性股票解禁、股权奖励获得、被投资企业取得技术成果并支付股权的次月15日内办理递延纳税备案，并且在每个纳税年度终了后30日内，还要向税务机关报送个人所得税递延纳税情况年度报告表。

二是容易产生交付争议。对于已经国家认证的技术，以向国家专利局申请登记的发明、实用新型和外观设计作为出资入股，权利人转移登记即可。实务中非专利技术，由于没有进行专利申请，没有在专利机关登记注册，转移交付的标志是什么容易产生争议，由此会引发相关股东出资纠纷诉讼。例如，在江苏省高级人民法院（2016）苏民终1103号案件中，技术出资方以12项矿业相关非专利技术向目标公司出资，目标公司主张该等技术一直处于技术出资方的控制之下，导致其从未享有任何支配权，继而要求技术出资方以现金补足出资。此案经一审、二审审理，法院最终认定：双方已就“技术移交清单”签字确认、技术出资方已委派技术人员实地参与项目指导、目标公司已凭借入股技术而取得相关项目资质，综合认定技术出资方已履行交付义务。又如，在上海市第一中级人民法院（2017）沪01民终5961号案件中，技术出资方的出资形式为“木牛流马”非专利技术，法院认为该项技术属于非物质文化遗产，无法满足《公司法》要求的转让交付义务，因此判决支持原告要求技术出资方以现金补足出资的诉请。

基于现有生效判例反映出的关于是否已完成“转让交付”的认定标准，笔者认为，技术人员应当将全部技术资料（纸质或者以电子媒介为载体）交付公司，使公司实际占有、掌控，并在实际生产、运营过程中使用该项技术。转移交付的标志，我们认为可以在出资协议中约定，以非专利技术资料刻录在光盘、拷贝在U盘上的转移占有为交付标志；此外，因为技术由人掌握，必须依靠人来实现产品的研发、生产和上市交易，所以需要技术人员的参与，因此需要掌握该技术的核心人员与入股公司签订劳动（服务）合同，同时，公司应与技术人员签订保密协议、同业兼职限制，以及离职后的竞业限制来保证非专利技术的专有性。笔者认为，除部分地方政府如湖南省科学技术厅曾于2014年发布有关技术使用权出资的相关规定外（湘科政字〔2014〕144号），实践中，我们通常认为拟入股的技术必须转让其所有权，而非使用权。

二、技术持有人零出资入股设计

《公司法》是工业时代的产物，因此，其规定的按照出资比例分红已经成为人们的主流认识。然而，继续沿用工业时代的惯性思维，在知识就是生产力的今天显然已经过时，因为拥有技术成果的人才大多来自高校、科研机构或是海归，多数尚未实现财务自由，让其货币出资，其占有股比会很小；如果沿用持股比例与分红比例一致，则其收益不高，但其技术又很重要，这种方式不易谈成合作。非专利技术本来就只有持有人掌握，理论上由第三方来评估其价值作为入股比例显然不合理也不准确。那么应如何解决这类矛盾？实践中，我们可以通过以下变通的方法，实现技术持有人实质不以货币出资，但形式以货币出资实现工商登记，保障其股东出资的合法性。例如，李四掌握技术，张三有资金，如何让李四不出钱而占有一半股权？（本书为了阐述方便，举例双方股东各占50%股权，实际上五五比例在公司设立中的股权结构是最不合适的，容易产生公司僵局的结果）。技术入股的方法如下：

（1）张三和李四可以约定，张三出资100元，李四出资0元，张三持股50%，李四持股50%，双方出资比例与持股比例不一致。成立后的公司与李四签订技术转让协议或技术独占使用协议，公司免费使用李四的非专利技术。这种约定法律是支持的，最高人民法院（2011）民提字第6号案例中认定出资比例可以与持股比例不一致。但这一方案可能不被市场监督管理局认可并登记。

（2）张三出资50万元，李四出资50万元，各占50%股权。公司注册时认缴出资，双方均不需要实际出资。公司成立后，修订公司章程，约定张三替李四出资50万元，股权比例维持各占50%不变，此时张三实际出资100万元。这一约定实质是张三赠与李四50万元出资款，约定不违反法律规定，李四实现不出资成为新成立公司股东的目的。

（3）张三认缴出资100万元成立一人有限责任公司，公司注册成立后，把50%股权以0元对价转让给李四，李四成为公司股东。但在进行工商变更登记前，纳税人需取得完税凭证，税务机关通过公司资产负债表查看公司净资产，了解本次股权交易的股权对价是否公允，如果公司净资产为负值，可以较低价格转让；如果公司净资产为正值，则股权对价需和净资产价值相符，否则税务机关将核定股权价格，征收出让方个人所得税。

（4）李四认缴出资100万元注册成立一人有限责任公司，因为是认缴制，李四可先不实际出资。公司成立以后，李四再把公司50%的股权转让给张三，张三支付50万元股权对价款。李四用收到的50万元实缴出资，张三另行向公司实缴出资50万元。

（5）张三向李四提供借款50万元，实缴出资成立公司，各占50%股权，双方可以约定，前三年双方利润分配比例为10%和90%，李四每年可以分红90%，李四将分红款用于支付向张三的借款。

（6）张三和李四约定，李四的技术只能用于新成立的公司，张三向李四支付技术使用费，李四用收取的技术使用费出资到公司，成为股东。

通过以上方法，可以实现技术持有人工商登记中以低货币甚至零货币出资，而高比例持股的目的，达到吸引人才，共同创业的目的。

三、技术入股的税收政策与示例

技术入股属于非货币出资，理论上，在税收上相当于股东完成了一次技术转让，技术成本和入股价值之间的差额需要征税，包括增值税和个人所得税（企业所得税）。技术成果投资入股，实质是转让技术成果和以转让所得再进行投资两笔经济业务同时发生。对于转让技术成果这一环节，应当按照“财产转让所得”项目计算纳税。

（1）增值税

财政部、国家税务总局《关于全面推开营业税改征增值税试点的通知》（财税〔2016〕36号）附件三：《营业税改征增值税试点过渡政策的规定》第1条第26项规定：纳税人提供技术转让、技术开发和与之相关的技术咨询、技术服务免征增值税。财政部、国家税务总局《关于全面推开营业税改征增值税试点的通知》（财税〔2016〕36号）附件四：《跨境应税行为适用增值税零税率和免税政策的规定》第1条第3项规定：向境外单位提供“转让技术”服务适用增值税零税率。根据上述规定，技术人员向境内或境外企业转让技术，均免征增值税。

（2）个人所得税（如技术入股方为自然人）、企业所得税（如技术入股方为企业）

财政部、国家税务总局《关于完善股权激励和技术入股有关所得税政策的通知》（财税〔2016〕101号）第3条规定，企业或个人以技术成果入股，可选择适用递延纳税优惠政策。经向主管税务机关备案，投资入股当期可暂不纳税，允许递延至转让股权时，按股权转让收入减去技术成果原值和合理税费后的差额计算缴纳所得税。值得注意的是，适用该项规定的技术必须为专利技术（含国防专利）、计算机软件著作权、集成电路布图设计专有权、植物新品种权、生物医药新品种，以及科技部、财政部、国家税务总局确定的其他技术成果。企业或个人以技术成果投资入股境内居民企业，如果被投资企业支付的对价全部为股权，企业或个人在现行相关税收政策的基础上，也可以选择适用递延纳税优惠政策。也就是说，企业和个人技术成果投资入股选择递延纳税政策有两个条件：一是入股的企业必须是境内居民企业；二是入股的被投资企业支付的对价100%为股权支付。若被投资企业支付的对价除股权外，还有现金，则不能选择递延纳税。

案例：李某2016年9月以其所有的某项专利技术投资作价100万元入股A企业，获得A企业股票50万股，占企业股本的5%。若李某发明该项专利技术的成本为20万元，入股时发生评估费及其他合理税费共10万元。假设后来李某将这部分股权以200万元卖掉，转让时发生税费15万元，李某应如何计算应纳税额？

解析：李某专利技术投资入股，有两种税收处理方式：一是按照原有政策，在入股当期，以专利技术转让收入扣除专利技术财产原值和相关税费的差额计算个人所得税，并在当期或分期5年缴纳；二是按照新政策，专利技术投资入股时不计税，待转让这部分股权时，直接以股权转让收入扣除专利技术的财产原值和合理税费的差额计算个人所得税。

①按原政策计算：

李某技术入股当期需缴税，应纳税额=（100万元－20万元－10万元）×20%＝14万元

转让股权时李某也需缴税，应纳税额=（200万元－100万元－15万元）×20%＝17万元

两次合计，李某共缴纳个人所得税31万元。

②按递延纳税政策计算：

李某入股当期无须缴税。

待李某转让该部分股权时一次性缴税。转让时应纳税额 = ［200 万元 - （20 万元 + 10 万元） - 15 万元］ ×20% = 31 万元

虽然政策调整后，李某应缴税款与原来一样，但李某在入股当期无须缴税，压力减小；待其转让时再缴税，确保其有充足的资金流。

若李某选择递延纳税后，李某最终仅以 40 万元合理价格将股权卖掉，假设转让股权时税费为 5 万元。则转让时李某该如何计税？

解析：根据递延纳税相关政策，李某转让股权时，按照转让收入扣除技术成果原值及合理税费后的余额，计算缴纳个人所得税。因此，虽然李某的股权转让收入较当初专利技术投资时作价降低了，但其仍根据股权转让实际收入计算个人所得税，李某技术成果投资入股的风险降低。

应缴税款 = ［40 万元 - （20 万元 + 10 万元） - 5 万元］ ×20% = 1 万元

第八讲

股权转让中的若干法律问题（一）

随着经济的发展，股权交易日益频繁，然而，随之出现的股权转让纠纷也不断涌现，其数量长期占据公司诉讼领域较大比例。笔者从实务角度，对股权转让相关法律问题予以总结，以供参考。

股权转让是公司股东将其持有的公司股权及其项下的资产和负债转让给买方，不仅转让公司股份对应的财产权利，而且转让公司股东的身份和资格。区别于增资入股，股权转让交易双方是股权转让方和受让方，股权转让款由受让股东支付给转让方，由股权转让双方签订协议并履行。股权转让合同签订后，公司应向新股东签发出资证明书，将受让方记载到公司股东名册中，同时对公司章程进行相应修改，标的公司需向公司登记机关提交申请，转让方和受让方配合办理股权变更登记。

一、股权转让协议的生效

我国《公司法》对股权转让合同的效力采取成立生效为原则，审批生效为例外的模式。合同的生效是指国家对已经成立的合同的肯定评价。当股权转让双方签订完股权转让协议后，双方已经达成股权转让合意，合同成立，但合同是否生效，还要看法律的具体规定。一般的有限责任公司和股份有限公司（不包括上市公司）的股权转让协议，双方签字盖章即生效，但国有企业和外资企业的股权转让需要履行相应手续才能生效。

首先是内外资不同，原“外资三法”（《中外合资经营企业法》《中外合作经营企业法》《外资企业法》）普遍采取主管机构审批制，即外资企业股权转让需经审批机关批准。最高人民法院《关于审理外商投资企业纠纷案件若干问题的规定（一）》第1条明确：当事人在外商投资企业设立、变更等过程中订立的合同，依法律、行政法规的规定应当经外商投资企业审批机关批准后才生效的，自批准之日起生效；未经批准的，人民法院应当认定该合同未生效。当事人请求确认该合同无效的，人民法院不予支持。涉及外资企业股权转让，必须报批，批准后股权转让合同才生效。上海自贸区设立后，全国人民代表大会常务委员会《关于授权国务院在中国（上海）自由贸易试验区暂时调整有关法律规定的行政审批的决定》规定，在上海自由贸易区设立的外资企业的股权转让由审批制改为备案制，审批机关批准不再是股权转让合同的生效要件。

从防范国有资产流失的角度，国有企业股权转让需满足政府批准、评估和在产权交易场所交易等特殊要求。根据《企业国有资产法》第53条的规定，国资企业转让全部国有资产的，或者转让部分国有资产致使国家对该企业不再具有控股地位的，应当报请本级人民政府批准。在陈某树与云南红塔集团有限公司股权转让纠纷案中［（2013）民二终字第42号］，最高人民法院认为，本案所涉《股份转让协议》依法属于应当办理批准手续的合同，需经财政部批准才能生效，但因红塔有限公司上级主管部门中烟总公司不同意本次股权转让，报批程序已经结束，《股份转让协议》已确定无法得到有权机关批准，故应依法认定为不生效合同。值得注意的是，《合同法》第44条（法律、行政法规规定应当办理批准、登记等手续生效的，依照其规定）和最高人民法院《关于适用〈中华人民共和国合同法〉若干问题的解释（一）》第9条（法律、行政法规规定合同应当办理批准手续，或者办理批准、登记等手续才生效，在一审法庭辩论终结前当事人仍未办理批准手续的，或者仍未办理批准、登记等手续的，人民法院应当认定该合同未生效）对合同生效的要求，是合同的法定生效条件，属于强制性规定，不允许当事人通过约定的方式予以变更，故尽管当事人对合同生效有相关约定，仍应依据以上法律规定来判断合同的效力。

国有资产转让应当以依法评估的、经履行出资人职责的机构认可或者由履行出资人职责的机构报经本级人民政府核准的价格为依据，合理确定最低转让价格。国有资产转让应当在依法设立的产权交易场所公开进行，未经进场交易的股权转让合同无效。在巴菲特投资有限公司与上海自来水投资建设有限公司股权转让纠纷案中［（2009）沪高民二（商）终字第22号］，上海市第二中级人民法院认为："根据国务院国资委、财政部制定实施的《企业国有产权转让管理暂行办法》的规定，企业国有产权转让应当在依法设立的产权交易机构中公开进行，企业国有产权转让可以采取拍卖、招投标、协议转让等方式进行。根据上海市政府制定实施的《上海市产权交易市场管理办法》的规定，上海市所辖国有产权的交易应当在产权交易市场进行，根据产权交易标的的具体情况采取拍卖、招标或竞价方式确定受让人和受让价格。上述两个规范性文件虽然不是行政法规，但均系依据国务院的授权对《企业国有资产监督管理暂行条例》的实施所制定的细则办法。而且，规定企业国有产权转让应当进场交易的目的，在于通过严格规范的程序保证交易的公开、公平、公正，最大限度地防止国有资产流失，避免国家利益、社会公共利益受损。因此，《企业国有产权转让管理暂行办法》、《上海市产权交易市场管理办法》的上述规定，符合上位法的精神，不违背上位法的具体规定，应当在企业国有资产转让过程中贯彻实施。由于上海水务公司在接受自来水公司委托转让讼争股权时，未依照国家的上述规定处置，擅自委托金槌拍卖公司拍卖，并在拍卖后与巴菲特公司订立股权转让协议，其行为不具合法性。综上，对巴菲特公司要求自来水公司履行《光大银行法人股股权转让协议》，转让16985320股光大银行国有法人股的诉讼请求，不予支持。自来水公司要求确认《光大银行法人股股权转让协议》无效的反诉请求，予以支持。"

国有企业未经评估转让其所持股权的是否有效？湖南路桥建设集团有限责任公司（以下简称湖南路桥公司）、福建省直武夷山汇华房地产综合开发有限公司等股权转让纠纷民事再审案中［（2021）最高法民申7112号］，最高人民法院认为，湖南路桥公司以《第二次股东会决议》有关股权的确定未经评估，损害了国家利益和公共利益为由，主张决议无效。本院认为，根据最高人民法院《关于适用〈中华人民共和国合同法〉若干问题的解释（一）》第4条之（人民法院确认合同无效，应当以全国人大及其常委会制定的法律和国务院制定的行政法规为依据，不得以地方性法规、行政规章为依据）规定，湖南路桥公司所援引的《企业国有资产评估管理暂行办法》属于部门规章，不能作为认定本案决议效力的依据。故湖南路桥公司的该项理由，法院不予采信。

二、受让方取得股东资格的认定

股权转让行为同时具备转让合意（负担行为）和股权变动（处分行为）意思表示，股权转让合同的效力与股权转让行为的效力是两个不同的法律概念，股权转让合同生效在先，股权转让行为（取得股东资格）在后，股权转让合同成立生效并不意味着股东就具有股东资格。生效的股权转让合同仅产生转让方将其股权交付给受让方的合同义务，而非导致股权的当然变动——股东资格的当然取得。即使股权转让合同生效，但转让方怠于履行或者拒绝履行义务，即不变更公司章程、不变更股东名册、不签发出资证明、不做工商变更登记的话，那么股权不发生变动，受让方未取得股东资格。受让方仅享有请求权，有权根据《民法典》追究转让方的违约责任，包括解除合同、继续履行合同、赔偿损失等。因此，在认定股权转让合同效力上，不以股权变动作为必备条件，不以未发生股权变动为由而否认合同的效力。

股权转让协议生效并不等于股东就取得了股东资格。签订股权转让合同后，需要公司办理一系列手续，受让方取得股东资格。《公司法》第 73 条规定，转让股权后，公司应当注销原股东的出资证明书，向新股东签发出资证明书，并相应修改公司章程和股东名册中有关股东及其出资额的记载。第 139 条规定，记名股票，由股东以背书方式或者法律、行政法规规定的其他方式转让；转让后由公司将受让人的姓名或者名称及住所记载于股东名册。因此，原告持有股权转让款已经支付的证据、出资证明书、股东名册、公司章程等证据材料确认股东资格，法院应予确认，但公司如有相反证据，法院应进行实质审查，判断其是否行使了股东权利、公司其他股东是否认可原告的股东资格、其是否参与分红等因素，充分考虑当事人实施民事行为的真实意思表示，对股东资格作出认定。在贵州捷安投资有限公司（以下简称捷安公司）诉贵州黔峰生物制品有限责任公司（以下简称黔峰公司）等股权确认纠纷案中［（2007）黔高民二初字第 28 号］，贵州省高级人民法院认为，工商登记仅是宣示性登记，而非设权性登记，只具有对抗善意第三人的效力。当公司内部发生股东资格争议时，不应仅以工商登记为准，还应对取得股东资格的实质性条件（如是否出资、是否有成为股东的意思、是否参与公司经营管理、是否享受股东权益和承担股东义务、其他股东是否明知等事实）进行审查，据实作出认定。本案一系列事实表明，捷安公司不仅对黔峰公司出资，而且以自己的名义参与经营管理，并为其他股东所知悉和认同，因此，法院根据真实主义原则，认定捷安公司是黔峰公司的股东。

《公司法》第32条规定，记载于股东名册的股东，可以依股东名册主张行使股东权利。所以股权变动生效不以公司登记机关为准，公司登记机关登记的效力在于对抗第三人，而非股权变动的效力。

我国公司股权立法奉行的商事外观主义是登记对抗主义，不是登记生效主义。未经（公司登记机关股权）登记或者变更登记的，不得对抗第三人。不同于房地产的登记取得房地产所有权，股权未经登记也可以取得股东资格，只是不能对抗善意第三人。如张三将股权卖给李四，虽然没有在公司登记机关办理股权变更登记，但公司章程已经修订，李四成为股东，李四参与股东会决议，则李四取得股东资格。如果张三将股权卖给李四，并未办理变更登记，同时，张三又将股权卖给王五并办理了变更登记，此时，王五支付了对价，并对张三股权一股二卖不知情。此时，李四就不能对抗王五这个（善意）第三人（取得股权），股权所有权归王五，李四不能取得股东资格，但可以依据与张三的股权转让协议追究张三的违约责任。登记对抗主义实质是在两个利益冲突的主体间进行利益衡量，将利益赋予更需要保护的人。商事外观主义的目的在于减少交易成本、维护交易安全，旨在促进经济流转，因此在两者出现矛盾时牺牲实际权利人的利益的适用范围通常限定于交易领域，而在执行异议之诉中并不适用。

在崔某龙、俞某林与无锡市荣耀置业有限公司（以下简称荣耀公司）、燕某等股权转让纠纷案中［最高人民法院（2006）民二终字第1号］，法院认为，世纪公司股东荣耀公司、燕某等四人伪造股东崔某龙、俞某林的签名，将崔某龙、俞某林在世纪公司60%的股权转让给自己，并办理变更登记。后荣耀公司、燕某等四人又将登记其名下的世纪公司80%的股权转让给孙某源等五人。因荣耀公司、燕某等四人并非股权所有人，系无权处分。孙某源等五人与荣耀公司、燕某等四人在签订《股权转让协议》时，曾经到工商行政管理机关查阅过世纪公司的股权登记，对荣耀公司和燕某等四人是否享有该公司股权尽了审慎审查的义务。在协议签订后，孙某源等五人已经向对方支付了部分股权转让款，并办理了股权变更登记，属于善意取得，应认定其取得世纪公司的相应股权。崔某龙、俞某林主张确认其享有世纪公司股权、恢复其股东身份的请求，本院难以支持。股权原权利人崔某龙、俞某林因丧失股权和股东身份，可以向相关侵权人主张承担民事责任。由此可以看出，善意取得的主体必须是基于对工商登记的信赖而进行股权受让行为，工商行政部门的登记具有公信力，从权利外观而言，孙某源等五人有理由相信股权的所有人是荣耀公司、燕某等四人。公司内部股权纠纷须按照实质审查认定，如果本案不存在孙某源等善意第三人，则崔某龙、俞某林与荣耀公司等内部股东纠纷，崔某龙、俞某林可以申请撤销股权转让合同或以侵害其股权所有权提起侵权之诉，法律会保护其利益。但一旦有善意第三人介入，在崔某龙、俞某林与孙某源等五人利益冲突的情况下，会根据法律判断谁将拥有股权（类物权），根据对外应当遵循公示主义原则和外观主义原则，侧重于保护交易安全以及善意第三人的规定，将股权所有权赋予了善意第三人孙某源等五人。

三、侵害其他股东优先购买权的应对

股权转让分为内部转让和外部转让，股东可以内部自由转让股权，但对外转让股权，则强调股东的优先购买权。《公司法》第 71 条规定，股东向外部转让股权时，应当经得其他股东过半数同意，其他股东接到拟转让股权股东的书面通知之日起 30 日内不同意的，则应购买股权，不购买视为同意，其他股东接到通知未答复的视为同意。上述《公司法》的规定，从程序上为股东股权外部转让进行了规制，赋予了其他股东优先购买权。优先购买权是法律规定股东在同等条件下对其他股东拟对外转让股权享有的优先购买的权利，是一种为保证有限责任公司的人合性而赋予股东的权利。如果股权对外转让侵害了其他股东的优先购买权，股权转让协议是否有效？此种情况下股权转让合同是可撤销的，法律将主动权交给了优先股东，优先股东可以申请合同撤销（自己买），行使优先购买权，也可以不申请撤销（自己不买）。申请合同撤销后，因股权转让的基础丧失，已转让的股权应当返还，再由有优先购买权的股东按原协议规定的同等条件优先受让。股东以外的股权受让人取得股权的请求不能得到支持，但不影响其追究股权转让方的民事责任。

在陈某、许某文、李某平与向某、贵州汉世矿业有限公司（以下简称汉世公司）股权转让纠纷案［（2018）黔民终1025号］中，陈某等人将持有的乌江公司股权转让给向某后，向某未履行股权转让款，又将股权转让给汉世公司，陈某等人要求法院确认向某、汉世公司股权转让行为无效，确认陈某等人有对向某持有的乌江公司80%股权在同等价格下有优先购买权。贵州省高级人民法院认为："当事人针对公司的股权主张享有优先购买权，并不导致相应的股权转让协议无效。首先，《中华人民共和国公司法》第七十一条第二款、第三款之规定并非法律的强制性规定，而系选择适用和推定适用的任意性规范，退一步说，即便将其认定为强制性规范，该规定也属于强制性规定中的赋权性规定，而非禁止性规定，在违反法定规则与第三人签订转让合同的情况下优先购买权并未丧失，仍可以行使，这并不能说是已经侵犯了优先购买权而应当使合同归于无效。且是否行使优先购买权具有不确定性，如果认定相应的股权转让协议无效，当事人选择放弃优先购买权，股权转让双方则须重新缔结合同，这明显违反商事经济、效率的原则。其次，基于负担行为与处分行为的区分，处分行为无效不影响负担行为的效力，股权转让合同并不必然导致股权变动。即使认定股权转让协议有效，也并不必然对优先购买权产生实质性侵害，如果当事人主张行使优先购买权，该股权转让合同将难以实际履行，也就是说，股权转让的限制仅仅构成对股权物权性的限制，不会对股权转让合同的效力产生影响。最后，优先购买权仅具有债权效力，而不是具有可以对抗第三人的物权效力，仅产生内部效力；而且即便是物权效力的优先购买权，也只具有外部效力从而影响出卖人和第三人之间的法律关系，但该外部效力并不影响出卖人与第三人间买卖合同的效力，仅对标的物所有权之变动产生作用。故，一审判决认定向某与汉世公司的《矿山股权转让协议》无效，继而认定陈某、许某文、李某平享有同等条件下的优先购买权不当，本院予以纠正。”该判决回答了侵害股东优先购买权的股权转让协议并非无效，同时因股权100%转让，转让股东已不具有股东身份，故其他股东无权行使优先购买权。

《公司法解释（四)》第21条规定，有限责任公司的股东向股东以外的人转让股权，未就其股权转让事项征求其他股东意见，或者以欺诈、恶意串通等手段，损害其他股东优先购买权，其他股东主张按照同等条件购买该转让股权的，人民法院应当予以支持，但其他股东自知道或者应当知道行使优先购买权的同等条件之日起30日内没有主张，或者自股权变更登记之日起超过一年的除外。前款规定的其他股东提出申请撤销股权转让合同等请求，应同时主张按照同等条件购买转让股权，否则人民法院不予支持。即撤销权和优先购买权应同时主张，如果仅行使撤销权，但不购买，则出让方需重新寻找买家，股权转让双方须重新缔结合同，这明显违反商事经济、效率的原则。其他股东自知道或者应当知道行使优先购买权的同等条件之日起30日内没有主张，或股东优先购买权从公司股权变更时起一年内不行使的，该优先购买权予以消灭。这样规定在于督促权利方在法律规定期限内积极行使权力，以促使公司稳定经营，有利于公司内部法律关系的稳定。

附录：股权转让协议

股权转让协议

本股权转让协议书由以下各方于____年____月____日，在____签订并履行：

甲方（或称“转让方”)：____________

身份证号码：（若为个人）____________　法定代表人：（若为公司）____________

送达地址：____________

电话：____________

电子邮件：____________

乙方（或称“受让方”)：____________

身份证号码：（若为个人）______________ 法定代表人：（若为公司）____________

送达地址：____________

电话：____________

电子邮件：____________

丙方（称“目标公司”或“公司”）：____________

法定代表人：____________

送达地址：____________

电话：____________

电子邮件：____________

鉴于：

1. 丙方于____年____月____日成立；注册号为____________；现登记注册资本为____元；经营范围为：____________

2. 截至本协议签署之日，目标公司股权结构如下（单位：万元）。

股东名称	认缴金额	出资方式	实缴资金	出资比例	出资时间
		货币			
		货币			
		货币			
合计		—		100.00%	

鉴于此，各方经协商一致，达成协议如下：

一、定义和简称

1. “政府机关”是指任何政府、立法、行政部门或任何司法部门，无论是国际的、国家的还是地方的，或任何该等政府机关的部门。

2. “工作日”是指星期六、星期日或中国的法定假日以外的日子。

3. “人”是指任何自然人和实体，包括但不限于股份有限公司、有限责任公司、合伙、协会、信托、组织、个人、国家、政府机关等。

4. “知识产权”是指全世界范围内由公司拥有其所有权或使用权的知识产权（包括专有技术），包括商标、服务标记、商号、商誉、域名、标志、装饰、专利、发明、实用新型、注册和未注册的设计权、著作权（包括计算机软件著作权）、集成电路布图设计专有权、数据库权、商业秘密、专有技术（包括电脑硬件、软件、网络技术或其他信息技术）和所有类似的知识产权；若该等权利必须经过注册才能取得，则该等知识产权应包括所有有关的注册、注册申请以及申请注册的权利。

5. “关联方”或“关联公司”是指控制一方或被一方所控制的、或与一方共同受控制于同一实体的任何企业。控制是指直接或间接拥有该企业50%以上的股权、投票权，或直接或间接拥有该企业50%以上的任何其他相当的资产，或其他能够单独决定该企业管理的法律权利。实体包括但不限于个人、合伙、公司及其他法律实体。

6. “财务报表”是指损益表、资产负债表和现金流量表及其他有关财务报表。

二、股权转让事宜及转让标的

双方一致确认：甲方同意将其持有的该公司____%的股权转让给乙方，乙方同意受让前述该等股权。

三、转让价款及支付方式

1. 甲方转让给乙方的股权转让价款为税后人民币________万元。

2. 价款支付方式为：本协议签订之日起____日内一次性支付上述全部股权转让价款。

3. 甲方指定收款账号为：

开户行：____________　户名：____________

四、承诺与保证

（一）为保证股权转让合法有效，甲方保证：

1. 股权取得过程合法，对其所持公司的标的股权享有完全的独立权益及拥有合法、有效、完整的处分权，亦未被任何有权机构采取查封等强制性措施。若有第三方对标的股权主张权利，由甲方负责予以解决。

2. 行使股东权利过程符合《公司法》的规定，不存在违反《公司法》

规定的事实。

3. 股权无抵押，也不存在限制或者禁止转让股权的其他情形。

4. 保守该公司的商业秘密。

5. 本合同的签署及履行，不会受到甲方自身条件的限制，也不会导致对甲方公司章程、股东会或董事会决议、判决、裁决、政府命令、法律、法规、契约的违反。

6. 在本合同签订生效后至公司工商变更手续办理完毕期间，不置换、挪用公司资产，公司资产性质不发生重大变化，且公司不从事与经营范围无关的业务。未经乙方许可，甲方不得以公司名义签署任何文件、支出任何款项。

7. 公司在交接前的对外借贷及担保所产生的民事债务由甲方承担。①

8. 公司在交接前不存在拖欠职工工资及欠交社保费用的情形，也不存在职工安置问题。

9. 公司在交接前未收到工商、土地、税务等相关政府部门的行政处罚口头或书面通知。

10. 甲方对乙方就公司交接之前的债务承担连带清偿的责任。

11. 如实全面披露目标公司债权债务情况。

12. 提供目标公司关于同意本次股权转让的股东会决议。

13. 提供目标公司其他股东放弃优先购买权的书面说明。

（二）为保证股权转让合法有效，乙方保证：

1. 乙方购买股权的款项为乙方自有资金，不存在非法资金的任何情形。

2. 按照本合同约定按时、足额向甲方支付股权转让款项。

3. 其为签订本合同向甲方提交的各项证明文件及资料均为真实、完整的，保证有足够资金履行本合同约定的收购及付款义务。

4. 本合同的签署及履行，不会受到乙方自身条件的限制，也不会导致对乙方公司章程、股东会或董事会决议、判决、裁决、政府命令、法律、法规、契约的违反。

5. 交接后公司新发生的债务由交接后的公司或乙方承担，与甲方无关。

---

① 该条款有争议，详见本书第九讲第二节内容。

五、变更登记

1. 本协议生效且全部支付完毕股权转让款项后____日内办理股权变更工商登记手续，双方均应予以配合。

2. 法定代表人变更登记。公司法定代表人变更登记与股权变更登记同时进行，转让方作为公司原法定代表人，应配合乙方完成法定代表人变更工作，并确保公司正常经营不受影响。

3. 交接事项。

（1）公司法定代表人及股权变更登记完毕当日，甲乙双方按公司管理制度办理与股权转让相关的公司的证书、印章、印鉴、批件、财务报表及其他资料、文件的交接（以下简称交接）。

（2）在双方交接时，由双方共同向相关部门申请作废公司原印章、印鉴并启用新的印章、印鉴。新旧印章印鉴由甲乙双方签字确认后各自留存一份。

（3）在合同生效日至交接完成期间，对公司出现的任何重大不利影响，双方应共同作出妥善处理。

（4）对特定事项的交接内容、交接人和交接方式具体约定如下：________。

六、税费承担

甲乙双方共同确认，甲方因本合同项下股权转让需承担的一切税费，由________承担和支付，________应按照相关法律规定的时间向税务等相关部门缴纳。若发生税务等部门向________追缴的情形，甲方可在缴纳前要求乙方缴纳，或在缴纳后向乙方要求支付所缴纳的税费。

七、违约责任

1. 违约行为。如任何一方未正当完全履行其根据本协议所负义务或者任何一方根据本协议所做的陈述与保证是重大不真实的，该方应被视为违约。其中，有下列情形之一的，则构成重大违约：

（1）在履行期限届满之前，一方明确表示或者以自己的行为表明不履行其在本协议项下的主要义务；

（2）一方迟延履行其在本协议项下的主要义务，经催告后在合理期限内仍未履行；

（3）一方严重违反本协议所做的陈述与保证陈述、保证或承诺，或该等陈述与保证陈述、保证或承诺是重大不真实的，或以采取欺骗、隐瞒、误导等不正当方式诱使另一方作出本次股权转让的决定，或以采取欺骗、隐瞒、误导等不正当方式诱使本次股权转让在股权转让条件未真实得到满足的情况下完成或部分完成；

（4）一方迟延履行其在本协议项下的主要义务或者有其他违约行为致使不能实现合同目的。

2. 违约金。除本协议另有约定之外，在发生重大违约的情况下，本协议的违约金为股权转让款总额的____，违约金不足以弥补守约方损失的，违约方应该继续赔偿。特别地，受让方若迟延支付股权转让对价款的，每迟延一日向转让支付每日____乘以股权转让款总额的违约金。迟延支付超过____日的，转让方有权解除本协议，并要求受让方支付违约金。

3. 责任。一旦发生违约行为，违约方应当向守约方支付违约金（重大违约时予以适用），并赔偿因其违约而给守约方造成的损失。支付违约金并不影响守约方要求违约方继续履行协议或解除本协议的权利。

4. 特别赔偿约定。为避免异议，各方同意，就下列在股权转让工商变更前存在的事项对公司和/或其子公司、分公司、受让方造成的损失（无论该等损失是在工商变更完成前或之后发生），无论是否以任何形式披露，转让方和公司应共同连带地向公司和/或其子公司、分公司（如果该等损失由公司和/或其子公司、分公司导致）、受让方（如果该等损失由投资方导致）作出赔偿：

（1）现有股东的任何出资不合格行为；

（2）公司存在任何合同项下的实质性违约或违反事件；

（3）公司和/或其子公司、分公司在社会保险登记、住房公积金缴存登记、员工工资、社会保险、住房公积金、个人所得税及其他劳动方面（包括劳动合同签署、员工工作时间安排等方面）产生的任何需补缴金额、罚金、滞纳金；

（4）业务的经营和公司和/或其子公司、分公司的知识产权的使用与任何第三方的知识产权冲突，公司和/或其子公司、分公司侵犯或盗用任何第三方知识产权；

（5）现有股东和公司和/或其子公司、分公司的核心员工违反其对任何第三方作出的竞业禁止和保密承诺；

（6）公司因有关税务事项而发生税款补缴义务、缴纳滞纳金或支付任何费用的，或在受让方持有公司股权期间，如因公司财务及税收等不规范而导致公司和受让方受到任何处罚或损失；

（7）公司因涉及工商、税务、土地、环保、海关、质监、安全生产、劳动社保、消防、规划、建设、业务操作方式等事宜受到相关部门行政处罚的；

（8）由于公司、现有股东和公司管理层在受让方本次股权转让过程中未完全披露有关公司的经营事实、财务信息或法律风险，或由于公司、现有股东和公司管理层的过错，导致受让方严重损失；

（9）在股权转让变更登记前涉及现有股东应当承担的全部法律责任，包括民事、刑事、税务、安全、知识产权等各项责任以及在本协议及相关报表中未披露的所有债务、税务等其他相关责任；

（10）在交割日后，任何第三方基于本次股权转让完成之前的事由向公司提出的异议或索赔。

八、其他事项

1. 保密。除非本协议另有规定，各方应对有关公司的与本协议或者本协议所述交易有关的任何书面或者口头的信息保密，并不得将其用于对其他各方不利的目的，除非（1）任何这些信息非经任何一方的披露即为公众所知；（2）任何这些信息根据法律的要求、法院或者政府机关的命令、证券交易所的规则而被披露；（3）各方从不受保密条款限制的其他方处获得这些信息；（4）各方向其参与本协议所述交易的律师、会计师或者财务顾问披露这些信息。如果因任何原因，本协议被终止或者本协议所述交易被放弃，各方应立即向对方返还，或者应各方的要求销毁已披露（包含保密信息在内）的所有资料，但其保密义务并不因此而被免除。

2. 通知。按照本协议要求由一方发给另一方的书面通知或其他文件应以中文书写，可经专人递交，或以（预付邮资的）公认的快递服务发到另一方的送达地址。送达地址信息以协议首部载明的为准，若一方信息发生变更应及时告知其他方，否则以原信息为准。

书面通知或文件的被视为送达日期应按如下方法确定：

（1）专人递交的书面通知或文件在专人递交之日视为有效送达；

（2）以快递发送的书面通知或文件应于交予公认的快递服务发送后的第三日视为有效送达；

（3）以电子邮件发出的书面通知或文件，在传送日后的第一个工作日视为有效送达。

3. 适用法律。本协议受中华人民共和国法律管辖并依据其解释。

4. 争议解决。在发生因履行本协议而引起的或与本协议有关的争议时，双方应首先通过友好协商解决争议。如果争议在一方送交书面要求开始协商的通知后30日内未能解决，则提请____仲裁委员会按照其仲裁规则进行仲裁。仲裁裁决是终局的，对双方均有约束力。

5. 完整协议。本协议是各方就本协议项下事宜达成的完整协议，合并、撤销并取代此前及同期双方之间的所有协议、承诺、安排、文件和交流（无论书面或口头），本协议是双方合意的最终表述。

6. 生效。本协议自签署之日生效。各方在本协议下的赔偿义务并不因协议的终止而结束。他方保留继续根据协议约定或其他法律规定追究其责任的权利。

7. 可分割性。如本协议的任何条款被有管辖权的政府机构、法院或者仲裁庭认定为不合法、无效或不可执行，在此情况下，应当在尽可能小的、必要的范围内限制或删除该条款，以使本协议继续保持完全的效力。

8. 标题。本协议的标题仅作方便之用，不得用于对本协议的解释。

9. 成本和费用。本协议各方应自行承担其各自因准备、商谈和签署本协议而产生的成本和费用。

10. 文本。本协议以中文书写，一式____份，每方分别持有壹份，当地市场监督管理部门备案壹份，具有同等法律效力。

（以下无正文）

甲方（签署）：____________

乙方（签署）：____________

签署日期：____年____月____日

| 第九讲 |

股权转让中的若干法律问题（二）

在股权转让过程中，公司章程对股权转让作出限制规定、转让股权时对公司债权债务承担做出的约定是否有效，以及转让未实缴出资股权的责任承担都是引发股权转让纠纷的集中领域，需要对上述问题予以澄清，以免在股权转让中引发纠纷。

一、公司章程限制规定对股权转让效力的影响

《公司法》第71条第4款规定："公司章程对股权转让另有规定的，从其规定。"该条款赋予了股东自治权利，公司章程可以就股权转让事项作出限制性规定。例如规定股东几年内不得退股的"锁定期"或"人走必须股退"的规定是否合法？

案例1：在宋某军诉西安市大华餐饮有限公司股东资格确认纠纷案中，法院对章程"人走股退"约定的效力进行了确认。西安市大华餐饮有限责任公司（以下简称大华公司）成立于1990年4月5日。2004年5月，大华公司由国有企业改制为有限责任公司，宋某军系大华公司员工，出资2万元成为大华公司的自然人股东。大华公司章程规定"公司股权不向公司以外的任何团体和个人出售、转让……"，该公司章程经大华公司全体股东签名通过。2006年6月3日，宋某军向公司提出解除劳动合同，并申请退出其所持有的公司的2万元股份。2006年8月28日，宋某军领到退出股金款2万元整。后宋某军以大华公司的回购行为违反法律规定，未履行法定程序且《公司法》规定股东不得抽逃出资等，请求依法确认其具有大华公司的股东资格。

本案焦点在于大华公司的公司章程中关于“人走股退”的规定，是否违反《公司法》的规定。法院认为，基于有限责任公司封闭性和人合性的特点，由公司章程对公司股东转让股权作出某些限制性规定，系公司自治的体现。大华公司关于“人走股退”的规定，规定在公司初始章程中，宋某军在公司章程上签名，视为其对前述规定的认可和同意，该章程对大华公司及宋某军均产生约束力。法院判决驳回宋某军的诉讼请求，肯定了“人走股退”约定的合法效力。

案例2：在北京华新电工设备有限公司（以下简称华新公司）诉袁某飞股权转让纠纷案中，修订章程（非原始章程）对股东对外转让股权进行限制，法院做了否定性评价。2009年7月9日华新公司解除与其股东袁某飞的劳动合同，后公司修改公司章程，变更“股东对外转让股权需董事会同意”的条款为“股东与公司解除劳动关系后，必须向股东会指定的股东转让其股权”。袁某飞不同意该章程修正案且未签名。后华新公司起诉要求袁某飞转让出资并配合办理工商变更登记手续。法院认为若公司初始章程对全体股东转让股权进行限制，表明股东一致同意接受此限制，而“强制离职股东转让股权”条款系后续修改的章程规定，袁某飞作为股东并不同意，此资本多数决原则表决通过的条款与充分合意的契约行为（初始章程）并不相同。有大股东滥用股东权利之嫌，容易导致公司在大股东控制下随意作出决议损害小股东的利益，故驳回大华公司的诉讼请求。

上述两案对公司章程规定股东转让股权的限制性规定评价不同，前者因章程系初始章程，因此对所有股东有约束力；后者则因章程修正案股东不同意，从而无法约束不同意的股东。

公司章程可以自由约定，但这种约定不得突破法律强制性规范，对于任意性规范，公司章程可以自由约定；对于强制性规范，公司章程不能自由约定。如公司章程规定禁止转让股权条款，违反了股东转让股权的基本权利，也违背了股东投资的初衷，与《公司法》的主旨相背，违反了公司法强制性规定，属于无效条款。有些公司章程对股权转让规定了一定的限制性条款，如“人走股退”条款，“三年后才可以对外转让股权”条款。如何判断这些公司章程条款是否与法律和行政法规的强制性规定相抵触，股东违反公司章程条款的转让股权协议是否有效？首先需要判断这些公司章程条款是强制性规范还是任意性规范。较有说服力的一个判断标准为：当《公司法》强调公司作为具有独立人格的主体享有意思自治和行为自由，即当某个规范所规定的问题属于公司内部问题时，通常可以将该规范作为任意性规范；当某个规范所规定的问题属于公司外部问题时，涉及公司之外的第三人时，则将该规范作为强制性规范。股东们基于风险防范的考虑，通过公司章程限制公司内部股权转让的条件，规定公司股权“人走股退”，并没有涉及第三方利益，没有突破法律强制性规定（禁止股权转让），属于任意性规范。

任意性规范包括契约规范和自治规范，契约规范必须全体股东一致同意；自治规范，股权多数决通过，可以约束持反对意见者。如案例1大华公司章程“人走股退”条款规定在公司初始章程中，全体股东签名，属于契约规范。如果股东不同意，可以用“脚”投票——选择退出公司。自治规范不需要全体股东一致同意，反映的是公司意志。如果涉及股权处分等股东切身利益的权利禁止或限制，如适用多数决原则作出的章程修订，只有得到相关股东同意后，才能对其股权处分权进行限制，否则就有处分他人权利或大股东滥用权利之嫌。

因此，公司章程条款突破《公司法》的规定，首先，任意性规范如果违反《公司法》强制性规范则无效。其次，如果全体股东的权利都受到约束，必须是初始章程或者章程修正案股东全体签字，否则，涉及股东切身利益的条款可能因个别股东不同意而对其不发生约束力。

二、股权转让时约定公司债权债务归属一方的法律分析

在股权转让协议中，经常会出现“股权转让前，公司债权债务由转让方承担，股权转让后，公司债权债务由受让方承担”的条款，这样的条款法律效力如何？

1. “公司债权由转让方承担”。探寻该条款双方的真实意图，想表达的意思可能是：（1）在股权转让的时点前，转让方对“公司债权”有所有权。（2）转让方可以从公司分红或分取利益。

（1）如果双方的意思表示是公司债权归一方所有，该约定违反法律规定

无效。《公司法》第3条规定，公司是企业法人，有独立的法人财产，享有法人财产权，公司以其全部财产对公司的债务承担责任。公司的债权属于公司所有，不属于股东所有。

在廖某明与南昌正源铁路机械厂不当得利纠纷案［南昌铁路运输中级法院（2015）南铁中民终字第1号］中，南昌正源铁路机械厂股东廖某明将其50%的股权以300万元转让给胡某春，并约定该机械厂2010年3月31日之前的债权债务与胡某春无关，由廖某明承担。因该机械厂收回南昌铁路物资公司（发生在2010年3月31日以前）的债权86,832.94元，廖某明主张根据双方约定该债权应属其个人所有，诉请南昌正源铁路机械厂返还不当得利。法院认为，企业法人有独立的法人财产，企业的流动资产、固定资产、债权债务均属企业享有，应由企业依法行使占有、使用、收益和处分的权利。廖某明与胡某春在股金转让协议中约定“股权转让前相应的债权债务及纠纷均由甲方（廖某明）承担，与乙方无关”的条款，违反《公司法》禁止性规定，因损害了被告的利益而无效。南昌正源铁路机械厂收回南昌铁路物资公司的应收款系自身的合法利益，不属于不当得利的行为，遂判决驳回原告诉讼请求。

股权转让的客体是股权，股权不但具有股东资格属性，更具有公司财产属性，公司资产、债权、债务均被股权涵盖。在股权转让协议中，转让人（原股东）与受让人（新股东）均无权也不应对公司资产进行处分，不得约定公司财产、债权（应收款）债务、知识产权等归原股东个人所有，如此约定事实上造成了公司资产的减少，损害了公司作为独立法人的权益及债权人的利益，其实质均为处置原属于公司的财产，这种约定已超出双方当事人利益范围而涉及公司的利益，因违反《公司法》的强制性规定而无效。

（2）如果“公司债权由转让方承担”想表达的意思是，公司债权收回来后，转让方还有从公司分红（股权转让前的时间节点）的权利，则该约定能否实施还要看股权转让后的全体股东的意见，公司全体股东将根据公司章程关于分红的规定表决，如果同意分红，其实质是股东将自己可以分红的部分让渡给了老股东，则可以按照股权转让协议的约定给老股东分红；如果表决不同意，则老股东不能分红。

因此“公司债权由转让方承担”的表述意思表示不清晰，极易引发该条款无效的认定。如果是公司老股东拥有分红权，落实该条款取决于其他股东的意见，因此，公司债权由转让方承担（老股东可以公司债权分红）的约定没有实质意义。

2. “公司债务由转让方承担”。探寻该条款双方的真实意思，股权转让价格已经确定，公司承担对外债务后，公司资产相应减少，进而影响到受让方股东的股权价值，导致其利益受损。由转让方将公司承担的债务补偿给公司，从而保障受让方的利益。这样的约定在实践中，有外部责任承担和内部责任承担两个层面。外部责任承担方面公司债权人向公司追偿债务，起诉的是公司，不会起诉转让股东。对于公司债务由一方承担的约定，属于内部约定，股权转让协议为内部协议不能对抗债权人。由于股权转让双方关于公司债务承担的约定没有经得公司债权人同意或者通知公司债权人，因此不属于债务转移或债务加入。[①] 股权转让后，公司债权人不知道甲方与乙方的内部约定，会向公司追索债权，法院会径行判决公司对债权人承担债务。公司偿债后，受让方可以依据“公司债务由转让方承担”的约定，以公司名义向转让方追偿。转让方承诺公司债务由自己承担，实质是用自己的财产替公司偿还债务，性质上属于赠与，法院一般会支持公司的诉讼请求。需要注意的是，受让方不能以自己名义直接起诉转让方，因为转让方承担的是公司债务，应由公司主张和受益。对于上述承债式股权转让的税负承担，国家税务总局《关于股权转让收入征收个人所得税问题的批复》（国税函〔2007〕244 号）予以明确：公司原全体股东，通过签订股权转让协议，以转让公司全部资产方式将股权转让给新股东，协议约定时间以前的债权债务由原股东负责，协议约定时间以后的债权债务由新股东负责。根据《个人所得税法》及其实施条例的规定，原股东取得股权转让所得，应按“财产转让所得”项目征收个人所得税。(1) 原股东取得转让收入后，根据持股比例先清收债权、归还债

---

① 《民法典》第 551 条是关于债务转移的规定，债务人将债务的全部或者部分转移给第三人的，应当经债权人同意。债务人或者第三人可以催告债权人在合理期限内予以同意，债权人未作表示的，视为不同意。第 552 条是关于债务加入的规定，第三人与债务人约定加入债务并通知债权人，或者第三人向债权人表示愿意加入债务，债权人未在合理期限内明确拒绝的，债权人可以请求第三人在其愿意承担的债务范围内和债务人承担连带债务。

务后，再对每个股东进行分配的，应纳税所得额的计算公式为：应纳税所得额 =（原股东股权转让总收入 - 原股东承担的债务总额 + 原股东所收回的债权总额 - 注册资本额 - 股权转让过程中的有关税费）×原股东持股比例。其中，原股东承担的债务不包括应付未付股东的利润。（2）对于原股东取得转让收入后，根据持股比例对股权转让收入、债权债务进行分配的，应纳税所得额的计算公式为：应纳税所得额 = 原股东分配取得股权转让收入 + 原股东清收公司债权收入 - 原股东承担公司债务支出 - 原股东向公司投资成本。

三、股东转让未实缴出资股权的责任承担

未实缴出资股权的转让包括超出认缴期限未实缴出资（已届期出资）的股权转让和认缴期限内未实缴出资（未届期出资）的股权转让两种情况。

1. 超出认缴期限未实缴出资（已届期出资）的股权转让

《公司法解释（三）》第 18 条对有限责任公司股东未履行出资义务，即转让股权后的出资责任归属问题作了明确规定，依据该条规定，有限责任公司的股东未履行或者未全面履行出资义务即转让股权，受让人对此知道或者应当知道，公司请求该股东履行出资义务、受让人对此承担连带责任的，人民法院应予支持；公司债权人依照本规定第 13 条第 2 款向该股东提起诉讼，同时请求前述受让人对此承担连带责任的，人民法院应予支持。

例老张和小李于2018 年成立甲公司，注册资本 1000 万元，老张认缴 600 万元，占股 60%，小李认缴 400 万元，占股 40%。出资均未实缴到位。公司章程规定的最后出资期限已届满。2021 年 3 月，老张将其持有的股权全部转让给了王五，王五知道其认缴股权并未实缴出资。甲公司欠乙公司 800 万元，乙公司起诉甲公司和老张、小李、王五，要求甲公司承担欠款责任，并由老张、小李对认缴出资与实缴差额部分承担补充赔偿责任，王五对老张的补充赔偿责任承担连带责任。王五知道老张未实缴出资的，王五要对老张的未出资的部分承担连带责任。王五承担责任后，可以向老张追偿。如果王五不知道老张未全部履行出资义务，如工商行政机关登记的材料显示股权交易时注册资金到位，且王五有证据证明其确不知情，亦支付了合理对价，则王五不需要承担责任。

2. 认缴期限内未实缴出资（未届期出资）的股东责任

根据《九民纪要》中的规定，债权人以公司不能清偿到期债务为由，请求未届出资期限的股东在未出资范围内对公司不能清偿的债务承担补充赔偿责任的，人民法院不予支持。但是，下列情形除外：（1）公司作为被执行人的案件，人民法院穷尽执行措施无财产可供执行，已具备破产原因，但不申请破产的；（2）在公司债务产生后，公司股东（大）会决议或以其他方式延长股东出资期限的。

《九民纪要》规定，在上述两种情形下，可以剥夺现有股东的认缴出资期限利益，加速到期清偿公司债务，在乙公司起诉甲公司后进入执行阶段，甲公司没有资产可执行，明显缺乏清偿能力的情况下，甲公司也不申请破产，此时，乙公司需要重新起诉王五，通过生效判决，由法院强制王五的认缴出资加速到期，用以清偿公司债务。显然，乙公司要想执行王五加速到期的认缴出资，需要两次诉讼，诉讼周期和成本都很大。

2021 年《公司法》修订草案第 48 条规定，公司不能清偿到期债务，且明显缺乏清偿能力的，公司或者债权人有权要求已认缴出资但未届缴资期限的股东提前缴纳出资。这里扩大了债权人要求未届缴资期限的股东加速到期的范围，没有以法院穷尽执行措施仍无财产可供执行且已具备破产，但不申请破产为前提条件，因此债权人在起诉时只要股东满足明显缺乏清偿能力[①]，债权人就可以向股东一并提起诉讼。

3. 认缴期限内未实缴出资（未届期出资）的股权转让

2021 年《公司法》修订草案第 89 条规定，股东转让已认缴出资但未届缴资期限的股权的，由受让人承担缴纳该出资的义务。该规定明确对于转让未届缴资期限股权的，由受让方承担出资义务。

根据上述法律修订精神，上述案例中，老张将认缴期限未到期的股权转

① 最高人民法院《关于适用〈中华人民共和国企业破产法〉若干问题的规定（一）》第 4 条规定，存在下列情形之一的，人民法院应当认定其明显缺乏清偿能力：（1）因资金严重不足或者财产不能变现等原因，无法清偿债务；（2）法定代表人下落不明且无其他人员负责管理财产，无法清偿债务；（3）经人民法院强制执行，无法清偿债务；（4）长期亏损且经营扭亏困难，无法清偿债务；（5）导致债务人丧失清偿能力的其他情形。

让给王五，王五在受让股权时，一并受让了老张认缴出资的期限利益，该出资义务由王五承担。乙公司起诉时，如果有证据表明甲公司明显缺乏清偿能力，乙公司可以同时起诉王五，由法院强制王五的认缴出资加速到期，用以清偿公司债务，乙公司不能向老张主张连带责任。

综上，在股权转让时，受让人应审查注册资本金到期和缴纳情况，在认缴期限未到期的情况下，受让人可能在受让股权后、标的公司不能清偿外债时，承担出资加速到期清偿公司债务的责任；在股权认缴期限已到期没有实缴到位的情况下，股权转让协议中要明确未实缴出资的出资义务，否则，受让方可能对公司债务承担补充赔偿责任。在这种情况下，如果约定了出资义务由转让方承担，一旦受让方对外承担了责任，对内还可以向转让方追偿。

四、股权转让的税负

股权转让缴纳税种包括：

1. 印花税。根据《印花税法》，股权转让本质是财产所有权转让，属于产权转移书据征税范围，股权转让合同的当事双方是印花税的纳税人，税率按股权转让价款的万分之五计算。

2. 所得税。转让方卖股权的价格一般会超过买股权的价格，差额部分属于转让方的收入，因此转让方要缴纳所得税。如果转让方是企业，需要缴纳25%企业所得税（高新技术企业，按15%缴纳）；如果是个人，需缴纳20%个人所得税，股权转让所得税＝（卖价－买价）×税率。

个人所得税应纳税额＝[股权转让收入－成本（原值）－合理费用]×20%

企业所得税应纳税额＝[股权转让收入－成本（原值）－合理费用]×25%

股权原值就是买价（成本），是原始股东货币出资的现金额，或继受股东受让取得股权的受让价格。合理费用是指股权转让时按照规定支付的有关税费。

股权转让涉及股权价值（转让价格）、净资产、净现金、应收账款等，需要以一个时点来确定，根据该时点来计算交易额。确定的这个时点是基准日，也叫报表日，截至报表日标的公司的损益表、现金流量表和资产负债表，反映了公司截至基准日及在相应期间内的财务状况。以该日的数据作为股权交易的计算依据和一些权利义务的分界点。股权转让价格是转让股权的估值，但并不是公司净资产。股权转让价格可以高于公司净资产价格，如以净资产的 3 到 5 倍确定股权转让价格，但不能明显低于公司净资产。

国家为了防止转让股权双方逃避税收，卖价定得很低，股权转让价格明显偏低且无正当理由时，税务机关可以核定双方的股权交易价格，即由税务机关来确定交易价格，从而计算出让方应该缴纳的个人所得税。根据国家税务总局《关于发布〈股权转让所得个人所得税管理办法（试行）〉的公告》（国家税务总局公告 2014 年第 67 号）的规定，税务部门有权参考公司净资产（所有者权益）核定股权转让的价格，计算个人所得税。税务机关通常以标的公司的净资产来核定股权价格，或者参照标的公司同一股东或其他股东股权转让价格，或者参照同类行业企业股权转让价格。如果双方约定的股权转让价低于股权对应的净资产份额，就属于股权卖价明显偏低，税务机关可以核定股权转让价格。如果股权卖价低于买价，或低于股权转让方的上次卖价，或低于标的公司其他股东的卖价，或低于同类行业的企业股权卖价的，税务机关都可以核定价格（重新定价）。

公司净资产就是公司资产总额减去负债以后的净额，也就是所有者权益。如果一个公司拥有土地使用权、房屋、房地产企业未销售房产、知识产权、探矿权、采矿权、股权等资产的，应当评估这些资产的价值来确定公司净资产，相应确定股权卖价。

通常，税务机关会要求转让方提交办理股权转让办理完税凭证的材料清单，通过审核标的公司的资产负债表、利润表、净资产评估报告、审计报告等来核定股权转让价格。

案例 1： 张某于 2018 年 2 月转让持有的甲公司股权给王某，卖价 600 万元。该股权投资成本 500 万元，占股 30%。股权转让时，甲公司资产总额 6000 万元，负债 2000 万元，公司净资产 4000 万元。张某此次转让股权应缴纳的个人所得税是多少？

税务机关通过审核标的公司的资产负债表了解到甲公司净资产为 4000 万元，4000 万元的 30% 应为 1200 万元，张某股权转让收入 600 万元，明显偏低，故核定价格为 1200 万元。

张某应缴纳个人所得税 =（1200 万元 - 500 万元）×20% =140 万元

案例2：如果上述条件不变，张某的股权转让给其儿子小张，股权转让卖价也是600 万元，虽然远低于公司净资产价格，但因为转让人和受让人是父子关系，视为有正当理由，依照税务总局的规定,[①] 计税依据偏低属于有正当理由。张某应缴纳的个人所得税可以按照“转让对价 - 原值”计算，无须参考公司净资产数额，税务机关不做价格调整。

张某应缴纳个人所得税 =（600 万元 - 500 万元）×20% =20 万元

直系血亲三代之间、夫妻、兄弟姐妹之间，股权转让收入明显偏低，视为有正当理由，即上述亲属之间的股权转让价格，税务部门不以公司净资产核算价格。此外，公司员工持有股权转让给公司内部员工，也视为有正当理由，股权转让价格可以低于公司净资产相应价格。此外，公司内部具有员工身份的股东相互转让股权，转让价格也无须参考公司净资产。

① 《股权转让所得个人所得税管理办法（试行）》第13条规定符合下列条件之一的股权转让收入明显偏低，视为有正当理由：（1）能出具有效文件，证明被投资企业因国家政策调整，生产经营受到重大影响，导致低价转让股权；（2）继承或将股权转让给其能提供具有法律效力身份关系证明的配偶、父母、子女、祖父母、外祖父母、孙子女、外孙子女、兄弟姐妹以及对转让人承担直接抚养或者赡养义务的抚养人或者赡养人；（3）相关法律、政府文件或企业章程规定，并有相关资料充分证明转让价格合理且真实的本企业员工持有的不能对外转让股权的内部转让。

第十讲

股权代持的法律风险和规避

在现实生活中，基于自身情况或商业需要的考虑，公司常有股权代持的情况，隐名股东（实际出资人）与显名股东（名义出资人）约定股权代持，由显名股东代隐名股东行使股东权利、履行股东义务。我国法律承认隐名股东的权利。

一、隐名股东的身份认定

《公司法解释（三）》第24条规定，有限责任公司的实际出资人与名义出资人订立合同，约定由实际出资人出资并享有投资权益，以名义出资人为显名股东，实际出资人与显名股东对该合同效力发生争议的，如无法律规定的无效情形，人民法院应当认定该合同有效。实际出资人与显名股东因投资权益的归属发生争议，实际出资人以其实际履行了出资义务为由向显名股东主张权利的，人民法院应予支持。显名股东以公司股东名册记载、公司登记机关登记为由否认实际出资人权利的，人民法院不予支持。

上述规定首先承认股权代持协议的有效性，确认投资权益的归属于隐名股东。隐名股东和显名股东之间是典型的合同关系，双方通过合同确定权利义务关系，除隐名股东出资，享有出资权益，显名股东以自己的名义在隐名股东的授权下行使股东权利外，隐名股东不能自己对公司直接享有其他股东权利，如行使表决权，查阅、复制公司章程、股东会会议记录、董事会会议决议、监事会会议决议和财务会计报告的权利，但其可借助显名股东来间接行使。

隐名股东不被记载于股东名册、公司章程、工商管理登记文件中，形式上不具有股东身份，而显名股东形式上是公司股东，但其没有向公司履行出资（或认缴出资）义务，缺乏成为股东的实质要件。不但其内部容易产生纠纷，涉及公司或公司以外的第三人利益均容易产生纠纷。隐名股东身份的认定需满足两个条件：隐名股东出资和代持的合意。

1. 出资

在黄某亿和化工有限公司（以下简称亿和化工公司）与湖北祥云（集团）化工股份有限公司（以下简称详云公司）与胡某文的股东资格确认纠纷案中［最高人民法院（2014）民二终字第145号］，亿和化工公司主张其对祥云公司拥有股权，法院认定亿和化工公司未向祥云公司实际出资，亿和化工公司仅以其向银行的申请流动资金贷款的行为和银行内部之间的批复文件，不足以证明亿和化工公司与胡某文存在共同收购祥云公司股份的事实和双方共同收购祥云公司股份的意思表示，亿和化工公司与胡某文之间也不存在合作收购祥云公司股权的情形，胡某文合法取得祥云公司的股份。如果其没有出资，或与其他股东共同受让股权的意思表示，则不具有隐名股东身份资格。

本案对亿和化工公司向银行借款投入祥云公司从而取得股权的主张，因没有满足其与祥云公司继受股权的合意、与胡某文共同投资的合意、由胡某文代持的合意，只能认定股权系胡某文所有。

2. 股权代持的合意

在王某1与青海珠峰虫草药业有限公司（以下简称珠峰公司）股东资格确认纠纷案中［最高人民法院（2014）民二终字第21号］，青海省高级人民法院一审认为，隐名股东王某1和显名股东王某2系兄弟关系，王某1要求显名，虽没有书面代持协议，但提供的证据，包括证人证言足以认定在珠峰公司王某2代王某1持有股权的部分事实成立。最高人民法院认为，王某1如要取得珠峰公司股东身份，应建立在其与王某2及海科公司之间存在合法有效的代持股协议，且王某1向珠峰公司实际出资，并经公司其他股东过半数同意其显名为公司股东的基础上。王某1主张登记在王某2和海科公司名下的珠峰公司相应股权应由其享有，但并未提供其与王某2及海科公司之间存在书面代持股合意的证据。在王某1与王某2及海科公司之间就2012年4

月增资过程中代持股事宜缺乏明确合意的情况下，结合上述资金的转入及流转过程，王某1对于此次增资具有出资的意思表示并协商由王某2及海科公司代为持股的证据不足。选择隐名出资方式而由他人代持股权的出资人，无权向公司主张行使股东权利。王某1基于投入珠峰公司相关款项产生的合法财产权益可依其他法律关系另行主张。在该案中，因为王某1举证不能，法院未支持其成为显名股东的主张。

上述案例表明，股权代持的合意应表现为合同，其形式亦包括书面及口头，但口头合意由于一方反悔容易出现举证不能的情形。

民事法律行为须满足意思表示真实、行为主体适格和不违反法律的条件。如果满足了隐名股东出资和代持合意，但不符合法律规定，则代持行为无效。

在徐某良诉汪某筠、张某、第三人上海鑫泽日用品百货公司股东权纠纷案中［上海市第一中级人民法院（2007）沪一中民三（商）初字第113号］，徐某良作为外国人假借国内个人名义开办内资企业属于规避我国法律关于外商投资须经行政审批强制性规定的行为，因此徐某良的出资行为无效。

二、隐名股东显名路径

在实际出资人取得隐名身份的前提下，如果主张成为公司正式股东，实际是显名股东将股权转让给隐名股东，除了满足股权转让行为要件（达成合意或司法裁判）外，还需要满足其他股东半数以上同意、其他股东放弃优先购买权的条件。

《公司法解释（三）》第24条规定，实际出资人未经公司其他股东半数以上同意，请求公司变更股东、签发出资证明书、记载于股东名册、记载于公司章程并办理公司登记机关登记的，人民法院不予支持。

实际出资人虽然符合隐名股东的实质要件，但其主张获得股东地位，还需要其他股东半数以上同意，体现了维护有限公司人合性的法律宗旨。

隐名股东显名需满足达成显名合意、获得其他股东过半数同意的条件。如果其诉诸法院要求确权显名，则法院需要根据构成股东身份的实质要件、形式要件等综合判断，同时也需要获得其他股东过半数同意，诉讼中的通知行为亦有效。

在张某中诉杨某春股权确认纠纷案中（《最高人民法院公报》2011年第5期），上海市静安区人民法院认为，原告张某中、被告杨某春之间股权代持协议系当事人真实意思表示，合法有效，确认争议股权为原告所有。争议股权虽应为原告张某中所有，但原告并不当然成为绿洲公司的股东，股东向股东以外的人转让股权，应当经其他股东过半数同意。因此，被告为原告办理相应的股权变更登记手续，应当由绿洲公司其他股东过半数表示同意。审理中，法院在绿洲公司张贴通知，并向绿洲公司部分股东发出通知，如绿洲公司股东对原告张某中、被告杨某春之间的股权变更登记有异议，应按规定收购争议的股权，并于2009年12月31日前回复。嗣后，马某忠等八位股东（过半数）同意股权变更登记。因此，张某中、杨某春之间股权变更登记的条件已经成就，原告要求被告履行相应股权变更登记手续的诉讼请求，符合事实与法律依据，应予支持。

在该案中，法院在诉讼过程中，由法院向其他股东发出通知，以此考察其他股东是否过半数同意以及满足其他股东行使优先购买权的权利，从法律实体和程序上满足隐名股东显名的条件。如果法院不主动作为，上述行为需要隐名股东自行通知并满足法律要求，如公司召开股东大会，通过决议，允许显名股东将股权转让给隐名股东，同时，其他股东出具放弃优先购买权声明，隐名股东才能和显名股东签订股权转让协议，在股权登记变更后正式成为公司股东。

综上，对于隐名股东身份的确认（享有投资收益）和办理股权变更登记确认股东身份，原告的举证范围和责任增大，因此，隐名股东在起诉时的诉讼请求需表述清楚，是需要法院确认股权代持协议有效、确认显名股东名下的股权份额归自己所有、显名股东向原告支付前述股权等值的金额、收益分红？还是要求公司为自己签发出资证明书、记载于股东名册并办理股东变更登记？不同的诉讼请求，被告不同，举证责任也不同。涉及隐名股东与显名股东纠纷时，应适用《民法典》相关规定处理，一般应将显名股东列为被告；涉及隐名股东要求显名时，应适用《公司法》相关规定处理，将公司列为被告，显名股东列为第三人。

三、隐名股东的风险和规避

隐名股东存在道德风险、显名不能以及股权因离婚、继承派生的确权纠纷。道德风险包括协议不履行、无权处分、滥用权利和怠于履行权利。

1. 显名股东无权处分

股东的权利受到损害。当显名股东欲侵吞股权时，如果隐名股东没有证据表明自己实际出资或认缴出资，且与显名股东没有代持的合意时，隐名股东将不被视为具有股权权益。《公司法解释（三）》第25条规定，显名股东将登记于其名下的股权转让、质押或者以其他方式处分，实际出资人以其对于股权享有实际权利为由，请求认定处分股权行为无效的，人民法院可以参照《民法典》第311条的规定（善意取得）处理。显名股东处分股权造成实际出资人损失，实际出资人请求显名股东承担赔偿责任的，人民法院应予支持。显名股东恶意处分代持股权，如股权被质押，股权被转让给第三人，并已经办理了工商登记手续，在这种情况下适用善意取得的规定，股权将旁落第三人，此时隐名股东只能基于股权代持协议追究显名股东的责任。

2. 代持股权协议无效

委托他人持股行为违反了相应法律法规的强制性规定，致使代持协议无效，给隐名股东造成损失，如公务员委托他人代持股无效。

3. 隐名股东显名化障碍

未经公司其他股东半数以上同意，并且其他股东放弃优先购买权，隐名股东无法显名化。

4. 显名股东死亡引发继承纠纷或离婚纠纷

因代持股权登记在显名股东名下，当其离婚时，其配偶可能会将该代持股权作为夫妻共同财产要求分割；而当其死亡时，其继承人可能将该代持股权作为遗产继承。隐名股东不得不卷入相关纠纷案件中，才能拿回自己的财产权。

5. 显名股东自身负债引发股权被冻结拍卖

《公司法解释（三）》第26条第1款规定，公司债权人以登记于公司登记机关的股东未履行出资义务为由，请求其对公司债务不能清偿的部分在未出资本息范围内承担补充赔偿责任，股东以其仅为显名股东而非实际出资人为由进行抗辩的，人民法院不予支持。当显名股东出现不能偿还的债务时，法院和其他机关有权依法查封其代持股权，并将代持股权用于偿还债务，从而使隐名股东的权益落空。

6. 显名股东滥用股东权利

包括公司重大决策事项的讨论和表决权、选举权和被选举权、红利分配权、股东（大）会临时会议召集请求权和提案权等。

7. 显名股东怠于行使股东权

当隐名股东的权利可能受到损害，需要显名股东积极行使股东权（如知情权、损害赔偿请求权等）以维护隐名股东权利时，显名股东可能怠于行使股东权，从而使隐名股东的权利受损。

基于上述股权代持的法律风险，我们提出以下防范建议：

（1）签订书面代持协议，明确双方权利义务

代持协议是双方股权代持合意的载体和证据，也是判断双方权利义务的依据，更是隐名股东投资权益的保障，因此签订书面的股权代持协议非常重要，必要时可以进行公证。隐名股东应保留出资打款到公司或者通过显名股东出资打款的流水凭证，作为证据保留，杜绝隐患。

（2）代持协议中明确显名股东的违约责任

为防范显名股东的道德风险，隐名股东可以在代持协议中明确显名股东行使股东权的具体方式，或要求显名股东书面授权隐名股东信任的第三人，由该第三人代理显名股东行使股东权。也可以在代持协议中约定显名股东违反防范上述情形出现的条款时应当承担的违约责任，加大显名股东的违约成本，使其有所顾忌而不敢轻易违约。

（3）将代持股权抵押给隐名股东

为防范显名股东将股权越权处置，可将代持股权抵押给隐名股东并办理抵押登记，这样在显名股东抵押或转让股权时，均需要隐名股东签名，受让人受让股权时，只要在登记机关查阅，就可以知悉股权被抵押的情况，促使其审慎买受股权。

（4）与显名股东事先签订股权转让协议，并取得公司其他股东半数以上同意和全体股东放弃优先购买权的书面声明

在有限责任公司中，为排除在将来显名化障碍，隐名股东可事先与显名股东签署股权转让协议（显名股东将其代持的登记在其名下的股权转让给隐名股东），并取得公司半数以上股东同意书面意见和全体股东放弃优先购买权的书面声明，这样隐名股东可排除未来显名化障碍。（股份有限公司中，隐名股东的显名无须“经公司其他股东半数以上同意”。）

（5）代持股权被保全或强制执行时，可提出异议

当代持的股权因显名股东自身债务问题被采取保全或强制执行措施时，隐名股东可以提出执行异议之诉或提起确权之诉，以对抗保全和强制执行。

（6）通过信托规避风险

隐名股东可以设立股权信托，双方签订信托协议，以显名股东为受托人，以自己为受益人，将股权委托给显名股东，由显名股东对股权进行管理。因信托财产的独立性，代持的股权并非显名股东所有，股权（收益）成为只服务于信托目的的“目的性财产”，从而不受显名股东离婚、死亡时的财产分割的困扰。

附录：股权代持协议

股权代持协议书

甲方（委托方、隐名股东）：________　身份证号码：____________

乙方（受托方、显名股东）：________　身份证号码：____________

丙方：____________有限公司

鉴于：共同持有________________有限公司股权，丙方注册资本为人民币2000万元。其中甲方认缴出资额280万元，占丙方公司股权的14%，乙方认缴出资额280万元，占丙方公司股权的14%，甲乙双方同意乙方代持甲方持有的丙方全部股权，经友好协商，就乙方代持甲方股权事宜，达成协议如下：

第一条　甲方自愿委托乙方作为其对丙方公司出资所享有的股权的名义

持有人，并代为行使相关股东权利。乙方自愿接受甲方的委托，变更工商登记，以乙方名义对公司出资，并代为行使甲方所享有的对丙方公司文件签署等（法律文件签署要求在甲方授权范围内）权利。丙方对甲方实际股东的身份及甲乙双方的股权代持安排知情并不持异议。

第二条 甲方委托乙方代为行使的权利包括：由乙方以自己的名义在公司股东名册以及相关工商登记上具名，行使《公司法》与公司章程授予的其他权利。

第三条 甲方享有下列权利

3.1 知情权：甲方享有对丙方公司经营管理状况的知情权，有权直接了解公司实际生产经营状况、财务状况、重大决策以及利润分配方案等。

3.2 参与管理权：甲方有权直接参与对丙方公司的管理。甲方自己行使对公司的表决，由乙方根据甲方表决意见在股东会决议上具名签字。

3.3 甲方基于其对丙方公司的实际出资，对公司享有实际的股东权利并有权获得分红及其他收益等全部投资收益。乙方应将代为行使该项权利所产生的收益及时移转甲方。

3.4 转让出资权利：在委托持股期限内，甲方有权将委托代持的股东权益转移到自己指定的任何第三人名下。

3.5 剩余财产分配权：在本合同有效期内，如丙方公司因某种原因解散并进行清算，甲方仍委托乙方参与清算，如经清算后公司有剩余财产进行分配，甲方有权取得依照出资比例分配丙方公司的财产；乙方应将甲方应取得的丙方财产转交甲方。

3.6 增加或补足出资的权利和义务：甲方有权依照《公司法》及丙方公司章程的规定，依照同等比例优先认缴增加的注册资本。

第四条 股权代持人的法律风险由隐名股东承担，包括但不限于公司债权人起诉公司偿还债务、加速到期股东认缴与实缴初期差额部分的补充赔偿责任等。乙方不对甲方的出资承担保值增值责任，甲方不得就出资财产的亏损，要求乙方承担补偿或赔偿责任。

第五条 乙方有权依本合同约定行使股东权利，具体包括：

5.1 乙方作为公司的登记股东，有权依据《公司法》及公司章程的规定行使股东权利，但乙方行使股东权利时需受本协议内容的限制。

5.2 乙方不得利用持有甲方在丙方中的股权为自己谋取任何私利。

5.3 乙方仅可以其本人在丙方中的实际出资额为限，处置其股东权利和利益（包括但不限于股东权益的转让、质押、赠与、放弃等）；乙方向外转让其本人实际持有的丙方公司的股权时，甲方在相同条件下有优先受让的权利。

第六条　未经甲方事先书面同意，乙方不得处置（包括但不限于转让、赠与、放弃或设置任何形式的担保等处置行为）上述代持股份及其股东权益，也不得实施任何可能损害甲方利益的行为。未经甲方事前书面同意，乙方不得转委托第三方持有上述代持股份及其股东权益。

第七条　乙方承诺将其未来所收到的因代持股份所产生的任何投资收益（包括现金股息、红利或任何其他收益分配）均全部转交给甲方，并承诺将在获得该投资收益后5日内按照甲方指定的方式移转给甲方。

第八条　如甲方拟将相应股东权益转移到自己指定的任何第三人名下时，乙方应对此提供必要的协助及便利；无论是否签署书面股权转让协议，在甲方向乙方发出书面指令后，受让方自动取代甲方的地位与乙方形成股权代持法律关系。

第九条　甲方与乙方的此项委托关系为免费委托，乙方无权就此委托事项向甲方收取报酬。乙方死亡或丧失民事行为能力，应保证其继承人、监护人不对其代持股权部分主张权利。

第十条　甲方随时可解除与乙方的委托持股协议并签署股权转让协议，使甲方成为公司的登记股东；乙方及丙方应予以配合并不收取相关费用。

第十一条　凡因履行本协议所发生的或与本协议有关的任何争议，甲方与乙方应友好协商解决；协商不能解决的，提请____仲裁委仲裁。

第十二条　本协议自甲方、乙方、丙方签字或盖章之日起生效，至甲方登记为丙方公司股东之日或公司解散并办理注销公司登记之日终止。如乙方终止本协议，丙方有义务为甲方办理股东显名登记以使甲方被真实登记为公司股东，乙方对此应予以配合。

第十三条　本协议未尽事宜，由协议各方友好协商解决。各方协商一致的，可以签订补充协议，补充协议与本协议具同等法律效力。

第十四条 本协议一式叁份，协议各方各执壹份，具有同等法律效力。

（以下无正文，为签署页）

甲方：____________

乙方：____________

丙方（盖章）：____________

____年____月____日

第十一讲

代持股权被法院冻结后隐名股东如何维权

股权代持情况下，显名股东因自身债务代持股权被法院冻结，隐名股东该如何维权？

一、经典案例解析

中信银行股份有限公司济南分行、海航集团有限公司执行异议之诉案中，海航集团将其持有的营口沿海银行的7200万股份委托中商财富持有。后中商财富因提供担保被法院判令偿还中信济南分行4500万元及利息，法院查封、拍卖中商财富所持有的营口沿海银行7200万股股份。拍卖期间，海航集团提起执行异议诉讼，要求确认海航集团享有登记在中商财富名下的营口沿海银行7200万股股份及未分配红利的所有权，停止对7200万股股份的执行。济南市中级人民法院（2014）济民四初第4号民事判决认为，海航集团与中商财富之间的《委托投资入股代理协议》是海航集团与中商财富之间的内部约定，确定的是双方之间委托代理关系、出资关系，海航集团并不因此取得营口沿海银行的股东地位，不是涉案股份的持有人，该协议约定不能对抗第三人，也不能对抗司法机关所采取的强制措施。故此，驳回海航集团有限公司的诉讼请求。

海航集团不服上诉至山东省高级人民法院，山东省高级人民法院［（2015）鲁商终字第307号判决］认为，本案中记名股票、工商登记所表征的权利与实际权利不符，中商财富仅系营口沿海银行的名义股东，投资7200

万元取得的营口沿海银行7200万股股份的实际权利应归海航集团所有。在外观权利与实际权利不一致的情况下，根据权利外观理论，善意第三人基于对权利外观的信赖而与名义权利人进行民事法律行为的，该民事法律行为效力受法律的优先保护。本案中信济南分行申请执行的是其与中商财富之间因借款关系而形成的债权，从权利外观原则来看，中信济南分行不是基于信赖权利外观而需要保护的民事法律行为之善意第三人，中信济南分行的债权请求不能受到优先于实际权利人海航集团的保护。判决：（1）撤销山东省济南市中级人民法院（2014）济民四初第4号民事判决；（2）确认上诉人海航集团有限公司享有登记在被上诉人中商财富融资担保有限公司名下的营口沿海银行股份有限公司7200万股股份之实际权利及未分配红利；（3）停止对登记在被上诉人中商财富融资担保有限公司名下的营口沿海银行股份有限公司7200万股股份及未分配红利的执行。中信银行股份有限公司济南分行不服，向最高人民法院提起再审。

最高人民法院［（2016）最高法民再360号判决］认为，根据商事法律的外观主义原则，交易行为的效果以交易当事人行为的外观为准。即使外在的显示与内在的事实不一致，商事主体仍须受此外观显示的拘束，外观的显示优越于内在的事实。善意第三人基于对登记的信赖而实施的行为，受到法律的保护，即使登记事项不真实、与第三人的信赖不符，善意第三人也可以依照登记簿的记载主张权利。另外，执行案件中的债权人与被执行人发生交易行为时，本身也有信赖利益保护的问题。不能认为强制执行程序中的申请执行人就不存在信赖利益保护的问题，不能苛求被执行人的债权人与名义股东必须是就登记在名义股东名下的特定代持股权从事民事法律行为时才能适用善意第三人制度。在涉案股份的实际出资人与公示的名义股东不符的情况下，法律不仅应优先保护信赖公示的与名义股东进行交易的善意第三人，也应优先保护名义股东的债权人的权利。就本案而言，中信济南分行对涉案股份申请强制执行具有信赖利益并应优先保护。判决：（1）撤销山东省高级人民法院（2015）鲁商终字第307号民事判决；（2）维持山东省济南市中级人民法院（2014）济民四初第4号民事判决。

本案为什么三级法院看法不一致？判决结果反复，源于对商事外观主义的适用中的善意第三人的范围理解不同。商事外观主义原则是指：名义权利人的行为所表现出来的或者有关权利公示所表现出来的构成某种法律关系的外观，导致第三人对于该种法律关系产生信赖，并出于此信赖而为某种民事法律行为时，即使有关法律关系的真实状况与第三人主观信赖的状况不符，只要该第三人的主观信赖合理，其据以作出的民事法律行为效力就受法律的优先保护。其实质是在特定场合下优先保护实际权利人的利益还是善意第三人的利益，因此，对于第三人范围的界定决定了“未经登记、不对对抗第三人”法律适用的正确与否。现有案例来看，对于第三人的范围界定并不统一。一种观点认为，对抗权利的性质相同，如所有权、他物权或债权之间的冲突，而不同性质的权利之间并不能产生任何冲突，也就无所谓对抗。在执行中产生的能否执行的冲突，不是法律上的冲突，而是利益冲突。王泽鉴认为，“对抗云者，系以权利依其性质有竞争关系为前提，例如在同一标的上有动产抵押权或质权存在时，始生对抗问题”。未经登记的股权不得对抗的第三人因显名股东将登记于其名下的股权转让、质押或者以其他方式处分而产生的权利，排除了一般债权。故显名持股人的债权人要求以名义股权变现清偿其债务，在隐名股东提出异议后，显名股东债权人（第三人）的请求不应得到支持。因为第三人的法律行为并不是基于对登记股权的信赖而引发的，并无适用《公司法解释（三）》第25条适用的空间（如果以股权质押作为交易的担保，则一般债权转化为担保债权，权利性质均为物权，则质押权人则成为实际股东不得对抗的第三人）。另一种观点就是上述案例中最高人民法院的观点，第三人包括显名股东的一般债权人。从保护善意第三人的利益出发，不应停止执行，隐名股东的股权将被拍卖，隐名股东只能另行向显名股东追偿。

第三人的范围究竟包括哪些？一切合法主体皆为第三人？还是应限缩解释第三人？笔者认为，第三人的权利范围应限于基于信赖登记而产生的，与未经登记的物权、股权构成直接冲突的权利，应属于物权或准物权，不包括一般债权。故显名股东的一般债权人主张拍卖隐名股东的股权时，“未经登记，不得对抗第三人”在此不能适用。

最高人民法院以商事主体行为的外观为准，认定显名股东工商登记行为所产生的股权归属，即以工商登记的股权权属确定股权所有权人，不以隐名股东和显名股东内部的约定来判断股权归属，判决可以对显名股东名下股权执行。

法律依据是《公司法解释（三）》，该司法解释第25条规定了实际出资人面临名义股东侵害其股权利益时参照适用《民法典》善意取得制度。名义股东将登记于其名下的股权转让、质押或者以其他方式处分，实际出资人以其对于股权享有实际权利为由，请求认定处分股权行为无效的，人民法院可以参照《民法典》第311条（善意取得）的规定处理。

山东省高级人民法院和最高人民法院处理结果不同的原因在于中信济南分行是否属于商事外观主义应保护其利益的善意第三人。山东省高级人民法院认为中信济南分行不是基于信赖权利外观而需要保护的民事法律行为之善意第三人，中信济南分行没有和中商财富公司进行7200万股股权交易，因此，中信济南分行不属于商事外观主义应保护其利益的善意第三人，应优先保护隐名股东海航集团的股权权益。最高人民法院则认为，善意第三人不限于与外观权利人交易的人，也包括显名股东的债权人。

最高人民法院观点在哈尔滨国家粮食交易中心与哈尔滨银行股份有限公司科技支行等执行异议纠纷案［最高人民法院（2013）民二终字第111号］中同样得到支持。法院认为，依法进行登记的股东具有对外公示效力，隐名股东在公司对外关系上不具有公示股东的法律地位，其不能以其与显名股东之间的约定为由对抗外部债权人。当显名股东因其未能清偿到期债务而成为被执行人时，其债权人依据工商登记中记载的股权归属，有权向人民法院申请对该股权强制执行。因此，本案中，交易中心是否为三力期货公司的实际出资人，不影响科技支行实现其请求对三力期货公司股权进行强制执行的权利主张。故交易中心关于停止对粮油集团和龙粮公司所持有三力期货公司股权强制执行的请求，没有事实和法律依据，法院不予支持。

二、提起股权确权诉讼

那么，隐名股东是否就没有任何救济渠道了呢？如果隐名股东在法院强制执行前，提起确权之诉，确认代持股权归其所有，即使尚未办理股权变更登记（被冻结），亦可以排除执行。

在中国银行股份有限公司西安南郊支行（以下简称中行南郊支行）诉上海华冠投资有限公司（以下简称华冠公司）、西安成城经贸有限公司申请执行人执行异议之诉案［陕西省高级人民法院（2013）陕民二终字第00077号］中，法院认为，法院生效判决已确认涉案股份属华冠公司所有，如将该财产清偿中行南郊支行的债务，将导致华冠公司的所有权无法行使。股权善意取得制度的适用主体仅限于与名义股东存在股权交易的第三人。本案中行南郊支行因其债务纠纷而寻查成城公司的财产还债，并非针对成城公司名下之股权从事交易，故不能适用股权善意取得制度。原审法院驳回中行南郊支行请求许可执行成城公司名下股份的诉讼请求并无不当。

该案依股权事实归属作为判断尺度，判决不能对显名股东名下股权执行。因隐名股东通过确权之诉，已经由司法审判确认了股权的归属，因此，应承认隐名股东对涉案股权的排他执行，法律依据是最高人民法院《关于人民法院办理执行异议和复议案件若干问题的规定》第26条①。

作为案外人提起执行异议之诉依据的裁判将执行标的物确权给案外人，可以排除执行，需要满足两个条件：一是确权纠纷在股权被查封、扣押、冻结前作出；二是生效法律文书已经确定股权属于案外人所有。

总结已有判例，当显名股东预判到隐名股东代持的股权将被法院执行时，需立即启动股权确权纠纷，完成股权权属证明的生效判决。在股权被查封后提出执行异议之诉，以生效判决的权利归属排除执行。

---

① 该条第1、2款规定：金钱债权执行中，案外人依据执行标的被查封、扣押、冻结前作出的另案生效法律文书提出排除执行异议，人民法院应当按照下列情形，分别处理：（1）该法律文书系就案外人与被执行人之间的权属纠纷以及租赁、借用、保管等不以转移财产权属为目的的合同纠纷，判决、裁决执行标的归属于案外人或者向其返还执行标的且其权利能够排除执行的，应予支持。（2）该法律文书系就案外人与被执行人之间除前项所列合同之外的债权纠纷，判决、裁决执行标的归属于案外人或者向其交付、返还执行标的的，不予支持。（3）该法律文书系案外人受让执行标的的拍卖、变卖成交裁定或者以物抵债裁定且其权利能够排除执行的，应予支持。金钱债权执行中，案外人依据执行标的被查封、扣押、冻结后作出的另案生效法律文书提出排除执行异议的，人民法院不予支持。

第十二讲

公司如何增资入股

公司增资入股是吸收资本的重要途径，同时也是外部人成为公司股东的方式之一，其本质是以股权换取资本。

一、了解公司资产负债表

公司增资，首先需了解公司资产负债表。我们看一个最简单的资产负债表12－1：

表12－1 资产负债表 （单位：万元）

资产				负债及所有者权益			
项目	行次	期末余额	年初余额	项目	行次	期末余额	年初余额
流动资产				**负债**		100	
货币资金		100		应付账款		100	
应收账款				应付工资			
预付账款				短期借款			
存货				**所有者权益**			
固定资产		200		实收资本		100	
无形资产				资本公积		20	
资产总计		300		未分配利润		80	

资产负债表分左右两栏。左边是资产，右边是负债和所有者权益（表格

右下部分)。资产通过不同的方式体现：货币资金（银行存款和公司保险柜里的现金）、应收账款、固定资产（土地、厂房）、无形资产（发明、商标等知识产权）等。

负债，即资产负债表右上部分，公司经营需要发放员工工资、购买原材料、应付账款等，这些都是公司应该支出的负债。表中显示公司应付账款100万元，即负债100万元。

右下栏是所有者权益，所有者权益 = 资产 - 负债，就是公司净资产，净资产是指所有者权益，是企业投资人对企业净资产的投入计量。企业净资产在数量上等于全部资产减去全部负债以后的余额。

用会计等式表示为净资产 = 资产总额 - 负债总额 = 所有者权益总额，所有者权益包括：投入资本、资本公积金、盈余公积金、未分配利润。表中显示，公司所有资产总和为300万元，负债100万元，公司净资产200万元。

实收资本是股东实际缴付给公司的出资，也就是公司的总股本，或按照股票面值计算的股本金。

公积金包括法定公积金、任意公积金和资本公积金（见图12-1）。

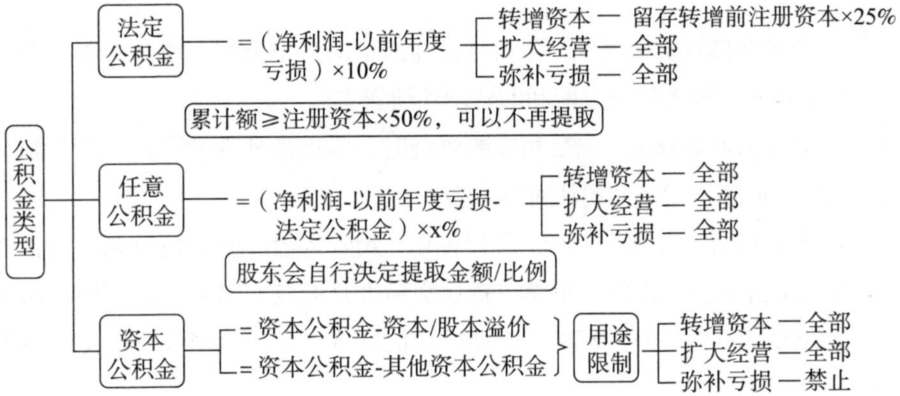

图12-1　公积金类型

资本公积金包括股票发行溢价、法定财产重估增值、接收捐赠资产价值。《公司法》第167条规定，股份有限公司以超过股票票面金额的发行价格发行股份所得的溢价款以及国务院财政部门规定列入资本公积金的其他收入，应当列为公司资本公积金。《企业财务通则》第17条规定，对投资者实际缴付的出资超过注册资本的差额（包括股票溢价），企业应当作为资本公积金管理。如张先生向甲公司增资入股，想购买10%股权，甲公司注册资本100万元，原股东王先生100%持股。甲公司投资前估值1000万元，张先生要占10%的股权比例，则王先生股权比例为90%，增资后总注册资本为111万元，新增注册资本11万元，张先生需投入100万元，其中11万元购买增资部分资本，剩余89万元则计入资本公积金。

未分配利润指的是公司经营之后盈利的钱没有进行分配，在未将利润分配给股东之前，该等款项计入未分配利润。

此外，所有者权益还包括盈余公积金，盈余公积金又分为法定盈余公积金和任意盈余公积金。法定盈余公积金按公司税后利润的10%强制提取。目的是应付经营风险，当法定盈余公积金累计额已达注册资本的50%时可不再提取。

二、增资入股的计算方法

公司增加资本有三种方式：公司将自有资金增资、老股东追加资本、新股东增资入股。

1. 公司将自有资金增资。公司将已经提留的法定公积金或者任意公积金转增注册资本，或者将未分配利润转增注册资本。

2. 老股东追加资本。当公司需要资金时，不增加外部投资人，原有股东追加出资，同比例增加公司注册资本金。

3. 新股东增资入股。不同于股权转让，增资入股交易方是新老股东和公司，增资款进入公司账户，而股权转让交易方是股权交易双方，股权转让款进入出让股权的股东个人账户。按投后估值计算，公司增资入股需完成以下四步：

（1）同比例稀释算出各股东新持股比例：股东原持股比例×（100%－拟出让比例）。

（2）算出增资后总注册资本：单个老股东原注册资本÷该老股东新持股比例。

（3）再算出新增股东的注册资本：持股比例×增资后总的注册资本。

（4）再算出股价：估值（投前）÷增资后总注册资本＝新股东投资总额（进入资金）÷该新股东的单个注册资金。

假设甲公司注册资本100万元，张三持股70%，李四持股30%，王二认为公司经营非常好，也想以增资方式加入公司。这时主要看甲公司估值和王二希望占股比例。假设甲公司投资前估值1000万元，王二愿意占股10%，如何操作？分四步：

（1）首先计算出老股东张三和李四同比例稀释后的持股比例。稀释后，张三持股比例＝70%×（100%－10%）＝63%，李四持股比例＝30%×（100%－10%）＝27%。

（2）算出增资后总注册资本，增资后总注册资本＝张三出资的70万元÷63%＝111.11万元。

（3）新增股东王二注册资本＝10%×111.11万元＝11.11万元，即原注册资本金100万元，增资11.11万元。

（4）股价＝估值（投前）1000万元÷111.11万元＝王二增资总额÷11.11万元，王二需投资总额为100万元，股价为9元/股。

也即王二增资100万元，占股10%，其中11.11万元进入注册资本，另88.89万元进入资本公积金。正常来说，购买10%股权，在注册资本为100万元的情况下，仅需10万元即可，但王二出资100万元，因此存在溢价。溢价是因为公司估值超过注册资本金，投资者向投的公司支付的超过购买增资资本数额的部分。

增资条款表述：本次增资价格9元每股。此购买价格表示完全稀释后的投资前估值为1000万元和完全稀释后的投资后估值为1100万元。融资额合计100万元，占公司完全稀释后股份的10%。这里，投资前公司估值1000万元，王二增资100万元后，公司投资后估值1100万元。

这里需预防双方对1000万元估值是投资前还是投资后的认识发生偏差，如果上述情形中1000万元是投资后估值，则公司投资前估值800万元，股价＝估值800万元÷111.11万元＝王二增资总额÷11.11万元，若股价为7.2元/股，王二只需投资80万元，就占股10%。

增资入股可以通过稀释股权吸收投资人（新股东）进入，由于股权产生溢价，新股东进入产生的资本公积金的溢价部分，老股东可按持股比例享有所有者权益。

假设公司净资产为1100万元（100万元+1000万元），则张三的所有者权益为：1100万元×63%=693万元，李四的所有者权益为：1100万元×27%=297万元，王五所有者权益为：1100×10%=110万元，即王五增资溢价部分（公积金）由张三和李四按持股比例享有。由此，股东们通过增资溢价实现了股权的增值。

三、股东权益通过利润增长而增值

股东权益除了通过增资溢价实现股权增值外，一般是通过公司经营后取得的净利润产生股权增值。

如表12-2所示，张三、李四、王二共同出资100万元成立公司，公司注册资本100万元，利润80万元，净资产200万元。张三持股75%，假设公司总计100万股（股份单位），根据持股比例，张三占有其中75万股。这75万股价值多少元？

表12-2 股东情况

姓名	持股比例	分红	注册资本	持股额度	账面价值	账面增值（盈利增值）
张三（总经理）	75%	60万元	75万元	75万股	200万元/100万股×75万股=150万元	300万元/100万股×75=225万元
李四（销售总监）	15%	12万元	15万元	15万股	2×15=30万元	3×15=45万元
王二（工程师）	10%	8万元	8万元	10万股	2×10=20万元	3×10=30万元

公司股份共100万股，净资产是200万元，则每股股价是2元，即该公司单股价值为2元/股。张三共持有75万股，则持有股权的账面价值为150万元。账面价值就是股东持股份额实际价值。

这一年公司净利润是80万元，按照持股比例分配，张三应得的分配利润为60万元。

假设第2年公司又盈利100万元，公司净资产从200万元增加到300万元，相应地，公司单股价值增加到3元/股，张三持有75万股，股权的账面价值增值到225万元。

因此，在公司不断盈利、不断创造价值的过程中，公司单股价值不断增值，公司股权的价值也不断提高。

总结：企业利润包括营利性收入和资本性收入。营利性收入通过销售产品或服务获取，也可以通过出卖商标使用权，如特许经营，向加盟商许可商标使用，获得企业的盈利。资本性收入源于出售股权。随着公司估值的增加，公司股权价值随之增加，股权遂产生溢价，股权的溢价就是资本盈利。如果公司上市的话，市场价格浮动产生浮盈，即市场供需反映的价格利润。

因此，企业如果想快速扩张，不能仅靠出售产品或服务，还需要借资本东风，通过资本运作实现规模、产值的迅速增加。

附录：增资入股协议

增资入股协议

本协议于____年____月____日在________市签订。各方为：

甲方：A公司

法定代表人：____

法定地址：____

乙方：B公司

法定代表人：____

法定地址：____

丙方：C公司

法定代表人：____

法定地址：____

鉴于：

(1) D公司（以下简称公司）系在________依法登记成立，注册资金为人民币____元的有限责任公司，经________会计师事务所（____）年［____］验字第［____］号验资报告加以验证，公司的注册资金已经全部缴纳完毕。公司愿意通过增资的方式引进资金，扩大经营规模，其董事会在____年____月____日（第____届____次董事会）对本次增资形成了决议，该决议也于____年____月____日经公司的股东会批准并授权董事会具体负责本次增资事宜。

（2）公司的原股东及持股比例分别为：A公司，出资额人民币____元，占注册资本____%；B公司，出资额人民币____元，占注册资本____%。

（3）丙方系在________依法登记成立，注册资金为人民币____元的有限责任公司（以下称丙方或新增股东），有意向公司投资，并参与公司的经营管理，且丙方股东会已通过向公司投资的决议。

（4）为了公司发展和增强公司实力需要，公司原股东拟对公司进行增资扩股，并同意丙方向公司增资，扩大公司注册资本至人民币________元。

（5）公司原股东同意并且确认放弃对新增注册资本认缴出资的优先权。

为此，本着平等互利的原则，经过友好协商，各方就公司增资事宜达成如下协议条款：

第1条　增资入股

1.1 各方在此同意以本协议的条款及条件增资扩股：

1.1.1 根据公司股东会决议，决定将公司的注册资本由人民币____元增加到人民币____元，其中新增注册资本人民币________（依审计报告结论为准）元。

1.1.2 本次增资价格以公司经审计评估确认的现有净资产为依据，协商确定。

1.1.3 新增股东用现金认购新增注册资本，丙方认购新增注册资本人民币____元，认购价为人民币____元。（认购价以公司经审计评估后的资产净值作依据，其中人民币____元作注册资本，所余部分为资本公积金。）

1.2 公司按照第1.1条增资扩股后，注册资本增加至人民币____元，各方的持股比例如下：甲方持有公司____%的股份；乙方持有公司____%的股份；丙方持有公司____%的股份；丙方持有公司____%的股份。

1.3 出资时间

1.3.1 丙方应在本协议签订之日起____ 个工作日内将本协议约定的认购总价一次性足额存入公司指定的银行账户，逾期按应付金额日万分之____向守约方支付违约金。逾期____ 日后，守约方有权单方面解除本协议，并有权追究违约方的违约责任。

1.3.2 新增股东自出资股本金到账之日即视为公司股东，享有认购股份项下的全部股东权利、承担股东义务。

第2条　增资的基本程序

2.1 为保证增资符合有关法律、法规和政策的规定，以及本次增资顺利进行，本次增资按照如下顺序进行（其中第1－6项工作已完成）：

2.1.1 公司召开董事会作出增资的决议以及提出增资基本方案。

2.1.2 公司召开股东会对董事会的增资决议及增资基本方案进行审议并形成决议。

2.1.3 公司委托会计师事务所、资产评估师事务所对公司的资产进行审计和评估。

2.1.4 公司就增资及增资基本方案向____报批，并获得批准。

2.1.5 同拟增资的新增股东进行谈判，必要时可采取招标形式进行。

2.1.6 起草增资扩股协议及相关法律文件，签署有关法律文件。

2.1.7 新增股东出资，并委托会计师事务所出具验资报告。

2.1.8 召开新的股东大会，选举公司新的董事会、监事会，并修改公司章程。

2.1.9 召开新一届董事会、监事会，选举公司董事长、监事会主席、确定公司新的经营班子。

2.1.10 办理工商变更登记手续。

第3条　公司原股东的陈述与保证

3.1 公司原股东分别陈述与保证如下：

3.1.1 其是按照中国法律注册并合法存续的企业、事业法人。

3.1.2 其签署并履行本协议：

3.1.2.1 在其公司（或单位）的权利和营业范围之中；

3.1.2.2 已采取必要的公司（或单位）行为并取得适当的批准；

3.1.2.3 不违反对其有约束力或有影响的法律或合同的限制。

3.1.3 公司现有名称、商誉、商标等相关权益归增资后的公司独占排他所有。

3.1.4 公司在其所拥有的任何财产上除向丙方书面告知（附件：审计报告）外未设置任何担保权益（包括但不限于任何抵押权、质押权、留置权以及其他担保权等）或第三者权益。

3.1.5 公司向丙方提交了截至____年____月____日止的财务报表及所有必要的文件和资料（下称财务报表）（详见附件），原股东在此确认该财务报表正确反映了公司至____年____月____日止的财务状况和其他状况。

3.1.6 财务报表已全部列明公司至____年____月____日止的所有债务、欠款和欠税，除此之外公司自____年____月____日注册成立以来，除正常经营外，没有产生其他任何债务、欠款和欠税。

3.1.7 公司没有从事或参与有可能导致公司现在和将来遭受吊销营业执照、罚款或其他严重影响经营的行政处罚或法律制裁的任何违反中国法律、法规的行为。

3.1.8 公司未就任何与其有关的、已结束的、尚未结束的或可能将要开始的任何诉讼、仲裁、调查及行政程序对丙方进行隐瞒或进行虚假/错误陈述。

3.1.9 原股东负责完善公司在经营、建设过程中与相关单位的租赁、协作等事项的法律关系，增资完成后上述各种法律关系由新公司继承；在公司存续期间，原股东有义务同有关单位协调和沟通以保证增资后的公司权益受到最大化保护。

3.1.10 原股东有义务利用自身便捷条件，按照国家有关政策规定为公司获取政策优惠及政府补贴。

3.1.11 公司增资后，严格按照现代法人治理结构进行经营和管理，建立现代企业制度。

3.1.12 本协议经原股东签署后即构成对原股东合法、有效和有约束力的义务。

3.2 除非获得新增股东的书面同意，原股东承诺促使公司自本协议签订之日起至工商变更登记完成之日止的期间：

3.2.1 确保公司的业务正常进行并不会作出任何对公司存在重大影响的行动。公司将采取所有合理措施维护公司的商誉，不会做出任何可能损害公司的行为。

3.2.2 公司不会签订任何超出其正常业务范围或具有重大意义的协议或承诺。公司及原股东不得采取下列行动：

3.2.2.1 修改公司的章程，或者任何其他与公司的章程或业务运作有关的文件或协议；

3.2.2.2 非经审批机关要求而更改其业务的性质及范围；

3.2.2.3 出售、转让、出租、许可或处置任何公司业务、财产或资产的任何重要部分；

3.2.2.4 与任何人订立任何劳动或顾问合同，或对任何雇员或顾问的聘用条件作出任何修改；

3.2.2.5 给予任何第三方任何担保、抵押、赔偿、保证或类似责任的安排；

3.2.2.6 订立任何贷款协议或修订任何借贷文件；

3.2.2.7 购买、出租、收购任何资产的价格超过人民币____元（或其他等值货币）；

3.2.2.8 订立任何重大合同或给予重大承诺，支付任何管理费或其他费用超过人民币____元；

3.2.2.9 与任何第三人订立任何合作经营、合伙经营或利润分配协议；

3.2.2.10 分派及/或支付任何股息；

3.2.2.11 出租或同意出租或以任何形式放弃公司拥有或使用的物业的全部或部分使用权或拥有权；

3.2.2.12 进行任何将不利于公司的财政状况及业务发展的事项。

3.3 原股东保证采取一切必要的行动，协助公司完成本协议下所有审批及变更登记手续。

3.4 原股东承担由于违反上述陈述和保证而产生的一切经济责任和法律

责任，并对由于违反上述陈述与保证而给丙方造成的任何直接损失承担连带赔偿责任。

第4条　新增股东的陈述与保证

4.1 新增股东陈述与保证如下：

4.1.1 其是按照中国法律注册并合法存续的企业法人。

4.1.2 其签署并履行本协议：

4.1.2.1 在其公司权力和营业范围之中；

4.1.2.2 已采取必要的公司行为（包括但不限于为履行本协议项下的出资义务筹集足额的公司资本）并取得适当的批准；

4.1.2.3 不违反对其有约束力或有影响的法律或合同的规定或限制。

4.1.3 丙方在其所拥有的任何财产上除向公司书面告知（附件：审计报告）外未设置任何担保权益（包括但不限于任何抵押权、质押权、留置权以及其他担保权等）或第三者权益。

4.1.4 丙方向公司提交了截至____年____月____日止的财务报表及所有必要的文件和资料（以下简称财务报表）（详见附件），丙方在此确认该财务报表正确反映了丙方至____年____月____日止的财务状况和其他状况。

4.1.5 财务报表已全部列明丙方至____年____月____日止的所有债务、欠款和欠税，除此之外丙方自____年____月____日注册成立以来，除正常经营外，没有产生其他任何债务、欠款和欠税。

4.1.6 丙方没有从事或参与有可能导致其现在和将来遭受吊销营业执照、罚款或其他严重影响其经营的行政处罚或法律制裁的任何违反中国法律、法规的行为。

4.1.7 丙方未就任何与其有关的、已结束的、尚未结束的或可能将要开始的任何诉讼、仲裁、调查及行政程序对公司进行隐瞒或进行虚假/错误陈述。

4.2 丙方承诺与保证如下：

4.2.1 本协议经其签署后即构成对其合法、有效和有约束力的义务。

4.2.2 有能力合理地满足公司经营发展的预期需求。

4.2.3 公司增资并完成工商变更登记后，严格按照现代法人治理结构进行经营和管理，建立现代企业制度。

4.3 新增股东承诺：

4.3.1 新增股东将承担由于违反上述陈述和保证而产生的一切经济责任和法律责任，并赔偿由于违反该项陈述和保证而给公司及其原有股东各方造成的任何直接损失。

第5条 公司对新增股东的陈述与保证

5.1 公司保证如下：

5.1.1 公司是按中国法律注册、合法存续并经营的有限责任公司。

5.1.2 公司在其所拥有的任何财产上除向新增股东书面告知（附件：验资报告、审计报告、资产评估报告，截至前述告知文件出具日）外未设置任何担保权益（包括但不限于任何抵押权、质押权、留置权以及其他担保权等）或第三者权益；截止日后到本协议签订前所发生的任何担保权益或第三方权益，公司仍有义务书面告之新增股东。

5.1.3 公司对用于公司业务经营的资产与资源，均通过合法协议和其他合法行为取得，真实、有效、完整，不存在任何未向新增股东书面告知（附件：验资报告、审计报告、资产评估报告，截至前述告知文件出具日）的法律障碍或法律瑕疵；截止日后到本协议签订前所发生的任何法律障碍或法律瑕疵，公司仍有义务书面告知新增股东。

5.1.4 公司向新增股东提交了截至____年____月____日止的财务报表及所有必要的文件和资料（详见附件），公司及其股东兹在此确认该财务报表正确反映了公司至____年____月____日止的财务状况和其他状况。

5.1.5 财务报表已全部列明公司至____年____月____日止的所有债务、欠款和欠税，且公司自____年____月____日注册成立至____年____月____日止，没有产生任何未向新股东各方书面告知的额外的债务、欠款和欠税。

5.1.6 公司没有从事或参与使公司现在和将来有可能遭受吊销营业执照、罚款或其他严重影响公司经营的行政处罚或法律制裁的任何违反中国法律、法规的行为。

5.1.7 公司未就任何与公司有关的、已结束的、尚未结束的或将要开始的任何诉讼、仲裁、调查及行政程序对新增股东进行隐瞒或进行虚假/错误陈述。

5.2 公司将承担由于违反上述第5.1条的陈述和保证而产生的一切经济责任和法律责任，并赔偿由于违反该项陈述和保证而给新增股东造成的任何直接损失。

第6条　公司增资后的经营范围

6.1 继承和发展公司目前经营的全部业务。

6.2 大力发展新业务。

6.3 公司最终的经营范围由公司股东会决定，经市场监督管理部门核准后确定。

第7条　新增资金的投向和使用及后续发展

7.1 本次新增资金用于公司的全面发展。

7.2 公司资金具体使用权限由经过工商变更登记之后的公司股东会授权董事会或董事会授权经理班子依照公司章程等相关制度执行。

7.3 根据公司未来业务发展需要，在国家法律、政策许可的情况下，公司可以采取各种方式多次募集发展资金。

第8条　公司的组织机构安排

8.1 股东会

8.1.1 增资后，原股东与丙方平等成为公司的股东，所有股东依照《公司法》以及其他法律法规、部门规章和新公司章程的规定按其出资比例享有权利、承担义务。

8.1.2 股东会为公司权力机关，对公司一切重大事务作出决定。

8.2 董事会和管理人员

8.2.1 增资后公司董事会成员应进行调整，由公司股东按章程规定和协议约定进行选派。

8.2.2 董事会由____名董事组成，其中丙方选派____名董事，公司原股东选派____名董事。

8.2.3 增资后公司董事长和财务总监由丙方指派，其他高级经营管理人员可由原股东推荐，董事会聘用。

8.2.4 公司董事会决定的重大事项，经公司董事会过____数通过方能生效，有关重大事项由公司章程进行规定。

8.3 监事会

8.3.1 增资后，公司监事会成员由公司股东推举，由股东会选聘和解聘。

8.3.2 增资后公司监事会由____名监事组成，其中____方____名，原股东指派____名。

第9条 本次增资的目的

本次增资除了继续发展公司的传统业务、增值业务外，在完成本次增资后，公司名称变更为________有限公司。

第10条 投资方式及资产整合

10.1 增资后公司的注册资本由人民币____元增加到人民币____元。公司应重新调整注册资本总额及股东出资比例，并据此办理变更工商登记手续，各股东的持股比例如下：

股东名称	出资形式	出资金额（万元）	出资比例	签章

10.2 增资后丙方成为公司股东，依照《公司法》和公司章程规定及本合同的约定应由股东享有的全部权利。

第11条 债权债务

11.1 本协议签署日前公司书面告知丙方的债务由增资后的公司承担。公司向丙方提供的审计报告、资产负债表、财产清单等视为书面告知文件，协议签署后发生的债务由增资后的公司承担。

11.2 本协议签署日前公司未告丙方的负债由公司的原股东自行承担。公司在履行了该部分债务之后，有权要求公司原股东赔偿由此所产生的全部经济损失。

11.3 丙方债务应由丙方自行承担。

11.4 在审计报告、资产负债表、财产清单等书面文件中未披露的或有债务和其他法律纠纷由公司的原股东承担。公司在履行了该部分债务之后，有权要求公司原股东赔偿由此所产生的全部经济损失。

第12条　公司章程

12.1 增资各方依照本协议1.3.1条约定缴足出资后，10日内召开股东会，修改公司章程，经修订的章程将替代公司原章程。

12.2 本协议约定的重要内容写入公司的章程。

第13条　公司注册登记的变更

13.1 公司召开股东会，作出相应决议后5日内由公司董事会向工商行政管理主管部门申请工商变更登记。公司各股东应全力协助、配合公司完成工商变更登记。

13.2 如在丙方缴纳全部认购资金之日起____个工作日内仍未完成工商变更登记，则丙方有权解除本协议。一旦协议解除，原股东应负责将丙方缴纳的全部资金返还丙方，不计利息。

第14条　有关费用的负担

14.1 在本次增资扩股事宜中所发生的一切相关费用（包括但不限于验资费、审计费、评估费、律师费、工商登记变更费等）由变更后的公司承担（当该项费用应由各方共同或公司缴纳时）。

14.2 若本次增资未能完成，则所发生的一切相关费用由公司承担。

第15条　保密

15.1 本协议任何一方（接受方）对从其他方（披露方）获得的有关该方业务、财务状况及其他保密事项与专有资料（以下简称保密资料）应当予以保密；除对履行其工作职责而需知道上述保密资料的本方雇员外，不得向任何人或实体透露保密资料。

15.2 上述第15.1条的规定不适用于下述资料：

15.2.1 能够证明在披露方将其作为保密资料向接受方披露前已为接受方所知的资料；

15.2.2 非因接受方违反本协议而为公众所知悉的资料；

15.2.3 接受方从对该资料不承担任何保密义务的第三方获得的资料。

15.3 各方均将制定规章制度，以使其本身及其关联公司的董事、高级职员和其他雇员同样遵守本条所述的保密义务。

15.4 本条的规定不适用于：

15.4.1 把资料透露给任何关联公司、贷款人或财务筹资代理机构、双方可能聘请的雇员和顾问或一方预期向之转让其在公司全部或部分股权的任何第三方；但在这种情况下，只应向有合理的业务需要需知道该等资料的人或实体透露该等资料，并且这些人或实体应首先以书面形式承诺保证该等资料的保密性。

15.4.2 在法律有明确要求的情况下，把资料透露给任何政府或任何有关机构或部门。但是，被要求作出上述透露的一方应在进行上述透露前把该要求及其条款通知其他方。

第16条 违约责任

16.1 任何签约方违反本协议的任何约定，包括协议各方违反其于本协议第2至4条所作的陈述与保证，均构成违约，应承担违约责任。如果不止一方违约，则由各违约方分别承担各自违约所引起的责任。违约赔偿责任的范围限定在法律允许的、相当于因违约而给其他方所造成的全部实际损失。

16.2 尽管有以上规定，任何一方均不因本协议而就任何间接损失或损害对其他方承担赔偿责任。

第17条 争议的解决

17.1 仲裁

凡因履行本协议而发生的一切争议，各方首先应争取通过友好协商的方式加以解决。如果该项争议在开始协商后60日内未能解决，则任何一方均可向________仲裁委员会申请依据仲裁法、其他法律、法规、规章、规范性文件以及其当时合法有效的仲裁规则进行仲裁。

17.2 继续有效的权利和义务

在对争议进行仲裁时，除争议事项外，各方应继续行使各自在本协议项下的其他权利，并应继续履行各自在本协议项下的其他义务。

第18条 其他规定

18.1 生效

本协议生效的先决条件是本协议的签订以及本协议全部内容已得到各方董事会或股东会以及主管部门的批准。

本协议自各方盖章及其授权代表签字之日起生效。

18.2 转让

严格按照《公司法》规范性文件和公司章程的有关规定执行。

18.3 修改

本协议经各方签署书面文件方可修改。

18.4 可分性

本协议任何条款的无效不影响本协议任何其他条款的有效性。

18.5 文本

本协议一式____份，各方各自保存____份，公司存档____份，____份用于办理与本协议有关的报批和工商变更手续。

18.6 通知

除非本协议另有规定，任何一方向其他方或公司发出本协议规定的任何通知应以特快专递发出，或者以传真发出。以特快专递发出的通知，交邮后7天被视为收件日期；以传真发出的通知，发出后1天被视为收件日期，但应有传真确认报告为证。一切通知均应发往下列有关地址，直到任何一方就己方地址变动而发出书面通知更改该地址为止。

第19条　附件

19.1 本协议的附件构成本协议的一部分，与本协议具有同等法律效力。

19.2 本条所指的附件是指为增资目的，签约各方向其他方提供的证明履行本增资扩股协议合法性、真实性的文件、资料、专业报告、政府批复等。具体包括：（1）股东会、董事会决议；（2）审计报告；（3）验资报告；（4）资产负债表、财产清单；（5）与债权人签订的协议；（6）证明增资扩股合法性、真实性的其他文件资料。

签署时间：　　年　　月　　日

甲方（盖章）：

联系人：

联系方式：

地址：

乙方（盖章）：

联系人：
联系方式：
地址：
丙方（盖章）：
联系人：
联系方式：
地址：

第十三讲

公司增资的税收政策

公司增加资本有三种方式：公司将自有资金增资、老股东追加资本、新股东增资入股。

老股东追加资本和新股东增资入股时，不需要缴税，但公司将已经提留的法定公积金或者任意公积金转增注册资本，或者将未分配利润转增注册资本时，法人持股不需要缴税，个人持股根据图 13－1 情况缴纳个人所得税。

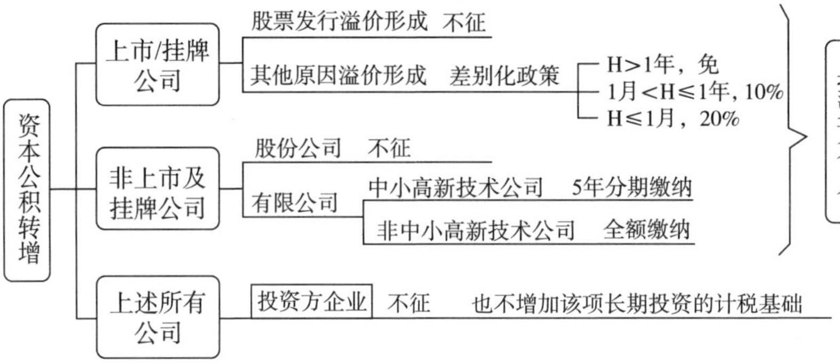

图 13－1 个人持股缴纳个人所得税情况

一、企业持股时资本公积转增股本的相关税收政策

国家税务总局《关于贯彻落实企业所得税法若干税收问题的通知》（国税函〔2010〕79 号）规定：关于股息、红利等权益性投资收益收入确认问题。被投资企业将股权（票）溢价所形成的资本公积转为股本的，不作为投资方企业的股息、红利收入，投资方企业也不得增加该项长期投资的计税

基础。

该文明确如果持股人（投资方）是企业（公司），资本公积转增股本不作为持股人的股息、红利收入。其逻辑是居民企业之间持股的分红免缴企业所得税，[①] 资本公积转增股本不作为企业的股息、红利，更不用缴税。该文的规范对象是企业，应包括所有股份有限公司和有限责任公司。

二、自然人持股的公司以自有资金（资本公积、盈余公积、未分配利润）增资的相关税收政策

（一）关于股份有限公司个人持股时，公司增资的个人所得税缴纳规定

国家税务总局《关于股份制企业转增股本和派发红股征免个人所得税的通知》（国税发〔1997〕198 号）规定：（1）股份制企业用资本公积金转增股本不属于股息、红利性质的分配，对个人取得的转增股本数额，不作为个人所得，不征收个人所得税。（2）股份制企业用盈余公积金派发红股属于股息、红利性质的分配，对个人取得的红股数额，应作为个人所得征税。

该规定没有明确个人持股的股份制企业是否上市，如果该股份制企业没有上市，资本公积金转增股本的，个人不需要缴纳个人所得税；盈余公积转增股本的，应缴纳个人所得税。如果是未分配利润转增股本，也应缴纳个人所得税。

如果个人持有上市公司或新三板挂牌公司股票（上市公司和新三板公司必定是股份有限公司），公司动用资本公积给股民配送股票叫“转股”，不征收个人所得税。股票发行溢价属于资本公积金。上市公司动用盈余公积或未分配利润给股民不分货币，而是配送股票叫“送股”，属于分红，应缴纳个人所得税。持股时间多于 1 年的，则免征个人所得税；持股时间大于 1 个月，小于 1 年的，暂减按 50% 计入应纳税所得额，按 20% 税率缴纳个人所得税；持股时间小于 1 个月，其股息红利所得全额计入应纳税所得额，按 20% 税率

---

① 我国《企业所得税法》第 26 条第 2 款规定：符合条件的居民企业之间的股息、红利等权益性投资收益为免税收入。居民企业指依法在中国境内成立，或者依照外国（地区）法律成立但实际管理机构在中国境内的企业。

缴纳个人所得税（见图 13－2）。①

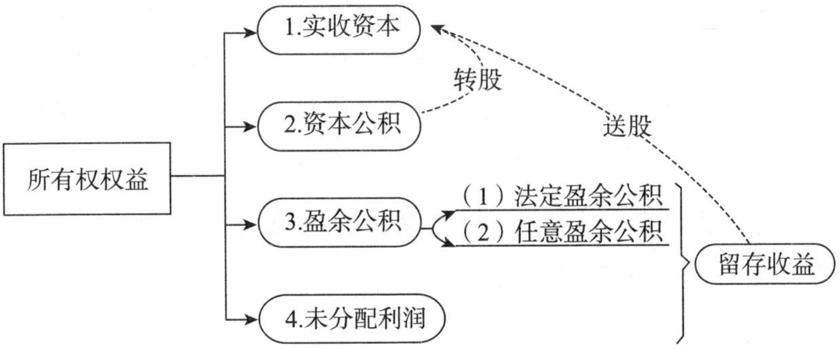

图 13－2　所有权权益

（二）有限责任公司个人持股时，公司增资的个人所得税缴纳规定

财政部、国家税务总局《关于将国家自主创新示范区有关税收试点政策推广到全国范围实施的通知》（财税〔2015〕116 号）规定：自 2016 年 1 月 1 日起，全国范围内的中小高新技术企业以未分配利润、盈余公积、资本公积向个人股东转增股本时，个人股东一次缴纳个人所得税确有困难的，可根据实际情况自行制定分期缴税计划，在不超过 5 个公历年度内（含）分期缴纳，并将有关资料报主管税务机关备案。

也即个人股东持有高新技术企业（公司）的股权时，该公司无论以资本公积还是盈余公积，抑或未分配利润增资入股，个人股东应缴纳个人所得税，只是享受递延纳税，可延期 5 年缴纳。该规定所称中小高新技术企业，是指注册在中国境内实行查账征收的、经认定取得高新技术企业资格，且年销售

① 《关于上市公司股息红利差别化个人所得税政策有关问题的通知》（财税〔2015〕101 号）第 1 条规定，个人从公开发行和转让市场取得的上市公司股票，持股期限超过 1 年的，股息红利所得暂免征收个人所得税。个人从公开发行和转让市场取得的上市公司股票，持股期限在 1 个月以内（含 1 个月）的，其股息红利所得全额计入应纳税所得额；持股期限在 1 个月以上至 1 年（含 1 年）的，暂减按 50% 计入应纳税所得额；上述所得统一适用 20% 的税率计征个人所得税。《关于继续实施全国中小企业股份转让系统挂牌公司股息红利差别化个人所得税政策的公告》（财政部公告 2019 年第 78 号）第 1 条第 1、2 款规定，个人持有挂牌公司的股票，持股期限超过 1 年的，对股息红利所得暂免征收个人所得税。个人持有挂牌公司的股票，持股期限在 1 个月以内（含 1 个月）的，其股息红利所得全额计入应纳税所得额；持股期限在 1 个月以上至 1 年（含 1 年）的，其股息红利所得暂减按 50% 计入应纳税所得额；上述所得统一适用 20% 的税率计征个人所得税。

额和资产总额均不超过2亿元、从业人数不超过500人的企业。上市中小高新技术企业或新三板挂牌公司向个人股东转增股本，股东应纳的个人所得税，不适用该政策。

根据国家税务总局《关于股权奖励和转增股本个人所得税征管问题的公告》（2015年第80号）关于转增股本的规定：

（1）非上市及未在全国中小企业股份转让系统挂牌的中小高新技术企业以未分配利润、盈余公积、资本公积向个人股东转增股本，并符合财税〔2015〕116号文件有关规定的，纳税人可分期缴纳个人所得税；非上市及未在全国中小企业股份转让系统挂牌的其他企业转增股本，应及时代扣代缴个人所得税。

（2）上市公司或在全国中小企业股份转让系统挂牌的企业转增股本（不含以股票发行溢价形成的资本公积转增股本），按现行有关股息红利差别化政策执行。

由此，总结上市公司、非上市股份公司和有限责任公司个人持股时，公司资本公积、盈余公积和未分配利润转增股本的规定，其中：

（1）个人股东取得以股票发行溢价形成的资本公积转增的股本不征税。

（2）个人股东取得上市公司或在全国中小企业股份转让系统挂牌的企业以未分配利润、盈余公积、资本公积转增的股本，按现行有关股息红利差别化政策执行。

（3）个人取得非上市或未在全国中小企业股份转让系统挂牌的中小高新技术企业以未分配利润、盈余公积、资本公积转增的股本，一次缴纳个人所得税确有困难的，可自行制订计划在5年内分期缴纳。

（4）个人股东取得非上市及未在全国中小企业股份转让系统挂牌的其他企业以未分配利润、盈余公积、资本公积转增的股本，应一次性缴纳个人所得税；实施转增的企业应及时代扣代缴。

个人持股企业增资税负见表13－1。

表13－1　个人持股企业增资税负

<table>
<tr><th>是否高企</th><th>上市情况</th><th>是否中小高新技术企业</th><th>持股期限</th><th>自2013年1月1日起</th><th>自2015年9月8日起</th><th>征税办法</th></tr>
<tr><td rowspan="5">高新技术企业</td><td rowspan="2">上市公司</td><td rowspan="3"></td><td>超过1年</td><td>暂减按25%</td><td>暂免</td><td></td></tr>
<tr><td>1月到1年</td><td colspan="2">暂减按50%计入应纳税所得额</td><td rowspan="4">按利股红所得适用20%税率</td></tr>
<tr><td>挂牌公司</td><td>不超过1月</td><td colspan="2">全额计入应纳税所得额</td></tr>
<tr><td rowspan="2">其他高新技术企业</td><td>中小高新技术企业</td><td colspan="3">自2016年起缴个税困难的可在5个公历年度内分期缴纳</td></tr>
<tr><td>非中小高新技术企业</td><td colspan="3">不可分期缴纳</td></tr>
<tr><td rowspan="4">非高新技术企业</td><td rowspan="2">上市公司</td><td rowspan="3"></td><td>超过1年</td><td>暂减按25%</td><td>暂免</td><td></td></tr>
<tr><td>1月到1年</td><td colspan="2">暂减按50%计入应纳税所得额</td><td rowspan="3">按利股红所得适用20%税率</td></tr>
<tr><td>挂牌公司</td><td>不超过1月</td><td colspan="2">全额计入应纳税所得额</td></tr>
<tr><td>其他公司</td><td></td><td colspan="3">不可分期缴纳</td></tr>
</table>

案例：甲、乙两个自然人和企业丙共同投资设立有限公司A，甲投现金100万元，乙投入住房（80平方米）作价100万元，当时购买价为10万元，企业丙以股权作价作为投资，股权公允价值为200万元，购买价为150万元，甲乙丙所拥有股权的比例分别为25%、25%和50%，A公司实收资本400万元。企业经营2年后，留存收益增加了600万元，企业股东会决议将200万元转增资本，各自缴税多少？

甲交个人所得税＝200万元×25%×20%＝10万元

乙交个人所得税＝200万元×25%×20%＝10万元

丙是企业持股，不缴税。

第十四讲

增资入股条款解析

对于增资入股中吸收新的投资者成为股东，创始人股东希望其持有的股权比例越低，投入的资金越多越好，新股东想法则相反，其最关心的是涉及利益条款——关系到未来退出时的投资收益以及控制权条款——关系到能否保护自己所投资金的安全。无论天使投资，还是A轮、B轮风险投资，投资人与目标企业及其创始人就投资交易达成的协议，通常会明确目标企业的估值、各方权利义务、投资期限、交易条件等内容。如果创始人股东对融资规则不熟悉，将会有被资本反噬的风险。如俏江南融资后连环触发融资条款，导致其创始人张兰黯然出局。

一、俏江南创始人出局分析

2008年，俏江南与鼎晖投资（以下简称鼎晖）签订增资入股协议，鼎晖增资2亿元，持有俏江南10.526%的股权，投后估值约19亿元。虽然投资条款具体内容无从得知，但一定包括对赌（估价调整机制）条款，即俏江南需在2012年年底上市，否则需给鼎晖调整持股比例或进行现金补偿。由于餐饮业的发票在顾客主动索要时才开具，购买食材多数情况下没有凭证，收入和成本计量困难，餐饮企业A股上市处于冻结状态，俏江南撤回在A股上市，转而谋求中国香港地区上市，但最终未能上市。由于上市对赌失败，连环触发股份回购——领售权——清算——清算优先权条款，如图14－1所示，导致张兰退出俏江南。

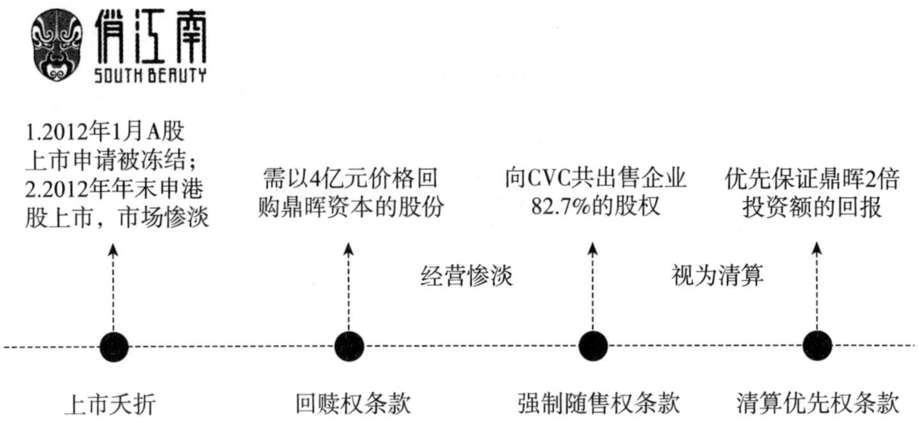

图 14－1　俏江南上市情况

增资入股协议约定了回购权条款，如果公司未在约定期限上市，创始股东有义务以事先约定的价格买回投资者所持有的全部或部分股权。该条款被公众误读为俏江南“对赌条款”，其实在法律上，该条款是股份回购条款，不是对赌条款，在投资圈叫作“IPO 对赌”。严格意义上来说该条款只是约定上市不成俏江南要回购股份，没有约定上市成功后有什么奖励。

上不了市，鼎晖如何拿回投资？在上不了市也无法实现回购的情况下，鼎晖可以实施领售权条款：投资人出售股权，张兰必须无条件跟售股权。最终，鼎晖就找到欧洲一家最大的私募股权基金 CVC，鼎晖转让 10.53% 的股份，张兰跟随出售 72.17% 的股份，整个是 82.7%，这个股份数量已经超过 50%，视作是一个清算事件，由此触发清算优先条款：收到的出售股份的钱优先保证鼎晖 2 倍的回报，交易估值 22.1 亿元，比鼎晖入股时的估值 19 亿元高一点，差额部分必须由张兰卖股权的部分来补。根据 22.1 亿元的交易价格，张兰出售 72% 的股份，大概能够获得 16 亿元，其中拿出 2 亿～4 亿元补偿鼎晖。

清算优先条款包括两部分：实际清算优先权和参与分配权，鼎晖在这里实现了清算优先权。如果有约定参与分配的话，投资人还有权要求按持股比例分配剩余资金。

最终，俏江南由 CVC 持股 82.7%，张兰通过胜兰控股公司持股 13.8%，公司管理层持股 3.5%。CVC 收购俏江南，3 亿美元购股款中，自有资金仅有 6000 万美元，其余价款通过银行融资 1.4 亿美元，通过发行债券募集 1 亿美元，剩余购股款计划日后依靠俏江南营收现金流还款。由于收购款设置了各种业绩指标，完成后才能分期付款，张兰和 CVC 之间产生罅隙。同时，俏江南业绩下滑，无法及时向银行还款，银行派管理公司接管俏江南，CVC 和张兰出局。

俏江南的融资协议保证了在俏江南上市失败情况下俏江南对鼎晖的回购义务，以及张兰必须确保届时跟随鼎晖出售相应股权。一旦触发协议定义的"清算事件"，鼎晖可以以优先股股东身份，收回投资收益并实现退出。"回购权" + "领售权" + "优先清算权"的设计，为鼎晖投资保留了畅通的退出之路。

二、增资入股条款解析[①]

（一）俏江南案涉及增资入股的关键条款

1. 回购权

回购权是指投资人在特定情况下，要求目标公司或目标公司股东（实际控制人）以特定价格购回其持有的股权的权利，回购权的触发包括下列情形：

（1）承诺期内，目标公司未达到约定的业绩目标；

（2）承诺期内，目标公司未实现合格上市或拒绝上市；

（3）承诺期内，目标公司或目标公司股东实质性地违反其作出的陈述、承诺和保证，或有违约或其他重大不诚信行为，或有重大行政或刑事违法行为等。

投资人分为战略投资人和财务投资人。战略投资人从事与被投资企业相同或相近产业，或是与被投资企业为相同产业链上的上下游企业，可以形成

① 本节内容参考了马永斌著《公司控制权安排与争夺》一书第一章第四节内容，清华大学出版社 2019 年版。

产业链上的横向、纵向扩张。战略投资人投资时间长，一般最少5年，参与企业管理，纳入其整体战略规划。财务投资人一般为风险投资基金、私募基金，以实现资本增值为目标，投资时长为3~5年，因此，回购退出是财务投资人一定期限内保证退出的关键条款。回购价格一般是初始购买价格加上约定的股利，或者按照投资金额×（1+年化收益率）×持股时间计算。当事人可以增加主动回购条款，约定当发生投资人被第三方收购时，创始股东或公司有权回购投资人股权，避免发生控制权旁落。

2. 领售权

领售权又称拖售权，是目标公司部分股东收到第三方的收购报价或者大股东拟向第三方转让目标公司股权时，其有权要求或强制目标公司其他股东按照同等条件向第三方出售所持有的目标公司股权的权利。

其设计逻辑是：当公司被第三方看中整体收购时，杜绝小股东不愿转让股权而收购不能的可能，以保证公司在合适的情况下被整体或大部分出售。后果是创始股东面临失去控制权的境况。投资人和第三方达成的并购交易中，投资人只是转让小比例股权，而领售权的实施，强制创始股东也要转让股权，而且，当出售的股份超过50%，将会触发“清算优先权”条款，投资人将按照约定获得优先分配资金。当出售股份的售股款低于投资人的优先分配金额时，创始股东和团队将失去公司股份，净身出户。为防止此种情形发生，可以设定最低出售价格，如参与清算优先权，出售股份价格是2倍投资回报，4倍投资上限，出售价格至少高于投资人投资额的2倍。如果设定出售价格高于投资人投资额的4倍，创始股东就基本可以按照持股比例分配，股东间利益相对公平。领售权的触发时间约定在本轮投资后的5年，为IPO争取时间，且第三人不得与投资人有关联关系，以防其串通利益输送。为规避领售权条款触发，可以设定创始股东在同样的价格和条件下可以购买投资人股份，避免触发清算条款。

3. 共售权

不同于领售权由投资人先出让股权，共售权是创始股东欲转让股权时，必须通知投资者，投资者有权按出资比例和创始股东相同的价格一起转让股份，以防止创始股东套现离开公司，自己落单。

和该条款目的一致的还有股权锁定条款，要求创始股东在一定期限内不得转让股权，将创始股东锁定至 IPO 前，公司在首次公开发行股票前，未经投资人书面同意，创始股东不得转让其所持有的公司股权或进行其他处置，因股权激励计划而转让股权的除外。一般锁定期为 3～5 年。

4. 优先清算权

优先清算权指公司清算时，部分股东优先于其他股东获得剩余财产分配的权利；或在约定的“视同清算事件”发生时，部分股东优先于其他股东从公司获得收益的权利。“视同清算事件”包括公司合并、被并购、出售控股股权、出售主要资产等。优先清算权分为两种类型：参与型和非参与型。

参与型指优先股股东获得其优先分配金额后，还有权利和其他股东一起按股权比例继续分配剩余财产。非参与型指优先股股东获得优先分配金额后，不再参与剩余财产的分配。

5. 估值调整条款

估值调整条款又称“对赌”，是指在投资时双方约定一个公司估值，同时，创始人需对公司业绩做出承诺，如果业绩达标，投资人对创始人给予约定数量的股权或现金奖励，否则，创始人需将约定的股权或现金给投资人作为补偿。常见条款如下：创始股东承诺 2018 年、2019 年、2020 年的净利润分别是 1 亿元、1.25 亿元和 1.5 亿元，当 2018 年承诺利润未实现，按照以下约定调整估值，如果公司 2018 年净利润达到或超过目标净利润的 90%，估值维持不变（10 倍市盈率），投资人的股份保持不变。如果公司 2018 年的净利润低于目标值的 90%，则公司的估值要调整为 8 倍市盈率 × 实际净利润。此时，创始股东需向投资人无偿转让一定数额的股份，调整前估值 - 调整后估值 × 10%。如果 2019 年和 2020 年承诺净利润未实现，创始股东应向投资人按照以下三种方式之一进行补偿。

（1）创始股东向公司以无偿赠与的方式补足承诺利润；

（2）创始股东增加对公司投资，并将投资款计入资本公积金项，由全体股东共享，使投资人的股东权益与公司实现当年承诺利润的效果相同；

（3）创始股东直接向投资人进行补偿，补偿金额 = 投资人已投资金额 ×（1 - 当年实现利润/当年承诺利润）。

如蒙牛和摩根士丹利的对赌，若蒙牛3年复合年增长率不低于50%，投资机构要向蒙牛管理团队支付7830万股股票。结果蒙牛对赌赢了，摩根士丹利提前兑现奖励，支付给蒙牛管理层6260万股股票。因此，对公司未来业绩预期科学合理是对赌的关键。

我国实行注册制后，在IPO后价格跌破发行价将是常态，因此，对赌条款中约定当公司未来IPO时，以其IPO价格计算，必须确保投资人获得某一标准的年度回报率或资金总回报率，以保障投资人的投资回报。

6. 股份兑现条款

股份兑现条款指为了避免创始人及其团队在融资后短期内离开公司，设定的防止其离开公司股份套现的约束条件。如创始人在甲公司持有1000万股股份，约定：投资人投资后一年内创始人离开，创始人不能套现任何股份；一年后离开，仅可以兑现25%股份，剩余75%股份在其后3年按月等比例兑现，由公司回购，其他留下的除投资人外的股东按持股比例增加股份，回购价是成本价或当时公允价的低者。没有兑现的期权，公司收回至期权池，可以继续分配给后续员工。如上述创始人在投资2年后离开，可以兑现的股份数是（25% +75% ×12 ÷36） ×1000万股 =500万股。有了股份兑现条款对早期团队成员和后期团队成员的整体利益进行绑定，投资人就不必担心创始人及其团队短期内离开。该条款需要注意以下细节：

（1）如果公司回购的股权分给包括投资人在内的其他股东或是放入期权池留给后续公司骨干成员，投资人将按持股比例获益，这种做法将有可能会使投资人将失去价值的创始人赶出。

（2）在特定事件发生时加速兑现。当业绩指标达到约定标准、公司被并购且创始人被收购方解聘时，可以获得额外的股份兑现。

7. 防稀释条款

防稀释条款指投资人担心后续融资时股份价格比自己的低，导致自己所持股份贬值，需要以该条款保护自己的利益。有两种形式：

（1）“完全棘轮条款”。如果公司后续融资的价格低于本轮融资中投资股东的股份价格，则投资股东的股份价格将直接调整为新股份的发行价格，以新的融资价格计算投资人的持股数量。

（2）“加权平均条款”。如果后续股份的融资价格低于本轮融资价格，新的转换价格将会降低为本轮融资价格和后续融资价格的加权平均值，价格转换导致的股份差额由创始股东无偿转让。计算公式是：

$$NCP = OCP \times (CSO + CSP) \div (CSO + CSNP) = (OCP \times CSO + IC) \div (CSO + CSNP)$$

NCP——调整后的新转换价格；

OCP——后续融资前的实际转换价格；

CSP——后续融资额能够购买的普通股数量（后续融资额如果没有降价能够买到的股份数量）；

CSO——后续融资前完全稀释时的股份数量；

CSNP——在后续发行时实际购买的股份数；

IC——后续融资的现金额。

可以约定发生下列情形时，不适用防稀释条款：

给公司员工进行的股权激励计划；并购重组时发行的股份支付；从金融机构获得的债务融资而发行的股份；股份分拆、分红时将普通股股份分拆时发行的股份；任何可转债、期权、认股权在转换或行权时发行的股份。

8. 转换权条款

也称作结构性防稀释条款。在公司送股、拆股、合并时，投资人对购买公司的优先股转为普通股的价格作相应调整，以防持股比例不被稀释。如按照4元/股购买优先股，购买100万股，花费400万元。公司拆股，1股分拆为2股，则每股变为2元/股，则100万股优先股转换为200万股普通股。

9. 继续参与（投资）条款

指后续融资时，投资人必须同比例继续投资，否则投资人在本轮中的权利（如防稀释条款）将取消，其持有的股份将与创始股东的股份拥有一样的权利。如：如果投资人在下一轮融资中没有参与融资，或没有购买等比例股份，其持有的优先股份将转换为普通股份。如果参与投资但没有达到比例，未投资部分转换为普通股。继续参与条款有利于创始人，绑定投资人在后续融资时继续跟投，为投资人设定了后续继续投资的义务。如果下一轮投资人不跟投，可以约定自动失去其防止稀释的权利。

10. 优先购买权条款

和继续参与条款相反，优先购买权条款是赋予了投资人下一轮可以继续投资的权利。投资人在下次各轮融资时，享有优先购买的权利。如：在本轮融资中的投资人有权在后续融资时，购买等于（或X倍）他们此类股份相应比例的股份，但以下情况除外：给公司员工股权激励计划的期权池预留股份；公开发行的股份；股份分拆、分红时将普通股股份分拆时发行的股份；并购重组时发行的股份支付；从金融机构获得的债务融资而发行的股份。

11. 限售权条款

普通股出售时投资人可以优先股买。我国公司法规定有限责任公司的股东出售股权，其他股东有优先购买权，但股份有限公司没有规定。在公司股东出售股权时，投资人享有优先购买权，常见条款表述为：本轮投资后，公司章程修订案中包括，所有普通股转让时的优先购买权，如果公司选择不优先购买，则该项权利指定给投资者。

12. 期权池条款

投资人往往要求预留10% ~20%的期权池，对管理团队和核心骨干进行激励。常见条款表述为：在融资交割前，公司预留期权池，并满足本轮融资后，仍有15%的完全稀释后的股份发行给公司激励对象。期权池既包括上述预留的股份，也包括现在已经发行的期权，总数为本轮融资后公司完全稀释股本的20%。如果本轮融资前公司已经做过股权激励，本轮融资后，期权池的股份应该争取创始股东和投资人同比例稀释。

13. 利润分配和留存

约定自签署日起到投资人完成投资期间，公司不得进行利润分配，公司历史上的留存收益由新老股东共同分享。这是公司留存现金的前提下，投资人的购股价已经考虑到公司账面留存的利润，但现金不能在估值时产生溢价，因此可以在融资前对利润先行分配或转增股本。

在投资人享有优先股前提下，投资人可能会提出有别于创始股东的分红权，如一旦董事会宣布发放股利，投资人有权优于投资前的股东每年获得投资额5% ~15%的非累积红利，投资人有权将持有的优先股按可转换成的普通股数量，按比例参与普通股的股利分配。分红必须经股东会决议通过且董事会宣布，如果当年没有发放股利，则该年股利不计入投资额计算新的股利。可以约定投资人获得优先股利后，不再按持股比例参与股利分配。

（二）涉及公司控制权的投资安全条款

上述条款都是投资人为保护自己利益而设定的，同时投资协议中关于投资安全的条款主要涉及公司控制权。

1. 董事会组成

投资人进入后要成立董事会，在任何时候公司增加N个新投资人董事会席位时，应相应增加创始股东N个董事会席位，以防在后续融资完成后，不同轮次的投资人合谋接管董事会。如果需增加独立董事席位，建议其人选由创始人提名。

2. 投资前提条件

典型条款包括：投资人对尽职调查的结果满意；最终的法律文件，包括但不限于投资协议、结合本轮融资修订的公司章程、股东会决议等令投资人满意；公司已取得交易所必需的所有资质、证照及其他政府审批（如有）；公司已经与关键管理层和人员（投资人选定）签订劳动合同、竞业限制和保密协议；公司创始人及其团队承诺资本条款清单签订之日起全职在公司工作；已授权投资人具有常规管理权的文件。

3. 保护性条款

投资人不参与日常管理，但为防止创始股东损害其利益，可以约定对一些重大事项投资人具有一票否决权。如对员工的激励机制、对外投资和担保、重大资产收购、增资扩股、股权出售限制、董事席位变化等。例如：下列事件，需要超过50%投资股东同意：

（1）修订或改变投资股东的权利、优先权。

（2）增加或减少额定股本数量（防止创始股东增资从而稀释投资人持股比例）。

（3）后续投资人权利超过本轮投资人权利。

（4）任何导致创始人在约定期限内（4年）套现（股权转让或公司回购）的事件。

（5）任何导致兼并重组，控制权出售或全部（部分）出售公司资产的交易。

（6）修改公司章程。

（7）增加或减少董事会额定数量及董事提名权。

（8）支付股份股利（防止创始股东不分红或过度分红侵害投资人利益）。

（9）公司清算或解散。

（10）对外担保或可能导致公司承担大额负债的情况。

创始股东可以和投资人约定，当公司业绩达到阶段性目标后，上述保护性条款失效。保护性条款投票比例可以设为超过1/2或超过2/3持股比例。

4. 知情权条款

约定投资人可以获取的公司信息类型以及如何获得。如创始股东应当将未经审计的公司季度财务报表、经审计的年度报表和公司预算等财务文件在规定时间内报送投资人并建档留存备查。对公司设定重大义务或造成重大影响的事件及时通知投资人。投资人可在给予公司合理通知的前提下，查看公司相关财务资料，有权聘请会计师事务所对公司进行审计，直到上市为止。可以设定投资人持股比例，否则，投资人持股比例偏小也会享有该权利。

5. 竞业限制和保密条款

为防止创始股东另起炉灶，和公司形成同业竞争关系，需要设立创始股东和核心团队成员竞业限制条款。在从公司离职后一段时间（竞业期）内，创始股东和核心团队不得创立竞争性公司或为其他竞争性公司工作。劝诱禁止协议要求在禁业期内，创始股东和团队成员不得将公司客户带给新的雇主，不得劝诱公司员工和客户背弃公司。

公司专利和商业秘密是公司的核心竞争力，公司的每一个现在或前任高管、员工和咨询顾问都应和公司签订保密协议。

为防止创始人在和投资人谈判时泄密，投资协议中会有另一个保密条款，规定有关本轮投资的洽谈、投资条款及相关文件均属于保密信息，要求双方不得向任何第三方透露。同时，为防止创始人和投资人融资谈判时，又和多家投资机构洽谈，往往签订排他性条款，如在清单签订后90日内，公司及创始人不得与投资人以外的任何第三方洽谈或进行融资交易的任何谈判和接触。创始股东可以争取最短的排他性时间。

从创始人的角度出发，创始人需要了解投资人的资金来源，做一个反向尽职调查。如果该资金是私募基金，需要了解募集时间，如果募集时间已经超过5年，基本已经到了给私募投资人回报的时间了，则没有融资的必要。

6. 赔偿条款

公司章程修订案应规定，公司董事会成员和每位投资人因任何第三方（包括公司任何股东）给投资人造成的损失应予赔偿，同时限制董事会成员的责任并控制损失。可以给公司董事购买职业保险，以防赔偿造成董事个人遭受重大损失。

7. 转让条款

投资人有权将其购买的公司股份转让给其管理的一个或多个合伙企业或基金，或转让给这些企业或基金的董事、主管或合伙人，条件是受让者书面同意像原投资人一样遵守本协议所有条款，并不影响公司IPO进程。该条款方便投资人管理自己所投资金，对于创始股东没有大的影响。

8. “土豆条款”

“土豆条款”源于“土豆网”上市时，创始人与其配偶离婚导致IPO失败，由此，投资人希望创始股东不因婚姻判例导致投资利益受损。一般表述为：控股股东A和其配偶B需在IPO之前保持实质及形式上的合法夫妻关系，且A和B认可其二人之间的夫妻关系境况是影响投资人投资判断的重要因素，A、B同意其应及时、全面、真实地披露。A和B承诺在IPO之前不会出现任何影响夫妻关系的事实，包括但不限于：任一方出轨、分居等。上述条款由于违反婚姻自由不受法律保护，但是投资人也会将其写入投资协议，以防IPO过程中夫妻离婚，一半股份分割给另一方，上市进程被打乱。

上诉投资协议主要条款还要看站在谁的立场起草，不同的立场，条款细节的处理将对创始人和投资人权利义务带来重大影响。

第十五讲

投资人诉讼退出与非诉退出的双重困境

签订增资入股协议有两种可能，一种没有约定回购条款，另一种约定了回购条款。在没有约定回购条款的情形下，一般理解为，如果目标公司或目标公司股东违约，投资人起诉要求解除增资入股协议，诉请增资协议解除后，当事人应相互返还依据合同取得的财产，即目标公司应当退还增资款。然而，由于增资入股协议的签订，投资人成为目标公司股东以及《公司法》“资本维持”等要求，造成增资协议解除后投资人无法要求目标公司返还投资款以及回购条款难以履行的困境；约定了回购条款，在回购条款成就时，投资人可以要求目标公司按照约定回购股权，退还增资款。然而，现有法律规定关于“减资”后方可退还增资款的规定在实践中存在诸多履行障碍。

一、诉讼退出经典案例解析

没有约定回购条款，目标公司违约后，投资人无法通过诉讼要求目标公司返还投资款（通过诉讼解决）。

有回购条款的增资协议，是在回购条件成就时，双方按照约定对协议的进一步履行，从而获得投资款的返还。没有约定回购条款的增资协议解除后，当事人将从未履行的给付义务中解脱出来，基于法律规定由法院重新确定双方新的权利义务。由于增资后投资人成为公司的股东，在处理增资协议解除时需要受到《公司法》的约束，且法院在处理公司股东间纠纷时要保持公权力的谦抑，不能突破私法自治的边界。

新湖集团以现金 90, 460 万元认购青海碱业增资后 35% 的股权，其中 29, 510. 77 万元投入注册资本，溢价部分 60, 949. 23 万元计入青海碱业的资本公积金。新湖集团持有 35% 的股权。双方约定，新湖集团增加注册资本完成后，随即进行新增资本公积金转增为青海碱业注册资本，青海碱业注册资本将增加至 145, 266 万元。后新湖集团投入 5 亿元出资，其中新增注册资本 163, 115, 023. 20 元，计入注册资本公积金 336, 884, 976. 79 元，尚余 40, 460 万元未予投入。履行过程中，新湖集团认为青海碱业股东浙江玻璃违约，诉讼要求终止《增资扩股协议书》，自己尚未投入的 40, 460 万元不再履行。浙江玻璃反诉，请求判令新湖集团立即向青海碱业继续投资 40, 460 万元。浙江省高级人民法院作出（2009）浙商初字第 1 号民事判决：新湖集团将《增资扩股协议书》增资款 40, 460 万元出资义务中的 131, 992, 676. 80 元交付青海碱业，投入青海碱业注册资本，其余出资义务终止履行。双方不服上诉至最高人民法院，最高人民法院经审理作出（2010）民二终字第 101 号（以下简称 101 号案件）民事判决：驳回上诉，维持原判。

新湖集团该次起诉没有要求解除增资协议，而是终止增资协议，剩余的出资义务不再履行。该诉讼请求的法律后果是保留其股东身份。在新湖集团向最高人民法院对 101 号案件申请再审的同时，新湖集团向浙江玻璃发出解除增资入股协议通知，并向浙江省绍兴市中级人民法院另行起诉浙江玻璃，请求法院判令浙江玻璃返还新湖集团出资款 5 亿元，判令目标公司青海碱业与浙江玻璃承担连带返还责任。该次诉请返还的 5 亿元包括注册资本金和资本公积金。后新湖集团将诉讼请求改为判令返还资本公积金 336, 884, 976. 80 元，没有要求返还注册资本金 163, 115, 023. 20 元，因而继续保留股东身份。这里新湖集团改变诉讼请求的逻辑可能是认为已经向公司缴纳的注册资本金属于公司资产，股东不能抽逃，因而也不能要求法院判决注册资本金归属自己。浙江省绍兴市中级人民法院认定增资协议已经解除，作出（2010）浙绍商初字第 95 号民事判决：（1）浙江玻璃应向新湖集团返还 50, 000 万元出资中的资本公积金 336, 884, 976. 80 元。（2）青海碱业对上述债务承担连带责任。浙江玻璃不服该判决，向浙江省高级人民法院提起上诉。

浙江省高级人民法院认为，公司资本公积金属于公司所有，是公司的财产，如果将资本公积金予以返还，将导致青海碱业资本规模的减少，损害青海碱业公司的财产和信用基础，损害公司债权人的利益。公司增资的新股东，同样不得抽回其向公司的投资。由于浙江玻璃的违约行为致使新湖集团不能实现《增资扩股协议书》目的，新湖集团有权解除合同，但新湖集团投入青海碱业的336,884,976.80元资本公积金已形成青海碱业的公司资产，依据公司法的资本维持原则的要求和《增资扩股协议书》的约定，新湖集团不得向浙江玻璃和青海碱业主张返还该资本公积金。后做出（2011）浙商终字第36号民事判决：（1）撤销绍兴市中级人民法院（2010）浙绍商初字第95号民事判决；（2）驳回新湖集团的诉讼请求。

新湖集团向最高人民法院申诉，最高人民法院（2013）民申字第326号裁定认为，《增资扩股协议书》的合同相对人虽然是浙江玻璃，但合同约定增资扩股的标的公司是青海碱业。合同履行过程中，新湖集团已将资本公积金直接注入了青海碱业。股东向公司已交纳的出资，无论是计入注册资本还是计入资本公积金，都形成公司资产，股东不得请求返还，故维持原判。

本案新湖集团提起两次诉讼，第一次要求中止增资协议的履行，未实际缴纳增资部分不再缴纳，法院支持了其诉讼请求。第二次诉讼解除增资协议，要求法院判令退还已经注入青海碱业的增资款5亿元，但被法院驳回。

后青海碱业破产，申请强制执行新湖集团认缴但未缴的出资额131,992,676.80元，新湖集团提出执行异议，浙江省高级人民法院认为执行异议成立，不予执行，但最高人民法院（2015）执复字第17号执行裁定书认为，《增资扩股协议书》已解除，但新湖集团缴付的336,884,976.80元增资溢价款已计入青海碱业的资本公积金，属于青海碱业的公司资产，新湖集团不得主张返还。新湖集团持有35%的股权已在青海碱业的股东名册及工商机关进行了登记，其认缴的29,510.77万元出资额未完全缴纳，尚缺131,992,676.80元应予补足，判令新湖集团将131,992,676.80元交付青海碱业，投入青海碱业注册资本，撤销浙江省高级人民法院（2015）浙执异字第1号执行裁定，要求新湖集团根据生效判决履行补足出资的义务。

最终，新湖公司通过两场诉讼，不但未能要回其已经投入的增资款5亿元，最终又填补进去131,992,676.80元认缴但未缴部分的注册资本金。

增资入股协议解除，投资人能否主张目标公司返还注册资本金和资本公积金呢？上述案例中，最高人民法院认为资本公积金属于目标公司资产，投资人不得主张返还。此外，兰州神骏物流有限公司与兰州民百（集团）股份有限公司侵权纠纷案［最高人民法院（2009）民二终字第75号］中明确，资本公积金属于公司所有，是公司的资产，股东不能主张该资本公积金中与自己持股比例相对应的部分归属于自己。但江苏华工创业投资有限公司与扬州锻压机床股份有限公司、潘云虎等请求公司收购股份纠纷案［江苏省高级人民法院（2019）苏民再62号］则持相反意见，江苏省高级人民法院认为：在投资方投入资金后，成为目标公司的股东，但并不能因此否认其仍是公司债权人的地位。投资方基于公司股东的身份，应当遵守公司法的强制性规定，非依法定程序履行减资手续后退出，不能违法抽逃出资。而其基于公司债权人的身份，当然有权依据对赌协议的约定主张权利。《公司法》亦未禁止公司回购股东对资本公积享有的份额。案涉对赌协议无论是针对列入注册资本的注资部分还是列入资本公积金的注资部分的回购约定，均具备法律上的履行可能。亦即只要是投资人投入的资金，无论是计入注册资本的部分还是计入资本公积金的部分，都可以作为支付回购股权的对价。

法院两种不同观点的重大区别在于，支持动用注册资本和资本公积金向股东返还投资款的前提是增资入股协议中有股权回购条款。投资人请求法院判令目标公司回购股权是按合同约定条款履行合同义务，请求权基础是合同履行请求权；如果没有股权回购条款，投资人要求返还投资款的请求权基础是违约救济请求权，增资协议具有合同和组织双重属性，协议解除时，并不当然产生合同法上恢复原状、返还增资款的法律效果。对于增资协议中尚未支付的增资款，因仅涉及签订协议主体的内部关系，可依据合同法终止履行，但对于已经投入公司并经登记变更的增资款，因涉及公司资本维持、债权人利益保护等外部关系，股东不得请求返还。返还投资款的实质是请求法院公权力强制目标公司将注册资本金和资本公积金返还股东，突破了公司自治边界，同时违反了《公司法》股东“抽逃出资”和“资本维持”的规定，势必被法院驳回。

二、非诉讼方式退出的可行性分析

不通过诉讼，通过公司减资能否将投资款全部收回？

增资协议协商解除，股东通过减资退出，减资对价包括股东注册资本金和持股比例的所有者权益，退出股东可以间接收回投资款（非通过诉讼解决）。

假如对目标公司增资1000万元，其中100万元履行了增资程序计入注册资本，另外900万元计入资本公积金，因各种原因，投资人要求解除增资协议退股。假设没有发生诉讼，各方协商解决，股东会决议减资退股，减资对应股权的对价1000万元（各方协商）支付给退股股东；或将900万元资本公积金定向转增拟退出股东股本，再定向减资——上述两种方法都不是直接将计入资本公积金的900万元返还股东。然而，上述将增资款悉数退还投资人的方法理论上可行，实践中很难。

公司增资后，除了注册资本金数额不变，公司的价值是变动的，资本公积金也在变动中，股东退出时按持股比例所享有的资本公积金数额并不等同于其增资入股时注入资本公积金的数额。因此，公司减资中，退股股东不能当然按原投资金额返还公积金，但可以通过协商达成减资对应的股权的对价等于投资款，间接获得公积金投资部分的返还。

目标公司股东会决议同意股东通过减资退股，退股股东取得减资对价。目标公司一般根据公司估值和减资股权占公司全部股权的比例，计算出减资对应股权的对价，也可以按照公司净资产（所有者权益）和减资股权比例计算减资对价，参照退股股东所有者权益中未分配利润、资本公积金、盈余公积金的数值确定减资对价。上市公司根据股票的市场价格由公司收购股票后注销。减资的法律本质是公司全体存续股东以公司为平台按份购买减资股东的股权，是减资股东与不减资股东之间的交易，但减资股东是从公司取得对价。不能简单地把减资理解为股东撤回对公司的出资额，减资股东从公司得到的不是自己的出资，而是自己股权的对价——不是退股股东所有者权益持有比例计算数额的简单相加，而是参照这些数额协商的一个退出价格，其价格可能大于注册资本金，也可能小于注册资本金。

根据国家税务总局《关于企业所得税若干问题的公告》（国家税务总局公告2011年第34号）第5条规定可知：投资企业撤回或减少投资的税务处理，投资企业从被投资企业撤回或减少投资，其取得的资产中，相当于初始出资的部分，应确认为投资收回，不缴纳企业所得税；相当于被投资企业累计未分配利润和累计盈余公积金按减少实收资本比例计算的部分，应确认为股息所得，不缴纳企业所得税；其余部分确认为投资资产转让所得，按25%缴纳企业所得税。

上述减资税政反映了减资对价与出资额和所有者权益均相关，但并非等同的直接关系。

无论是减资对价中包含了资本公积金抑或先以资本公积金转增股本、再定向减资，实践中需要完成：持股比例超过2/3的股东协商同意，公司通过定向减资退股决议，减资对价包含全部出资款，完成减资程序即通知和公告——取得债权人同意，这不是一个轻易能够实现的目标，特别是在股东发生矛盾时和公司处于亏损状态下更加困难。因此，上述方案在增资入股协议中没有约定回购条款的情况下，投资人全身而退几乎是不可能完成的事。

三、增资协议回购条款之履行障碍

基于上述投资人退出的难点，投资人在增资入股时，一般都约定对赌协议，在目标公司不能实现期限目标时，目标公司或目标公司股东以股权回购、金钱补偿等方式实现投资人的退出。不同于投资人解除增资协议退出时关注的是如何拿回自己的注册资本金和资本公积金，股权回购条款的约定关注的是目标公司如何将事先约定好的股权对价支付给投资人，至于款项来源概不过问。

对赌协议作为一种估值调整机制，几乎成为私募股权投资的必备条款。司法界与私募圈对于私募股权投资机构与目标公司股东或者实际控制人对赌的效力一致持肯定态度，而对于投资人与目标公司对赌的效力，从“海富案”到“华工案”，司法界一直在探索，直到最高人民法院发布《九民纪要》，肯定了投资人与目标公司对赌条款的效力，但实际履行仍存在重重困难。

对于与目标公司对赌，可以分为回购型对赌和金钱补偿型对赌。

《九民纪要》明确："投资方请求目标公司回购股权的，人民法院应当依据《公司法》第35条关于'股东不得抽逃出资'或者第142条关于股份回购的强制性规定进行审查。经审查，目标公司未完成减资程序的，人民法院应当驳回其诉讼请求。"

这是对回购型对赌的规定，即公司要先减资再回购，对于投资人而言难度很大。因为一旦发生争议，目标公司形成定向减资的股东会决议的可能性很小。除非投资人推动被投企业创始股东、其他股东作出减资的决议，否则，没有公司定向减资决议形成的前置条件，直接起诉回购会被法院驳回。

《九民纪要》对金钱补偿型对赌要求："投资方请求目标公司承担金钱补偿义务的，人民法院应当依据《公司法》第35条关于'股东不得抽逃出资'和第166条关于利润分配的强制性规定进行审查。经审查，目标公司没有利润或者虽有利润但不足以补偿投资方的，人民法院应当驳回或者部分支持其诉讼请求。今后目标公司有利润时，投资方还可以依据该事实另行提起诉讼。"

上述规定回购——减资陷入死循环：投资人请求回购，就要证明公司完成减资程序，否则法院驳回其诉讼请求。而公司减资需要完成：编制资产负债表及财产清单、目标公司2/3以上表决权股东通过定向减资决议、通知债权人（报纸公告）、债权人要求偿债或担保完成。减资尚如此艰难，即便公司自觉自愿完成了减资程序，一定同意投资人回购，投资人又如何会起诉？反过来，投资人既然起诉，必定是公司不肯回购。

金钱补偿型对赌的实现，公司需完成：缴税、弥补公司亏损、提取法定公积金（利润的10%）、提取任意公积金、股东会决议分配利润。根据《九民纪要》：公司没有利润，驳回诉讼请求（实际履行不能）；利润不足补偿的，部分支持诉讼请求（部分可实际履行）；今后有利润，投资人可随时起诉，待目标公司有实际能力时再补偿。公司是否有利润投资人无法证明，公司有利润是否还需要公司股东会形成分配利润的决议才能实现金钱补偿？一旦诉讼，公司还能形成分配利润的决议吗？

《九民纪要》关于对赌的裁判规则，实际适用空间狭小，不能提升市场投资交易的可预期性，客观上使得公司回购条款履行不能。对于回购型对赌的处理方式实质混淆了减资与回购的关系，使减资成为回购的前置条件，颠倒了回购与减资间手段与目的关系，为了实现回购而必须减资，造成了两者间不必要的直接联系。

回购并不等同于减资，公司回购股权后的处理方式有两种——转让和注销。公司持有自己的股份属于非常或过渡状态，最终都要进行处分，即转让或注销。若公司回购后将股权再转让给他人，收取股权转让价款，就无须减资，并且可以使目标公司股权结构恢复到正常状态，并不构成对资本维持与债权人保护原则的违反。但能否实现股权向第三方转让存在诸多不确定性。

法院以减资为前提满足回购，目的在于以减资的相关规定来填补股份回购中资本规制的漏洞，进而在保护债权人的前提下满足投资方对股份回购的诉求。如果法院依据对赌协议约定判决目标公司强制回购股权，然后由目标公司自行履行减资程序，同样存在公司不主动履行减资程序以及减资能否完成的不确定性。《九民纪要》贯彻了资本维持和保护债权人合法权益原则，平衡投资方、公司债权人、公司之间的利益，为法官提供裁判思路，给当事人提供商业设计导向和预期，但没有提出具体解决方法，需要当事人自己事先在协议中把有关问题约定好。

四、增资协议对赌条款再设计

从我国司法判例和《九民纪要》所确定的裁判规则来看，投资人签订增资入股协议如果没有回购条款，一旦发生争议，通过诉讼取回投资款的可能性很小，因此，签订股权回购条款是一个上上选择。然而，由于我国的裁判规则使得股权回购的适用空间非常狭小，因此，有必要对回购条款进行审慎安排。

1. 根据目标公司不同里程碑完成业绩情况累进投资，通过分期出资、及时止损的安排来平衡初始投资估值过高可能带来的损失。如建立 Eaun – out 与对赌互补机制，从事前支付、事后补偿到事前约定、事后支付的架构设计调整。Earn – Out，是指由于交易双方对价值和风险的判断不一致，将传统的一次性付款方式转变成按照未来一定时期内的业绩表现进行支付的交易模式。类似于常说的对赌协议，但与通常的对赌协议又存在差异。两者的主要差异是，前者是在满足一定的条件后实行的分期支付；通常的对赌是签订协议后一次性支付，在条件不能达成时才要求对方补偿的方式。

如神开股份收购杭州丰禾石油科技有限公司（以下简称杭州丰禾）的对赌条款，约定杭州丰禾的净利润未达标时，神开股份有权要求交易对手按约定价格回购股权，并且股权回购条款的履行优先于股权价款支付条款。神开股份收购杭州丰禾 60% 股权，约定股权对价最高不超过 2.16 亿元，其中固定对价 6000 万元，或有对价 1.56 亿元。根据签署的《股权转让协议》，固定价款 6000 万元分 3 期预先支付，或有对价则根据杭州丰禾 2014 年度至 2017 年度累计实现的净利润确定（以下简称约定年度累计净利润）。约定年度累积净利润达到 14,000 万元以上（含本数）且 2017 年度净利润达到 4000 万元以上（含本数），股权转让价格按约定的最高股权对价确定为 21,600 万元，除 6000 万元外，另行支付 15,600 万元。若未达到，但约定年度累计净利润达到 10,736 万元以上（含本数）且 2017 年度净利润达到 2684 万元以上（含本数），本次股权转让价格 =2014 年度至 2017 年度累计实现的净利润 ÷4 ×9.3 ×60%；除前款情形外，本次股权转让价格 = 约定年度累计净利润 ÷4 ×9 ×60%（见表 15 –1）。

表 15 –1　杭州丰禾回款条件及付款额

	付款条件	付款额
第一期	股权转让协议生效	2000 万元
第二期	股权转让工商变更登记完成	2000 万元
第三期	获得杭州丰禾 2014 年度审计报告	2000 万元
第四期	（2014 年至 2017 年度累计实现的净利润）≥14000 万元且（2017 年度净利润）≥4000 万元	15600 万元 =（2014 年至 2017 年度累计实现的净利润）÷4 ×10.29 ×60% –6000 万元
	10736 万元 <（2014 年至 2017 年度累计实现的净利润）< 14000 万元或 2684 万元 ≤（2017 年度净利润）< 4000 万元	（2014 年至 2017 年度累计实现的净利润）÷4 ×9.3 ×60% –6000 万元
	除以上两种情形外的其他情形（多退少补）	（2014 年至 2017 年度累计实现的净利润）÷4 ×9 ×60% –6000 万元

2017 年 4 月，神开股份与杭州丰禾转让方股东达成《关于杭州丰禾石油科技有限公司股权转让相关事宜之提前履行协议》，约定股权最终转让价格为 11, 639. 24 万元（上述转让款包含向杭州丰禾转让方股东支付的两年的利息金额 604. 2 万元）。至此，神开股份收购杭州丰禾 60% 股权转让款金额确认，或有对价事项结束，相关款项全额支付完毕。根据杭州丰禾经营情况，神开股份与杭州丰禾转让方股东最终确认的股权转让款较初始预估最高转让价格降低了近 1 亿元。

再如，凯雷基金与徐工集团对赌方案。2005 年凯雷基金与徐工集团及其子公司徐工机械对赌协议约定：凯雷基金以 20. 69 亿元人民币等额美元购买徐工集团持有的徐工机械 82% 股份，同时，徐工机械在现有 12. 53 亿元注册资本的基础上，增资 2. 42 亿元注册资本。凯雷基金须在交易完成的当期支付 6000 万美元；如果徐工机械 2006 年的经常性税息折旧及推销前利润（EBITDA）利润率达到约定目标，凯雷还将为此股权再支付 6000 万美元。换言之，6000 万美元的估值差异为凯雷的或有出资，在入股的第一年末根据徐工机械的业绩目标确定是否实际投入公司。这样，即使徐工对赌失败，公司与股东间的现金型对赌也无须受制于我国公司法的资本管制。

2. 投资人成立有限合伙企业间接投资。

投资人以有限责任公司名义进行股权投资后，因同股同权的规定，以及股东会决议的需要，投资人作为股东无法优先取回投资款，但如果投资人和标的公司股东、管理人成立有限合伙企业，以有限合伙企业投资标的公司，间接持有标的公司股权。《合伙协议》约定，投资人认购的份额为优先级有限合伙份额，投资人享有优先分配投资收益款的权利，合伙企业以可分配现金为限优先向投资人按预期收益率分配投资收益款。标的公司股东持有劣后级有限合伙份额。在投资人投资满一定期限后收益未实现预期投资收益款时，由劣后级有限合伙人或其指定的第三方（通常为标的公司的关联公司）向投资人补足差额，投资人在收到足额出资本金及收益后退出合伙企业。

《合伙企业法》第 33 条第 1 款规定，合伙企业的利润分配、亏损分担，按照合伙协议的约定办理。上述投资商业安排并非“明股实债”，增设一层合伙企业，在股权投资的上一级投资主体——合伙企业层面，投资人进行的是债权投资，不同于股东直接持股情况下，需满足同股同权和分配利润必须召开股东会决议，合伙人可以约定优先劣后分配收益，可不按持有份额比例分配，利润分配可按约定办理，无须召开合伙人会议，直接按约定将投资收益优先支付给投资人。而且，在约定期限内，合伙企业收益一旦未满足投资人预期收益，劣后级有限合伙人或其指定的第三方必须向投资人补足差额，投资人在取得全部投资本金和预期收益后退出合伙企业，由劣后级合伙人或其指定的第三人受让投资人的合伙份额。这样，投资人可以全身而退，保障自己的投资安全和投资收益。

当然，由于间隔了一层有限合伙企业，投资人取得收益的前提是标的公司给有限合伙企业分红，如果在标的公司层面不能给合伙企业分红，势必影响投资人收益和投资返还，但由于投资人和劣后级合伙人或其指定的第三方签订了《差额补足协议》，在标的公司不能给合伙企业分红、合伙企业不能给投资人支付收益的情况下，最终，劣后级合伙人或其指定的第三方需要承担投资款返还和收益补足的义务。

例如，山东省高级人民法院（2021）鲁民终1195号民事判决认为，《合伙协议》约定了合伙企业给优先级有限合伙人优先分配投资收益款，是合伙人间约定的一种利润分配方式，以合伙企业可分配现金为限，系各方真实意思表示，不违反法律规定，合法有效。《差额补足协议》约定，在甲方（山东金融公司）投资满3年出现收益未得到充分满足时，由劣后级有限合伙人指定的第三方（上市公司深圳大通公司）向甲方补足差额，甲方在收到足额出资本金及收益后退出合伙企业。深圳大通公司对山东金融公司在收到的分配款不足预期投资收益款及投资本金的部分承担差额补足义务，同时深圳大通公司受让山东金融公司的合伙份额。《差额补足协议》是双方当事人真实意思表示，不违反法律、法规强制性的规定，合法有效。法院最终确认了上述投资安排合法有效，深圳大通公司系债务加入，而非承担担保责任，法院支持了投资人山东金融公司的诉讼请求。

此外，建立支付对价多样化机制，通过现金对价锁定或股份支付对价锁定对赌义务人取得交易对价。投资条款系统保障投资细节，完善差异化表决条款、一票否决权条款、利润分配限制条款、减资决议表决权限定条款、一致行动条款、领售权条款、棘轮条款、应收账款追讨权条款、存货加速变现条款等。章程涉及辅助条款落地，配套协议跟进，提前获取对赌落实文件。投资人需对目标公司投前尽职调查和投后管理全程跟进，在过程控制中最大限度避免权益被侵害。

第十六讲

股权激励概述

电视连续剧《乔家大院》有一个细节，伙计马荀一个人做了票号80%的生意，马荀动了跳槽的念头。如何留住能干的伙计，东家乔致庸开了先例，规定干满4年的伙计，顶1厘的身股，这项制度既留住了人心又保住了生意。这身股就是干股分红，伙计不需要出银两，靠业绩取得年底分红。

一、股权激励的效果

1. 留住人才。《孙子兵法》有云，“上下同欲者胜”，大家同心同德，勠力同心，一定能战胜一切。所以说：股权做得好，员工拼命跑。股权激励最直接的体现就是吸引人才、留住人才，激发人才的内生动力，为企业创造更多价值。

2. 内部筹资。股权激励除留住员工，让员工分享企业成长利润外，客观上还起到向员工融资的目的。2001年7月，华为为了筹措资金，推出《华为技术有限公司虚拟股票期权计划暂行管理办法》，得到深圳体制改革办公室批复同意。华为向符合条件的激励对象授予占总股本一定比例的虚拟股份，激励对象有权利享有该等股权的分红收益和增值收益。股权激励通过公司内部记账方式划分股份，不变更登记股权，不影响公司控制权。激励对象不拥有股权所有权和表决权，不能转让和出售。员工向公司依据每股净资产购买公司虚拟股份，使公司得以筹措大量资金用于经营。股权激励实现了华为公司上下同心，公司营收和利润实现高速增长。

3. 利益共享。股权激励可以和上下游共享利益。泸州老窖公司由原泸州老窖酒厂于1993年整体改组，以募集方式设立，1994年5月公司股票在深圳证券交易所上市。泸州老窖向经销商发行股票期权，公司业绩和经销商利益绑定，成为公司利益共同体。同时公司内部实施员工股权激励，与员工共享企业发展成果。

4. 减少现金支出。股权激励还有一个减少现金流的作用。高管薪资一年几十万元，每月发工资耗费大量现金流。假设只给高管发一半工资，另一半以干股分红形式进行股权激励，这样可以减少每个月发薪资的现金，同时，分红和业绩挂钩，以业绩来换分红，不但减少企业的现金发放的压力，同时提高企业经济效益。

5. 合理节税。若员工年薪36万元，全部按工资薪金计算收入，依照3%～45%七级累进税率计算，共需缴纳个人所得税67,440元/年。假设将员工工资薪金降为12万元，剩余24万元作为股东分红，分红按照20%缴纳个人所得税，税负降低到56,940元，少缴税款10,500元。

二、股权激励的本质

股权激励本质是什么？股权激励的本质是使核心员工对企业的付出和得到回报的心理预期实现动态平衡，使员工得到的回报最大限度接近其认为的付出。当公司给员工的薪酬不能达到他的心理预期的时候，员工就要辞职了。股权激励将附加在员工身上的人力资本要素与企业利益分配制度化，按照“资本+知识”进行分配，不再是资本雇佣劳动，而是劳动与资本的合作，即股东以财务资本对企业进行投资，员工以人力资本对企业进行投资，使员工和股东真正形成利益共同体，解决了员工和股东利益不一致的问题。

通过股权激励使员工的身份变成劳动者和所有者的双重身份，将企业的长远发展、股东价值最大化与员工自身的价值追求高度统一起来，驱使员工不断努力提高公司业绩，实现双方的合作共赢。

股权激励不仅是一种激励员工的工具，更是一种公司治理手段。通过定岗定责、优化薪酬结构、完善考核机制，健全公司组织结构，激发员工内生动力，有效提升管理效率，形成经营者专心谋局，员工奋力拼搏，企业持续发展的良好局面。

员工在公司进行人力资本投资的同时，其离开公司的失败成本加大。人力资本分为通用性人力资本和特质性人力资本。通用性人力资本是指在任何条件下都具有相同价值的技能和知识，无论跳槽到哪里其知识和技能都能发挥作用创造财富；特质性人力资本指在特定条件下才有价值，离开所属环境就无法发挥作用。当员工在一家公司拥有的特质性人力资本越多时，其离开公司的意愿越小，因为他在公司的人脉、权威、影响力只有留在公司才能发挥价值，跳槽后重新建立新的特质性人力资本需要花费时间成本。

股权激励一般配套有考核机制和离职的时间期限，业绩条件需要员工更加努力增加公司价值，分期兑现期权可以捆绑员工在公司的服务时长。有些企业要求员工在获得期权时给企业缴纳一笔押金，这些附设在股权激励计划上的各种约束条件，给员工跳槽带来更多成本。

三、股权激励的对象和适用前提

掌握公司核心资源的管理层和技术员工，在公司的特质性人力资本越多，越需要给他们股权激励，和创始人一起打江山的功臣，他们掌握着公司的各种资源和商业秘密，如果因为没有给他们股权激励而使其产生不满的话，他们可能会自立门户和公司对着干。因此，送一顶“黄金降落伞”给他们，消除其后顾之忧，让他们平安隐退是公司最好的选择。如此一来，公司对老臣没有卸磨杀驴，而是尊为上宾，从道德和感情层面老板会得到员工的更多支持。

目前的高管和核心骨干正是公司需要用的人，公司价值依赖他们创造，通过业绩考核让他们为公司创造更多财富。当股权激励收益在其薪酬结构中占据绝大部分比例，才有激励效果。股权激励如同一副“金手铐”同时铐住了老板和员工。

明日之星包括目前没有凸显，但今后是公司的中流砥柱必须股权激励的人以及公司需要的外部引进的无可替代的人才。因此，在做股权激励计划时，需要设计期权池，为今后引入激励对象布局。

上市公司适合股权激励，因为股票有现成的市场价格，而且行权套现也方便。非上市公司也需要股权激励，无论公司初创期还是成长期、发展期，都需要留住人才，公司能走远。针对不同阶段的企业需要设计不同的股权激励模式，但都需要满足三个条件：

1. 良好的商业模式

如公司能够赚钱，有良好的现金流，或者现在虽然不赚钱，但公司成长性很好，未来肯定能赚钱。如果公司岌岌可危，股权激励如空中楼阁，员工也没有参与的动力。

2. 公司已经建立内部管控机制和职位晋升通道

公司应“三会一层”制度健全，内控体系完善，否则导致经理人侵害股东和企业的现象发生。如美国安然公司事件，安然公司在 2001 年宣告破产前，是美国最大的电力、天然气以及电信公司之一。安然公司实施股票期权计划，安然公司管理层（激励对象）为了赚取行权日与授予日的股票差价，串通安达信做假账，虚报盈利近 6 亿美元。公司董事长获得 1. 234 亿美元收入，首席执行官获得 6250 美元收入。安然公司 29 名高管在股价最终下跌前共兑现了 11 亿美元股票期权，直至公司宣告破产。安然公司董事会中的独立董事也被高管收买，默许高管的违规行为，造成公司内部管控失灵，由此股权激励计划成为摧毁安然公司的最后一根稻草。在缺乏有效监管前提下，公司高管控制的董事会，往往在股权激励过程中选择性地进行信息披露，从而获得最大的资本利益。

公司给予哪些人股权激励，创始人凭印象打分，看人下菜，这样会引发公司员工矛盾。如果公司已经建立了职位晋升通道，根据职位高低进行股权激励，则不会引发高管和员工内部矛盾。

3. 公司股权长久布局

公司在初次实施股权激励时，要和公司未来的资本战略相结合。未来是否引进投资人？将进行几轮投资？分别释放多少股权？公司上市后自己需保留多少股权？公司创始人要做至少 10 年期股权规划，否则，第一次就把很大比例的股权用于股权激励，后续再引进投资人和新一轮股权激励，很可能会使创始股东的股权稀释到很低的比例，不利于公司成长。

四、股权激励需要注意的几个问题

股权激励方案设计中必须包括五大内容：

1. 有业绩考核

股权激励是对未来业绩的奖励，因此必须设置考核指标，激励对象努力工作才能实现。设置科学合理的业绩指标，能够准确测量出激励对象的努力程度和贡献程度。

2. 支付现金

股权激励需要被激励对象支付一定现金（行权）购买股权，大多数上市公司采取现金行权的方式。未上市公司激励对象一般以较低的价格购买股权，相当于风险抵押金的方式。要求激励对象花钱入股，目的是让激励对象承担企业未来的一定风险，“钱在哪心在哪”，由此增加激励对象的责任感。

3. 递延分期兑现

长期激励性报酬多采用递延分期兑付的方式，时间可以增加激励对象的失败成本，加大对激励对象的约束性。如某公司给予员工期权100万股，等待期为3年，行权期从第4年开始到第6年，如加速行权，3年分别行权20万股、30万股和50万股。由于公司经营外部环境的不可确定性，如果员工两次行权后获得50万股，第6年市场环境变差，员工也会尽可能完成业绩要求，以获得剩下的50%股权。这样，实现了激励对象的利益和股东利益、公司利益的长期绑定。

4. 收入结构合理

一般高管的收入构成包括基本工资、年度奖金和股权激励三部分。横向比较，其收入总量要高于同行业收入水平，并且基本工资和年度奖金可以满足经理人养家的需求。确定高管的收入需要同时考虑两个因素：一是经理人留在企业工作的机会成本；二是老板预期经理人所能达到的业绩目标。如果仅有基本工资和年度奖金（和公司利润挂钩），经理人可能为了提高自己的奖金，拼命提高企业的利润，从而在公司经营中注重短期行为，忽略公司长期发展。对于注重人力资本的公司，一般采取1∶3∶10的收入结构，经理人更加关注公司的长期增长。因此，如何确定激励对象的收入结构，要考虑三个因素，人力资本依附性、公司成长性和资金门槛。对于人力资本依附性强、成长性好、资金门槛不高的企业，股权激励占比一定要大，对于比较稳健、资金门槛较高的公司，股权激励的比重和奖金持平即可。

5. 退出机制

对于上市公司来说，《公司法》明确规定，董事、监事、高级管理人员在公司任职期间，每年转让的股份不超过其所持有的本公司股份总数的25%。上述人员离职后半年内，不得转让其所持有的本公司股份。这相当于为上市公司的股权激励计划设计了禁售期。对于非上市公司而言，激励对象退出要设定一定期限的禁售期，一旦满足时限要求可以退出，但股份必须留下，由大股东优先回购，同时设定回购价格的计算方法。

除了股权激励可以留住人才外，还有一种“裂变式”创业模式，可以实现内部裂变，构造新的股权生态。

宗毅在大学毕业后到深圳一个公司工作，做到高管以后自己创业，成立芬尼克斯公司——生产游泳池水泵，企业经营还算顺利。突然有一天，他的销售总监提出辞职，该销售总监一人担负公司80%销售额，宗毅当然不希望他离职，于是和销售总监谈条件，甚至承诺给股权，但最终销售总监还是离职了。随后，这位销售总监也成立了一家公司，产品和芬尼克斯一样，把宗毅的客户悉数抢走，芬尼克斯公司遭受重创。于是宗毅开始思考一个问题——怎样才能留住这些企业精英？一次，公司有一个新产品需要研发，宗毅就将研发任务交给一个研发小组，以小组现有人员和芬尼克斯公司共同成立一家公司，芬尼克斯出资80%，研发小组的成员作为小股东持有剩余股权，大家工作积极性更高。产品研发成功，市场很好，公司成立第二年就盈利200多万元，全部股东都取得分红。

初次成功之后，每遇到新项目或者市场前景较好的新技术，宗毅都会邀请业内大咖、投资人点评，项目负责人竞岗演说，其他员工用“钱”投票，选择创始人，并投钱入股，成立一家新公司。这种裂变式创业模式为宗毅带来了丰厚回报，成为创业模式的典范。

第十七讲

股权激励模式和方案设计

股权激励的作用在于鼓励员工努力工作，实现公司战略目标，从而达到股东、员工收益共同提高的目的。股权激励的委托代理理论[①]认为现代企业以经营权和所有权分离为特征，所有者委托经理人从事经营与管理决策，所有者为委托人，经理人为代理人，二者形成委托—代理关系。由于委托人与代理人利益不一致，而代理人在经营企业过程中拥有信息优势，容易产生代理人道德风险，损害委托人利益。如果让代理人充分发挥才能为委托人谋利益，就必须考虑股权激励，授予代理人股权，将代理人的利益和公司利益、委托人利益捆绑，才能使代理人为公司的发展勤勉尽责。

一、股权激励模式

随着公司股权的日益分散和管理技术的日益复杂，各类公司推行了各种形式的股权激励模式，主要有：

1. 干股：公司大股东将自己获得的分红（公司净利润）以事先约定好的条件让渡给激励对象。干股一般和业绩指标挂钩，业绩越好，分红越多。由于干股持有者不是公司真正的股东，没有权利了解公司财务状况，因此利润分配是否真实，需要大股东让激励对象知悉财务数据，以赢得激励对象的信赖。干股分红仅分配利润，不享有账面（股本）价值增值权，不能深度绑定

① 1976 年，经济学家米契尔·詹森和威廉·麦克林在他们的论文《企业理论：管理行为、代理成本及其所有结构》中首次提出委托代理理论。

激励对象。一般将干股分红和期权结合起来使用。如授予激励对象 30 万股干股，期限 3 年，每年业绩考核合格，给予干股分红，30 万股在 3 年后转为注册股。

干股分红可以存量业绩为评判标准，如净利润维持去年水平，奖励 2%；也可以约定增量，超额累进计算奖励。减亏亦可奖励。如公司亏损 50 万元，减亏到 30 万元，奖励减少亏损部分的 20 万元的 5%。

2. 股票期权：是上市公司运用最普遍的一种股权激励。公司授予其员工在一定期限内，按照约定好的价格购买公司股票的权利。员工行权（购买股票）时，员工只需支付授予时的期权价格，期权价格和当日交易价之间的差额就是该员工的获利。

非上市公司实施的股票期权模式交易的是未上市公司的股权，也称作“虚拟记账股权激励模式”，原理和上市公司股票期权相同。

如图 17－1 所示，授予日约定 5.8 元/股的价格，在等待期 1 年后可以行权，行权日股票价格已经增至 20 元/股。等禁售期结束，激励对象可以将买入的股票按市场价 78 元/股出售，卖出价与买入价之间的差额，就是激励对象股票期权的收入。特点在于将激励对象的收入与公司股价高度挂钩，利用激励对象追求股票价差的行为，达到激励对象努力提升公司业绩从而拉高股价的目的。

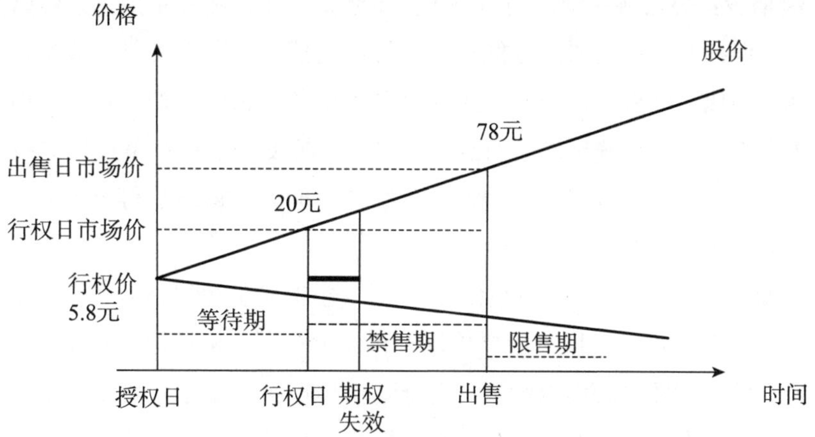

图 17－1 股票期权行使情况

例如，新三板挂牌企业上海仁会生物制药股份有限公司对公司7名高管和技术人员进行期权激励。

激励股票来源定向增发。激励对象7人——均系在公司工作满6年且为公司主要产品“谊生泰”研究和开发工作作出重大贡献的高级管理人员、中级管理人员及核心研发技术人员。

激励行权条件——激励计划草案中规定行权条件：公司董事会根据当年公司经营状况及工作计划确定业绩考核目标，并提交股东大会审议通过。该目标为在2015年12月31日前获得“谊生泰注射液”新药证书、“谊生泰注射液”生产批件、“谊生泰注射液”通过药品生产质量管理规范（GMP）认证并获得相关证书。例如，在2015年12月31日前未达到上述“三证齐全”的目标，则首次期权激励对象所获得的期权数量按一定比例进行折扣后分期行权。

一般企业以财务指标作为行权条件，如规定利润（净利润增长率、净资产收益率、公司总市值增长率、每股收益率等）作为指标。如百华悦邦公司行权的财务条件是：2015年归属于公司股东的扣除非经常性损益后的加权平均净资产收益率不低于20%；公司2015年实现营业收入相比于2013年增长不低于20%；公司2015年归属于公司股东的扣除非经常性损益的净利润相比于2013年增长不低于20%。

3. 期股：公司将一定比例的股权授予激励对象，在锁定期内，经营者不能变现，但拥有这些股票的分红权，并可用这部分分红利来支付购股费用。和股票期权相比，期权在授予时，激励对象不用花钱来购买期权资格，而是在几年等待期结束后再确定是否行权（购买）。期股是激励对象掏钱进行部分首付之后，获得期股资格，然后再以分红回填的方式最终获得公司股份。因此，期股又称为利润分红回填股份方式。

4. 虚拟股票：又称虚拟股票期权计划或虚拟股份计划，指公司授予激励对象非公开发行的“虚拟”股票单位，和公司净资产相挂钩。激励对象可以根据授予的一定数量的虚拟股票享受分红权和账面（股本）价值增值权。实际是将股票所有权、控制权、分红权、资本增值享有权进行分离，将分红权和增值权授予激励对象，不影响公司的所有权和控制权。分红和兑现资本增值部分的收益，要求公司现金流充裕。所谓“虚拟”，就是在公司总股本基础上虚拟出一定数量的虚拟股份，如一家非上市公司，净资产是1000万元，我们可以把该公司虚拟为1000万股，每股1元钱。在1000万股的基础上，拿出100万股虚拟股份计算分红和账面增值，实际是将大股东的100万股分红和股权增值授予激励对象。

例如，企业净资产100万元，提取15%用于激励，即虚拟股权价值15万元，如果将每份虚拟股权价格定为1元，得出拟发放的虚拟股权的总额为15万份（股），给予员工张三1万股股权，张三可以享受这1万股分红，假设公司今年净利润1000万元，1000万元×15%＝150万元，150万元÷15万股＝10元/股，则张三可以分红10万元。且张三退出时，可享受未来公司净资产增值，被激励对象即能通过获得股权的增值额受益。

5. 限制性股票：用于上市公司称限制性股票，非上市公司则为限制性股份。指公司为了实现某一特定目标，将一定数量的股票（股份）按折扣价授予激励对象，当激励对象完成预定目标后，将享有股票的分红权和增值权。通常设定一个较长时间的禁售期，禁售期之前，激励对象不得转让股票并离开企业，一旦离开，限制性股票由公司无偿收回。

6. 股票增值权：公司授予激励对象一定数量的股票，激励对象不享有分红权，公司直接将激励对象卖股票和买股票之间的差价直接支付给激励对象。如公司授予激励对象10万股股票增值权，期限3年，授予时的公允价是每股10元，3年后，股价上涨到20元，公司给予激励对象价差收益10元/股×10万股＝100万元。股票增值权和账面增值权唯一的区别是非上市公司股权价格按公司账面每股净资产的增值部分进行激励。如公司授予激励对象10万股账面增值权，授予时每股净资产20元，2年后，公司每股净资产达到20元，增值部分就是激励对象的收益。

7. 注册股：指激励对象可以获得与股权数量对应的完整自益权及共益权权能，并且能够转让、继承和其他形式的资产处置。如激励对象向现有股东购买股权或向目标公司增资，使激励对象成为公司股东并在公司登记机关备案登记。

二、股权激励方案设计

结合公司的战略规划、尽职调查结果和公司具体情况设计股权激励计划方案，应满足“七定”。

1. 定模式。上文介绍了股权激励几种主要模式，哪种股权激励模式最适合自己公司，需要根据公司实际情况与公司未来战略安排确定。

根据《上市公司股权激励管理办法》，只有限制性股票和股票期权两种模式，均要通过中国证监会备案审批。在已经实施股权激励的上市公司中，有大约75%的上市公司采用的是股票期权模式，有大约25%的上市公司采用了限制性股票的股权激励模式。以折扣价售予或奖励（赠与）员工股票，需要上市公司有相当的现金储备和未来可预期的现金流，否则会给上市公司带来现金支出压力。对于折扣购股型限制性股票，如果在解锁期内上市公司的股票价格低于以折扣价购买的股票价格，将会给激励对象带来损失，因此，该种模式对激励对象的经济惩罚作用明显。股票期权模式需要激励对象行权时支付一定现金，需要考虑激励对象的支付能力。行权时，激励对象可以根据股票价格选择行权还是放弃，因此不会给激励对象带来损失。

对于需要大面积员工激励的有限责任公司，激励对象超过50人，公司就不适合采用股权期权模式等实股激励模式，因为员工行权后，就成为公司正式股东，人数超过50人，不符合《公司法》人数限制，而应采用干股分红或账面增值型虚拟股权激励模式。公司原有股东若不愿因为股权激励发生股权数量变化从而影响公司控制权，最好实施干股分红或账面增值型虚拟股权激励。在公司亏损经营或财务状况困难的情况下，干股分红比较适合，如果实施股权期权、期股让员工掏钱购买，员工很难接受。

公司初创阶段，资金少，需要留住人才，可以考虑不需要员工出钱但又比较有吸引力的股权激励计划，如奖励股份、赠与股份或技术入股等模式。

公司发展阶段，应选择激励力度较大的模式，如股权期权模式和账面增值权虚拟股权激励模式，扩大激励对象范围，留住管理人员和骨干员工，实现企业持续发展。

公司成熟阶段，企业目标是稳定企业现有人员，此时激励计划不能给企业带来较大资金压力，适合采用股权期权、期股模式，有利于企业将奖励性质的薪酬延期支付。

2. 定对象。在激励对象的选择上，要挑选对企业长期战略目标最有价值的关键员工，从公司员工晋升阶梯入手，满足岗位、职务条件，同等岗位的员工全部纳入股权激励计划，不能因大股东个人好恶选择，以免造成公司员工情绪对立。对于非上市公司而言，激励对象范围的选择可采用管理岗位上的经理层加上关键岗位员工，最后由董事会确定。具体包括以下人员：（1）公司董事、总裁、副总裁、财务负责人；（2）中高层管理人员、部分副经理级以上核心业务骨干；（3）核心技术人员；（4）优秀的销售骨干人员；（5）其他董事会认为对公司长远发展有重要作用的人员。工作年限要求连续工作 2 年以上。

要杜绝两种情况：一是把股权激励当作人人参与的福利；二是只把股权激励授予极少数的三四个人。前一种情况激励力度小，没有业绩贡献，不能体现奖优罚劣。后一种情况会导致中层管理者及骨干员工的不满，效果适得其反。因此股权激励范围最好扩大到公司中层。对于销售骨干，可以把其销售提成以延期支付的方式支付给他，通过期股或限制股权的方式达到留住人才的效果。

3. 定来源。给激励对象的股票（权）来源包括向激励对象定向增发股票、增资扩股、购买公司股票、股东股权转让。上市公司一般采用定向增发的方式或者股东先将股份赠与（或转让）给公司，公司定向回购股份后，由公司将这部分股份授予激励对象。

非上市公司股权激励来源是原有股东转让股权，同比例稀释还是大股东一人转让需要约定清楚，另一种情况是通过增资扩股的方式，增加公司注册资本，通过做增量较好地解决股权来源。

4. 定激励额度（总额度和单个激励对象额度）。上市公司激励计划股票总数累计不得超过总股本的 10%，单个激励对象授予股权数量总量累计不得超过总股本的 1%。国有控股上市公司，首次实施股权激励计划授予的股权数量应控制在总股本的 1% 以内。

对于非上市公司而言，大股东最多可以转让（或被稀释）的股权应该以不失去自己对公司的控制权为限，因此，企业股东的让予意愿很重要，通常不超过总股本的15% ~20%。企业的规模、净资产和激励额度成反比，企业规模越大，则股权激励的总额度可以越小，净资产多的公司，股权激励总额可以小一些，净资产少的公司，股权激励总额可以大一些。

激励计划的公平性还体现在激励对象之间对激励总额度的分配上。高管所占比例不能过高，各激励对象可获得的授予额度应按照其对公司的贡献度和重要性，职位、业绩表现和工龄确定。个人额度与其之前的薪酬情况匹配。

5. 行权条件及绩效考核。行权条件包括等待期、行权期限、行权价格、绩效考核指标等。绩效考核通常指企业的整体业绩指标，包括每股收益、加权净资产收益率和净利润增长率等，激励对象个人岗位的业绩考核指标。除了财务指标，还有非财务指标。

6. 定价格。股权激励的价格应低于社会公众或非股东第三人的购股成本，但不能赠送，一般以公司净资产价格作为参考。

7. 定时间。股权激励的时间设置要达到长期激励的目的，激励对象能够行权的等待期一般不低于1年，一般以3到5年为宜。

三、股权激励方案演示

南一公司采取虚拟股票激励模式，激励对象有分红权和净资产增值收益权。每个级别员工激励额度2万股，按公司净资产确定股价。员工离开企业时，股票只能由南一控股工会回购。

（一）确定南一公司激励总额度

方法一：总股本不变，原总股数的部分股数折出作为虚拟股数，如从1000万股中折出200万股奖励给激励对象，实际上是将大股东的分红权给激励对象。

也即原总股数（1000万股）=实股数（800万股）+虚拟股数（200万股）=新总股数（1000万股）。

方法二：在原总股数基础上，另外虚拟出股权，如公司净资产1000万，总股本设置为1000万股，每股1元，在1000万股真正股份基础上虚拟200万股，以后每期总股本变为1200万股。

也即新总股数（1200 万股）=原总股数（1000 万股）+虚拟股数（200 万股）。

员工个人实际可分配虚拟股红利 = 虚拟股权每股现金价值 × 持有虚拟股股数。

每股净值（现金价值）=当年激励基金总额 ÷ 实际参与分红的虚拟股权总数。

假如：

公司净资产 1000 万元，总股本设置为 1000 万股，股东 1 持股比例 60%，股东 2 和股东 3 持股比例均为 20%。2001 年净利润 1000 万元，三个股东按持股比例分红，股东 1 分得 600 万元，股东 2 和股东 3 各分得 200 万元。

根据方法一：2001 年净利润为 1000 万元，拿出 200 万元作为虚拟股，剩余 800 股各股东同比例稀释后分别为：

股东 1 持股 =60% ×（100% -20%）=480 万股。

股东 2 持股 =20% ×（100% -20%）=160 万股。

总计 1000 万股，每股净值 =1000 万元 ÷1000 万股 =1 元/股。

个人获得分红：

股东 1 分红 =480 万股 ×1 元 =480 万元。

股东 2 分红 =160 万股 ×1 元 =160 万元。

股东 3 分红 =160 万股 ×1 元 =160 万元。

员工分红 =20 万股 ×1 元 =20 万元。

根据方法二：在 1000 万股真正股份基础上虚拟 200 万股，以后每期总股本变为 1200 万股。股东 1 持股 600 万股，股东 2 持股 200 万股，股东 3 持股 200 万股，现在给 10 个员工持有虚拟股，每人 2 万股，10 人共计 20 万股。2001 年净利润 1000 万元，每股净值 =1000 万元 ÷1200 万股 =0. 8333 元/股。个人获得分红：

股东 1 分红 =600 万股 ×0. 833 =500 万元。

股东 2 分红 =200 万股 ×0. 833 =166 万元。

股东 3 分红 =200 万股 ×0. 833 =166 万元。

员工分红 =20 万股 ×0. 833 =16. 6 万元，人均 1. 66 万元。

（二）确定单个激励对象额度

参考指标：工龄股、职位股、绩效股，参见表17－1。

表17－1　基准职位股数评定

股权级别	评定标准	基准职位股数（股）
1级	通过按指令能基本完成本岗位的工作任务	10,000
2级	能够独立、合格地完成本岗位的工作	15,000
3级	通过自己的技术专长或团队管理能较好地完成本岗位的工作	20,000
4级	通过他人或团队管理能完成工作目标，业绩卓越且能保持团队稳定	25,000

虚拟股权的初始授予数量＝基准职位股数×能力系数×本司工龄系数，参见表17－2。

表17－2　个人能力系数评定

能力等级	能力评定标准	能力系数
中级	◆ 熟练运用所掌握知识、技能完成一般复杂程度的工作 ◆ 对工作相关风险或潜在问题具有一般的认知与把控能力 ◆ 能够将岗位相关经验应用于工作实际	1.0
高级	◆ 精通某一方面知识或技能的工作应用 ◆ 能够独立处理富有挑战性和复杂的事项 ◆ 能够带领一定规模的团队开展相关工作	1.1
专家级	◆ 能被征询意见，解决本职工作领域相关的复杂技术问题 ◆ 能对其掌握的知识、技能提出战略性建议或作出合理调整 ◆ 对公司业务及其工作有敏锐的洞察力并提出解决方案	1.2

虚拟股权的最终授予数量＝初始授予数量×绩效考核系数，参见表17－3。

表 17－3　工龄系数

工龄	系数
3 年以下（含）	1.0
3～5 年（含）	1.1
5 年以上	1.2

案例：小王在公司工作 4 年，能够通过技术专长较好地完成本岗位的工作，并且能够独立处理富有挑战性和复杂的事项，其工龄系数为 1.1，个人能力系数为 1.1，可以获得 20,000 股基准职位股数。

虚拟股权的初始授予数量＝基准职位股数×能力系数×本司工龄系数。

公司授予小王虚拟股权的初始授予数量＝20,000 股×1.1×1.1＝24,200 股。

表 17－4　绩效系数

序号	绩效评级	绩效系数
1	优异	1.5
2	良好	1.2
3	达标	1.0
4	不达标	0

小王工作良好，绩效系数为 1.2，则小王虚拟股权的最终授予数量＝初始授予数量×绩效考核系数＝24,200 股×1.2＝29,040 股。

该虚拟股票公司可以赠送给小王，也可以由小王按每股 1 元购买。

业绩目标：公司年度净利润增长率不低于 20%（含 20%），如果低于 20%，则不再实施或降低虚拟股数。如果净利润增长在 25%～35%，拿出 20%奖励；如果在 35%～45%，拿出 35%奖励；45%以上，拿出 40%奖励。

净资产低于 10%增长率，管理层应接受扣发工资等处罚。净资产每减少 1%，扣预缴保证金的 10%，直至扣完。

达标情况：公司今年净利润 2000 万元，公司拿出 400 万元利润进行虚拟股票激励，根据方法一，则每股净值＝2000 万元÷1000 万股＝2 元。

小王取得 29,040 股×2 元＝58,080 元。

可以规定员工分红中当年分红兑现90%，其余10%结转下年分配，即小王今年可分得58,080元×90%＝52,272元，剩余5808元明年获得。

小王在公司工作享受虚拟股，如果离职则分两种情形：

（1）公司赠与虚拟股，则小王的虚拟股由公司收回。

（2）小王购买公司虚拟股，则小王离职时公司回购。

小王可以获得虚拟股权增值额＝58,080股×（离职时净资产每股价格－购买价格），假设小王每股1元购得，工作6年后离职，离职时公司净资产达到5亿元，公司仍然是1000万股，则每股净值50元/股，则：

小王可以获得的股权增值额＝58,080×（50－1）＝2,845,920元。

附录：股权激励计划

有限公司股权激励计划[①]

（实股类）

一、本计划的目的

本计划的主要目的在于建立公司未来经营业绩和长期战略紧密挂钩的长期激励机制，从而完善整体薪酬结构体系，为公司业绩的长期持续发展奠定人力资源的竞争优势，具体表现为：

1. 通过股权激励机制使激励对象的薪酬收入与公司业绩表现相结合，使激励对象的行为与公司的战略目标保持一致，促进公司长远战略目标的实现；

2. 通过股权激励使公司股东和激励对象的利益紧密联系起来，促进股东价值的最大化；

3. 通过股权激励补充公司原有的激励机制，确保在国内外人才市场上能够提供具有竞争力的整体薪酬，吸引、留住和激励实现公司战略目标所需要的人员，促进公司长期战略目标的实现和加强公司凝聚力。

二、激励计划的基本原则

1. 公开、公平、公正原则；

① 此《激励计划》《持股协议书》《承诺书》文本参考了罗毅等主编：《穿透股权：非上市公司股权激励实战指南》，法律出版社2018年版。

2. 激励与约束相结合原则；

3. 股东利益、公司利益和管理层、核心员工利益相结合原则；

4. 维护股东利益，为股东谋求更高效和持续的回报原则。

三、本计划的持股机构和管理人

1. ____有限公司（普通合伙人）与____公司激励对象（有限合伙人）按照《合伙企业法》规定出资设立专门的境内持股平台____有限合伙企业，专门持有公司的部分激励股权。

2. 公司董事会下设股权激励计划管理委员会，负责拟订、修改和实施本股权激励计划。股权激励计划管理委员会由5人组成，分别为：__________。

四、本计划激励对象的范围

（一）激励对象确定的法律依据

本计划激励对象根据《公司法》《合伙企业法》等有关法律及其他有关法律、法规、规范性文件和《公司章程》的相关规定，结合公司实际情况而确定。

（二）激励对象的范围

根据公司的具体情况，参与本计划的激励对象为____公司的下述人员：

1. 中高级管理人员；

2. 核心技术（业务）人员；

3. 外聘顾问。

上述所有激励对象必须在本计划的考核期内于____公司任职并已与____公司签署劳动（劳务）合同或聘用合同；由股权激励计划管理委员会提名，经公司董事会审批通过。

五、股权激励计划的具体内容

1. 激励股权来源

激励股权源于以下两种途径：

（1）公司股东转让的股权，即公司股东将其持有的公司15%股权转让给境内持股平台；

（2）公司增加注册资本，即由境内持股平台认购本次公司新增注册资本1000万元。

本计划涉及的股权源于以上第一种途径。

2. 持股形式

____公司中国籍激励对象通过境内持股平台，间接持有公司股权，境内持股平台作为公司股东记载于公司股东名册，激励对象成为境内持股平台的有限合伙人。

合伙企业由普通合伙人执行合伙事务；有限合伙人不直接参与合伙企业的经营管理，除合伙协议另有约定外，不得对外代表合伙企业。激励对象根据其所持合伙企业的财产份额间接享有对公司的相应权益。

3. 激励股权数量

以公司注册资本1000万元为基础，根据本计划累计间接授予激励对象的激励股权数量占公司股权比例为15%。

每名激励对象被授予股权的具体数量根据该激励对象在公司的工作年限、岗位级别、工作职责与公司主营业务的关联程度，对公司业绩做出的历史及预期贡献进行综合评定后确定。

4. 授予价格

授予价格为1元/股（每1元注册资本对应的股权）。

5. 资金来源

激励对象全部以现金形式获得激励股权（境内持股平台的有限合伙份额）。激励对象应自行筹集资金，不得由公司以任何形式为其筹集资金提供直接或间接财务支持或为其担保。

六、激励股权的授予条件及程序

（一）授予条件

授予激励对象标的股权必须同时满足以下条件：

1. 激励对象未发生如下任一情形：

（1）最近3年内因重大违法违规行为受到刑事或行政处罚；

（2）具有《公司法》等有关法律法规规定的不得担任公司董事和高级管理人员情形的；

（3）公务员或不符合相关法律规定的辞职或退休公务员或政府人员；

（4）违反竞业禁止协议；

（5）其他严重违反公司有关规定的行为。

2. 激励对象考核结果达到合格或以上。

3. 公司未发生如下任一情形：

（1）最近一年年度财务会计报告被注册会计师出具否定意见或者无法表示的意见；

（2）最近一年因重大违法违规行为被有关政府部门予以行政处罚。

（二）授予方式和实施程序

1. 股权激励计划管理委员会制订股权激励计划，拟定激励对象名单、分配数量，并经股东会审批通过。

2. 公司董事会将股权激励计划上报股东会，并经股东会决议审批通过。

3. 由____有限公司作为普通合伙人与拟激励对象作为有限合伙人出资设立的境内持股平台。

4. 公司召开股东会作出决议并修改公司章程，同意采纳以下第一种授予方式：

（1）同意公司股东____将其持有的公司15%股权转让给境内持股平台；境内持股平台与公司股东____签署股权转让协议（其他股东放弃优先购买权），缴付股权转让价款，并办理工商变更等行政手续；

（2）同意境内持股平台认购本次新增注册资本1000万元（其他股东放弃优先认购权）；境内持股平台签署认购协议，缴付股权认购款，并办理工商变更等行政手续。

5. 为建立长期的激励和约束机制并促进公司的成长，根据本计划累计间接授予激励对象的激励股权数量为公司股本总额的15%，分别以现股（5%）和期权形式授予激励对象：

（1）现股

境内持股平台的有限合伙人将其持有的持股平台的合伙份额转让给中国籍激励对象，签署合伙企业财产份额转让协议、合伙协议，并办理工商变更登记手续。中国籍激励对象成为持股平台的有限合伙人，根据其所持合伙企业的财产份额间接享有对公司的相应权益。现股授予中国籍激励对象及数额（略）。

（2）期权

期权的授予条件和期限如下：

首期期权授予的财务条件：公司2021年度实现税后净利润（扣除非经常性损益）3000万元，则首期期权激励在2023年1月30日前完成授予和行权，授予份数为公司5%股权；

第二期期权授予的财务条件：公司2022年度实现税后净利润（扣除非经常性损益）比上一年度增长超过8%，则第二期期权激励在2024年1月30日前完成授予和行权，授予份数为公司5%股权；

第三期期权授予的财务条件：公司2023年度实现税后净利润（扣除非经常性损益）比上一年度增长超过8%，则第三期期权激励在2025年1月30日前完成授予和行权，授予份数为公司5%股权。

若上一年度未完成约定的财务指标，但是在当年度完成上一年度和当年度的2年财务指标，则视为上一年度约定的财务指标已完成。

若达不到授予和行权条件，则当期激励股权取消。

6. 董事会可决定在上述股权激励总额外预留部分股权激励，授予未来的激励对象。激励对象主要为：

（1）新加入或新晋升的公司中高级管理人员；

（2）新认定的核心技术（业务）人员；

（3）已经授予的人员，因为职务变动有资格继续认购的；

（4）其他对公司有特殊贡献的人员。

具体授予对象和数额由股权激励计划管理委员会制订方案，由董事会报股东会审议批准。

七、股权激励计划的调整

（一）____________公司挂牌上市

若公司在本计划有效期内实施股改或提交境内外挂牌或上市申请，本计划实施时间可以相应调整，并提前授予和行权。

若____________公司未来挂牌上市的主体发生调整，本计划亦作相应的调整。

（二）公司发生实际控制权变更、合并、分立

公司发生实际控制权变更或合并、分立时，可对本激励计划做相应调整。

当发生前述三种情形，或可能影响股权激励计划实施的其他情形，由股权激励计划管理委员会提出调整方案，由董事会报股东会审议批准。

八、本计划的期限

1. 有效期

本计划的有效期自股东会批准之日起至____年____月为止。有效期届满，不再根据本计划授予激励对象标的股权。因未满足激励条件或其他原因未授予完的，在本期股权激励计划有效期内不再授予。

若公司在本计划有效期内实施股改及提交挂牌上市申请的，本计划可提前到期，未授予的股权由股权激励计划管理委员会制订处置方案，由董事会报股东会审议批准。届时将根据挂牌上市的要求对本计划进行相应的调整。

2. 禁售期

激励股权的禁售期为自获授的激励股权办理工商变更之日起5年内。在禁售期内，激励对象获授的激励股权被锁定，不得转让、出售，不得用于设定担保、偿还债务或以其他方式处置。

3. 限售期

禁售期期满后，进入限售期并可在限售期的5年内逐年分批解禁，其中，第1年解禁20%，第2年解禁20%，第3年解禁20%，第4年解禁20%，第5年解禁20%。解禁日为每年度的6月30日。

另外，若有关法律法规和挂牌或上市规则另有规定的，激励对象激励股权的转让还应根据有关法律法规，中国证监会、境外监管机构和挂牌或上市的规则执行。

九、激励对象的权利和义务

1. 股权激励计划管理委员会的权利义务

（1）有权要求激励对象按其所聘岗位的要求为____公司工作；

（2）应根据本计划的规定授予激励对象股权；

（3）应根据本计划的规定修订、实施本计划。

2. 激励对象的权利义务

(1) 激励对象应当按____公司所聘岗位的要求，勤勉尽责、恪守职业道德，完成各项业绩指标，为集团的发展做出应有贡献；

(2) 激励对象应当按照本计划锁定其获授的激励股权；

(3) 激励对象不得违反本计划禁售期和限售期的有关规定，将其获授的标的股权转让、出售、设定担保或偿还债务；

(4) 激励对象因本计划获得的收益或被授予激励股权及处置激励股权，应按国家税收法交纳个人所得税及其他税费；

(5) 法律、法规规定的其他相关权利义务。

3. 其他说明

公司确定本计划的激励对象不意味着激励对象必然享有在持有获授的激励股权期间一直在公司服务的权利，不构成公司对激励对象聘用期限的承诺，公司对激励对象的聘用关系仍按公司与激励对象签订的劳动合同执行。

十、激励计划的转让与退出

1. 激励对象转让激励股权或退出激励计划，应遵守本计划关于禁售期、限售期的规定。

2. 如果激励对象自认购的激励股权的注册变更登记完成之日起，在公司服务满5年以上并从公司退休的，激励对象在离职时有权保留其全部激励股权，并可以自由转让激励股权。

3. 激励对象与公司的聘用合同或劳动合同到期，公司不再与之续约的，其已行权的股权应当转让给持股平台普通合伙人；已授予但尚未行权的不得行权，尚未授予的股权期权不再授予。

4. 其他转让、退出情形，在《参与股权激励计划协议》中约定。

十一、激励计划的变更、终止

在本计划有效期内，如果发生公司无法控制的法律、政治及政策风险、重大自然灾害等不可抗力事件，董事会可变更、终止本计划，尚未授予的激励股权，不再授予。

十二、保密规定

包括但不限于个人激励股权数量、行权方式等本计划所有内容为公司机密信息，激励对象应严格恪守保密义务，不得以任何途径和方式向任何第三者或第三方公司透露，但因股权激励计划实施中激励对象相互之间必然会知悉上述信息的除外；

激励对象在股权激励计划执行过程中及终止后，对接触或获知的任何商业信息，都负有保密义务，如违反保密规定，公司将依法追究激励对象的法律责任，并追偿因泄密造成的一切损失。

十三、附件

1. 本计划所称的“不超过”含本数；

2. 本股权激励计划一旦生效，激励对象书面同意享有本股权激励计划下的权利，即可认为其同意接受本股权激励计划的约束并承担相应的义务；

3. 本计划如有未尽事宜，由公司董事会另行补充规定；

4. 本计划解释权属于公司董事会。

____________有限公司

____年____月____日

附录：员工持股协议书

有限责任公司员工持股协议书

甲方：有限责任公司

乙方：________　现任岗位：________　身份证号：________

联系方式：____________　家庭住址：____________

鉴于甲方对于乙方工作能力、岗位贡献的评估和认可，根据《公司法》《证券法》《公司章程》以及____年____月____日发布的《有限责任公司股权激励方案》（以下简称《股权激励方案》）之规定，甲乙双方就有限责任公司股权购买、持有、行权、变更等有关事项达成如下协议：

一、股权的授予

（一）实体股权

甲方授予乙方：____________有限责任公司实体股权股。

（二）虚拟股权

甲方除授予乙方实体股权之外，同时授予乙方：____________有限责任公司实体虚拟股权（身股）股。

二、股权的价格

（一）实体股权。

1. 乙方需为所获授的实体股权支付转让对价，根据《股权激励方案》所确定的计算方法，乙方共需为所获授的实体股权支付人民币总计____元。

2. 乙方所需支付的费用，可在____年至____年分5期支付完毕，历年的缴付比例及金额为：

年份	比例	金额

3. 乙方最迟应于每一年度____月____日之前按照上述约定比例向甲方缴付购买实体股权的费用。

4. 购股费用全部缴付完毕，乙方即可向甲方董事会申请启动股权转让程序，完成《股权激励方案》所列示之相关法律手续。

5. 乙方可视个人具体情况，选择提前缴清购买实体股权的费用。

（二）虚拟股权乙方无需为所获授的虚拟股权支付认购费用。

三、行权条件

1. 乙方需签署业绩（利润）指标承诺书。____年至____年之间的每一年度，乙方必须完成其所签署业绩（利润）指标承诺书上列明的经营指标，方可享受当年度利润分红。

2. 甲方有权根据市场发展情况调高或调低集团公司和子公司的利润目标。

3. 对于乙方在单一年度达成超过利润目标30%的情况，甲方将制定专门的一次性奖励方案。

4. 甲方将对乙方进行常规绩效考核，每年进行2次。连续2次考核被认定为不合格的，取消当年分红资格。连续2年考核被认定为不合格的，解除劳动合同。

5. 乙方需在规定时间内缴清购股费用，方能办理相关股权转让手续。不能按期缴付的，视作违约。

四、股权激励的约束

1. 甲方认可乙方具有建立在利润指标达成基础上的分红权和股权增值权。

2. 甲方认可乙方具有参与股权激励方案设计和调整的表达权和建议权。

3. 乙方须遵守《公司法》《证券法》《公司章程》《股权激励方案》的有关规定。

4. 乙方获授的股权不得擅自转让、赠与、设置抵押、质押。乙方对股权的前述处置行为须经甲方董事会批准。

5. 乙方获授的股权，在完成股权转让及工商注册变更登记前仅参与分红，但不具有投票权和表决权。

6. 乙方自行承担其股权收益、交易所产生的各种税费。

五、股权的变更和取消

（一）股权的变更

1. 调岗。当乙方在本次股权激励计划存续期内因调岗而发生职务变化，股权应遵循“股随岗变”的原则，以与新岗位相匹配。

2. 离职。乙方主动离职，虚拟股权取消，实体股权由甲方独家回购，回购价格参照《股权激励方案》规定。回购时应先冲销尚未缴付完毕的购买股权费用。

3. 退休。乙方退休时，虚拟股权取消，实体股权可以保留，也可以逐步或一次性退出，由乙方自行决定。退出的实体股权由甲方独家回购，回购价格参照《股权激励方案》规定。

4. 丧失劳动能力。乙方因生病或其他原因导致丧失劳动能力的，虚拟股权取消，实体股权可以保留，也可以逐步或一次性全部退出，由乙方自行决定。退出的实体股权（银股）由甲方独家回购，回购价格参照《股权激励方案》规定。

5. 死亡。乙方死亡的，虚拟股权取消，其所持实体股权不可继承，应予以一次性全部退出，由甲方独家回购，回购价格参照《股权激励方案》规定。

（二）股权的取消乙方发生下述行为的可取消激励对象已经获授的股权：

1. 触犯国家法律；

2. 违反职业道德；

3. 泄露公司机密；

4. 违反竞业协议；

5. 公司与其解除劳动合同；

6. 其他经公司董事会认定的损害公司利益的行为。

六、股权的转让

1. 经甲方董事会批准，乙方可以转让所持股权，由甲方独家回购。

2. 收购的价格，以乙方获授股权时的原始价格为基数。获授股权后：

第1年内申请转让退出的，甲方以原始价格1∶1回购；

2年到3年之间申请转让退出的，甲方以1.5倍原始价格回购；

4年到5年之间申请转让退出的，甲方以1.8倍原始价格回购；

5年以上申请转让退出的，甲方以2倍原始价格回购。

七、股权激励的生效和终止

（一）股权激励的生效

1. 本次激励计划的有效期为____年____月____日至____年____月____日。

2. 乙方在____年____月____日至本协议签署日之前的业绩情况，采用回溯方式计算。

（二）股权激励的终止

1. 当出现下列情况之一时，甲方有权终止对乙方的股权激励计划：

（1）出现法律、法规规定的必须终止的情况；

（2）经营亏损导致甲方被收购、合并、破产或解散；

（3）甲方董事会决议提前终止实施股权激励计划的其他情形。

2. 因甲方终止股权激励计划而造成乙方的实际损失，由甲乙双方协商对乙方的补偿方案。

八、关于聘用关系的声明

甲方与乙方签署本协议不构成甲方或公司对乙方聘用期限和聘用关系的任何承诺，公司对乙方的聘用关系仍按劳动合同的有关约定执行。

九、关于免责的声明

属于下列情形之一的，甲、乙双方均不承担违约责任：

1. 甲、乙双方签订本股权期权协议是依照合同签订时的国家现行政策、法律法规制定的。如果本协议履行过程中遇法律、政策等的变化致使甲方无法履行本协议的，甲方不负任何法律责任；

2. 公司因破产、解散、注销、吊销营业执照等原因丧失民事主体资格或者不能继续营业的，本协议可不再履行；

3. 公司因并购、重组、改制、分立、合并、注册资本增减等原因致使甲方丧失公司实际控制人地位的，本协议可不再履行。

十、争议的解决

如发生有关本次激励计划的一切纠纷，甲乙双方应本着友好协商的态度解决。不能协商解决的，由____仲裁委仲裁。

十一、附则

1. 本协议自双方签章之日起生效。

2. 本协议未尽事宜由双方另行签订补充协议，补充协议与本协议具有同等效力。

3. 本协议内容如与《公司章程》发生冲突，以《公司章程》内容为准。

4. 本协议一式三份，甲乙双方各执一份，甲方董事长保存一份，三份具有同等效力。

以下无正文

甲方（盖章）：

年　　月　　日

乙方（盖章）：

年　　月　　日

附录：股权激励对象承诺书

承诺书

承诺人：________ 身份证号码：____________

联系电话：________ 联系地址：____________

为了寻求与________有限公司（以下简称公司）共同发展，本人自愿参与公司推行的股权激励计划，愿意遵守股权激励制度及股权激励计划的各项规定。现本人郑重作出如下承诺：

1. 本人作为本公司正式员工，愿意接受本次股权激励计划的有关规定；本人承诺，本人符合股权激励计划规定的各项条件，并自愿接受薪酬与考核委员会对本人的绩效考核，并同意按照绩效考核结果界定本人是否有资格成为激励对象并调整本人有权行权的标的股权数量。

2. 本人承诺，遵守法律法规、公司规章制度，积极维护公司利益，不从事任何有损公司利益的行为，不以任何方式直接或者间接参与与公司业务相同或者相似的投资或经营活动。

3. 本人承诺，若在《股权激励计划》规定的行权结束后离职的，在2年内不从事与公司同业竞争相同或类似的相关工作；如果本人在规定的限售期结束后离职，并在2年内从事与公司业务相同或类似工作的，本人应当将其所得全部收益返还给公司。

4. 本人承诺在持有股权激励期间，所持激励股权不存在出售、相互或向第三方转让、对外担保、质押或设置其他第三方权利等行为。否则，本人愿意由公司无条件无偿收回。

5. 本人承诺已详细阅读并知悉《股权激励计划》《股权激励管理制度》及相关文件的内容及含义，愿意遵守相关规定。以上内容均为本人真实意思表示。

承诺人（签字）：

年 月 日

| 第十八讲 |

股权激励中的个人所得税

企业对员工实施激励计划，虽然员工取得的股权（票）有差额收益，但未取得实际现金性收益，如果此时缴税，会造成未取得现金就先缴纳税款的情况，这给员工带来了一定的财务压力。由此，国家出台了纳税递延政策，员工可以将行权（解禁限售）时的纳税义务递延至转让股权（票）时履行，解决了纳税人纳税义务发生当期缺乏现金缴税的困难。

一、我国上市公司股权激励种类

我国出台的上市公司股权激励政策主要包括股票（权）期权、股票增值权、限制性股票和股权奖励四种。

（一）股票（权）期权

股票（权）期权，是指公司给予激励对象在一定期限内以事先约定的价格购买本公司股票（权）的权利。员工在行权时，可根据公司的发展情况，决定是否行权购买股权。

（二）限制性股票

限制性股票，是指公司以一定的价格将本公司股权出售给员工，同时规定，员工只有工作年限或业绩目标符合股权激励计划规定的条件后，才能对外出售该股权。限制性股票又分为第一类和第二类限制性股票。

1. 第一类限制性股票指激励对象按照股权激励计划规定的条件获得的转让等部分权利受到限制的本公司股票。一次/分次授予，授予时即出资购买，分次解锁。

2. 第二类限制性股票指符合股权激励计划授予条件的激励对象，在满足相应获益条件后分次获得并登记的本公司股票。一次/分次授予，分次归属，获益条件中有任职12个月的可不再设置限售期。授予的时候无须出资，待考核条件都达标，归属时才需支付对价。在创业板和科创板被广泛运用。

例如，甲公司于2021年7月向公司高级管理人员等激励对象授予500万股限制性股票，授予价格为5元/股，锁定期为3年。激励对象如果自授予日起为公司服务满3年，且公司年度净利润增长率不低于10%，可申请一次性解锁限制性股票。

第一类限制性股票。激励对象在授予日按照授予价格出资购买限制性股票，待考核条件和时间满足后，解锁限制性股票；若未满足考核，甲公司按照授予价格5元/股回购限制性股票。存在股票转让和回购两次交易。

第二类限制性股票。激励对象在授予日无须出资购买限制性股票（无须登记）；待考核条件和时间满足后，激励对象可以选择按授予价格5元/股购买限制性股票。一次交易，提高了实操的便利性。实质是公司赋予员工在满足可行权条件后以约定价格（授予价格）购买公司股票的权利，员工可获取行权日股票价格高于授予价格的上行收益，但不承担股价下行风险，与第一类限制性股票存在差异，实质为一项股票期权。相当于“期权+限制性股票”，即在第一类的限制性股票前增加了期权授予环节，取得的完整过程应包括授予（取得期权）、行权（满足相应获益条件，取得限制性股票）、限制性股票解锁（禁售期）这三个环节。实践中，第二类限制性股票有规定禁售期的，也有没有额外设置限售期的，仅包括授予（取得期权）+归属（满足相应获益条件后行权取得股票）两个环节。

可以不规定禁售期的法律依据为创业板和科创板的股票上市规则中的规定：获益条件包含12个月以上的任职期限的，实际授予的权益进行登记后，可不再设置限售期。期权行权前要求有12个月以上的期限，这段时间视为股票限制期。

采用第二类限制性股票，相比采用股票期权，主要在定价方面更有优势。《上市公司股权激励管理办法》要求股票期权行权价格原则上不得低于下列价格较高者：（1）股权激励计划草案公布前1个交易日的公司股票交易均价；（2）股权激励计划草案公布前20个交易日、60个交易日或者120个交易日的公司股票交易均价之一。

而根据创业板和科创板的股票上市规则，上市公司授予激励对象限制性股票的价格，低于股权激励计划草案公布前1个交易日、20个交易日、60个交易日或者120个交易日公司股票交易均价的50%的，应当说明定价依据及定价方式。即创业板和科创板的限制性股票可以自主定价，低于上述均价的只需说明定价依据和方式是否合理，相比股票期权的定价要求，明显有更大幅度的激励空间。

第一类、第二类限制性股票均可以折价授予激励对象，相比股票期权的市价授予能够发挥更强的激励作用。

（三）股票增值权

股票增值权，是指上市公司授予公司员工在未来一定时期和约定条件下，获得规定数量的股票价格上升所带来收益的权利。被授权人在约定条件下行权，上市公司按照行权日与授权日二级市场股票差价乘以授权股票数量，发放给被授权人现金。

（四）股权奖励

股权奖励是指公司直接以公司股权无偿对员工实施奖励。

二、上市公司的股权激励税收政策

1. 财政部、国家税务总局《关于个人股票期权所得征收个人所得税问题的通知》（财税〔2005〕35号）规定适用于上市公司的股票期权。员工行权时，其从企业取得股票的实际购买价（施权价）低于购买日公平市场价（指该股票当日的收盘价）的差额，按“工资、薪金所得”适用的规定计算缴纳个人所得税。

应纳税所得额＝（行权股票的每股市场价－员工取得该股票期权支付的每股施权价）×股票数量

再转让股票时，获得的高于购买日公平市场价的差额按现行税法和政策规定征免个人所得税。也就是说，个人将行权后的境内上市公司股票再行转让而取得的所得，暂不征收个人所得税。

员工因拥有股权而参与上市公司税后利润分配取得的所得，应按照“利息、股息、红利所得”适用的规定缴纳个人所得税。

2. 2006年9月30日国家税务总局发布《关于个人股票期权所得缴纳个人所得税有关问题的补充通知》（国税函〔2006〕902号），在财税〔2005〕35号文基础上，进一步明确期权个税的缴税基础为价差收入，即行权日的市场价与行权（购买）价之差额。

员工在一个纳税年度中多次取得股票期权，第一次应纳税额按照上文公式计算，年度内以后每次取得股票期权形式的工资薪金所得应按下列公司计算应纳税款：

应纳税款＝（本纳税年度内取得的股票期权形式工资薪金所的累计应纳税所得额÷规定月份数×适用税率－速算扣除数）×规定月份数－本纳税年度内股票期权形式的工资薪金所得累计已纳税款

该公式中的本纳税年度内取得的股票期权形式工资薪金所得累计应纳税所得额，包括本次及本次以前各次取得的股票期权形式工资薪金所得应纳税所得额。[①]

3. 2009年1月7日财政部、国家税务总局发布《关于股票增值权所得和限制性股票所得征收个人所得税有关问题的通知》（财税〔2009〕5号），适用于上市公司股票增值权所得和限制性股票，比照财税〔2005〕35号和国税

---

① 如果同时有源于境内、境外的股权激励收入，则员工多次取得或者一次取得多项来源于中国境内的股票期权形式工资薪金所得，而且各次或各项股票期权形式工资薪金所得的境内工作期间月份数不相同的，以境内工作期间月份数的加权平均数为财税〔2005〕35号文件第4条第1项规定公式和本通知第7条规定公式中的规定月份数，但最长不超过12个月，计算公式如下：规定月份数＝∑各次或各项股票期权形式工资薪金应纳税所得额与该次或该项所得境内工作期间月份数的乘积/∑各次或各项股票期权形式工资薪金应纳税所得额。

函〔2006〕902号的规定执行。股票增值权的纳税时点为行权时，限制性股票的纳税时点为解除限售时。

4. 2009年8月24日国家税务总局发布《关于股权激励有关个人所得税问题的通知》（国税函〔2009〕461号），该通知在35号文的基础上明确：

（1）股票增值权个人所得税纳税义务发生时间为上市公司向被授予人兑现股票增值权的日期，应纳税所得额=（行权日股票价格－授权日股票价格）×行权股票份数。

（2）限制性股票个人所得税义务发生时间为每一批次限制性股票解禁的日期，应纳税所得额=（股票登记日股票市价+本批次解禁股票当日市价）÷2×本批次解禁股票份数－被激励对象实际支付资金总额×（本批次解禁股票份数÷被激励对象获取的限制性股票总份数），简化公式为：应纳税所得额=［（登记日股价+解禁日股价）÷2－购股价］×数量

个人在纳税年度内第一次取得股票期权、股票增值权所得和限制性股票所得的，按照财税〔2005〕35号第4条第1项所列公式计算个人所得税。

个人在纳税年度内两次以上（含两次）取得股票期权、股票增值权和限制性股票所得，包括两次以上取得同一种类或不同种类股权激励形式，将其所得合并计算，按照国税函〔2006〕902号文公式计算个人所得税。

如果同一纳税年度两次解禁，则应合并计算，即将两次解禁的应纳税额加总后，适用对应的税率和速算扣除数，这样计算应纳税额要高于分别计算后相加。

5. 2016年9月20日财政部、国家税务总局发布《关于完善股权激励和技术入股有关所得税政策的通知》（财税〔2016〕101号），第一次明确非上市公司股权激励税收政策，同时对上市公司股权激励纳税时点延长做了明确：经向主管税务机关备案，个人可自股票期权行权、限制性股票解禁或取得股权奖励之日起，在不超过12个月的期限内缴纳个人所得税。

非上市公司授予员工的股票期权、股权期权、限制性股票和股权奖励，

如需享受递延优惠政策，需要到主管税务机关备案，同时满足七个条件。①

纳税递延，即员工在取得股权激励时可暂不缴纳，递延至转让该股权时纳税。按照股权转让收入减股权取得成本以及合理税费后的差额，适用财产转让所得，按照20%税率计算缴纳个人所得税。对一年内多次取得的股权形式的工资薪金，需合并后再计算纳税。新三板或其他产权交易所挂牌的企业，属于非上市公司，股权激励应按照非上市公司相关税收政策执行。

6. 2018年12月27日财政部、税务总局发布《关于个人所得税法修改后有关优惠政策衔接问题的通知》（财税〔2018〕164号），明确：

居民个人取得股票期权、股票增值权、限制性股票、股权奖励等股权激励，在2021年12月31日前，不并入当年综合所得，单独适用综合所得税率

---

① （1）属于境内居民企业的股权激励计划，即在中国境内成立，或者依照外国（地区）法律成立但实际管理机构在中国境内的企业。

（2）股权激励计划经公司董事会、股东（大）会审议通过。未设股东（大）会的国有单位，经上级主管部门审核批准。股权激励计划应列明激励目的、对象、标的、有效期、各类价格的确定方法、激励对象获取权益的条件、程序等。这些内容都是股权激励计划中应有之内容。

（3）激励标的应为境内居民企业的本公司股权。激励标的股票（权）包括通过增发、大股东直接让渡以及法律法规允许的其他合理方式授予激励对象的股票（权）。这里指的是股票来源，是大股东转让还是定向增发，或者公司回购后再卖给激励对象。

（4）激励对象应为公司董事会或股东（大）会决定的技术骨干和高级管理人员，激励对象人数累计不得超过本公司最近6个月在职职工平均人数的30%。按照实施股权激励的公司最近6个月在职职工平均人数计算。在职职工人数，需要根据取得股权激励之上月起前6个月“工资、薪金所得”项目的明细申报人数确定。对激励对象人数做限制，也就是对一个企业入围可以享受股权激励的门槛条件，这里设定的是人数，企业可以根据实际情况面对高管或者管理层进行设计。

（5）股票（权）期权自授予日起应持有满3年，且自行权日起持有满1年；限制性股票自授予日起应持有满3年，且解禁后持有满1年；股权奖励自获得奖励之日起应持有满3年。上述时间条件须在股权激励计划中列明。授予日即公司给予激励对象期权的时日，也是考察期起点日。期权有考察期，在考察期内业绩达标才能行权，故一般的考察期不少于3年，考察期满，一次性行权，即激励对象购买股票，成为公司真正股东。行权后还需持有股票满1年才能套现。实践中，有些公司实施分期行权，在授予日后满1年，且达到业绩考核即可对第一年的期权行权，行权后满1年，第三年不可套现，需要满足规定的考察期加行权后满一年的时限，即套现的总时长需满4年。限制性股票授予日即给予激励对象股权，激励对象就成为公司真正股东，但其套现需要解禁期满，最少解禁期需要设定1年。

（6）股票（权）期权自授予日至行权日的时间不得超过10年。即考察期不可时间过长，不得超过10年，考察期超过5年才让员工购买股票，已经是考验员工的耐心了。

（7）实施股权奖励的公司及其奖励股权标的公司所属行业均不属于《股权奖励税收优惠政策限制性行业目录》范围。有些行业如畜牧、农业、采矿业、烟草、纺织、批发零售业14个行业22个门类不能享受该税收优惠政策。这一条件仅针对股权奖励形式的股权激励。

表，计算纳税。计算公式为：

应纳税额 = 股权激励收入 × 适用税率 - 速算扣除数

居民个人一个纳税年度内取得两次（含两次）以上股权激励的，依然按照上述原则计算纳税。此 164 号文废止了财税〔2005〕35 号文中关于应纳税计算公式的规定。

由此可以看出，上市公司员工有两个缴税时点。第一个时点：在股票期权行权、限制性股票解除限售、取得股权奖励时按照“工资、薪金所得”项目计算缴纳个人所得税；第二个时点：在员工将获得的股权（股票）转让时，按照“财产转让所得”，适用 20% 的比例税率征收个人所得税，根据财税〔2005〕35 号的规定暂免征收个人所得税。

非上市公司授予员工股权期权符合条件的，可以申请递延纳税，也可以不申请递延纳税。不申请递延纳税，应当在两个时点缴税。第一个时点：在股票期权行权、限制性股票解禁限售、取得股权奖励时按照“工资、薪金所得”项目，根据公允价与授予价（行权价）的差额计算缴纳个人所得税；第二个时点：在员工将获得的股权（股票）转让时，按照“财产转让所得”，卖价与公允价的差额按照 20% 的比例税率征收个人所得税。享受递延纳税政策，实质将员工两次缴税变为一次缴税，但需以股权卖价和授予价的差额按转让所得 20% 税率计算缴纳个人所得税。

特别需要注意的是，很多非上市公司由于员工人数众多，激励员工以有限合伙企业的出资份额间接持有公司股权，由于不是直接持有公司股权，是否能够享受股权激励递延纳税的政策，需要向当地税务机关了解政策贯彻尺度。

三、个税案例

（一）上市公司个人所得税

1. 第一类限制性股票①

2000 年 1 月 1 日，上市公司以 10 元/股的价格授予员工小张 10,000 股限

① 第二类限制性股票个税缴纳参考股票期权。

制性股票，总价 10 万元，小张支付对价给公司，并于当日登记至小张账户。当日公司股票收盘价 20 元/股。激励计划规定，2021 年 1 月 1 日解除限售 5000 股，当日股价为 25 元/股；2021 年 6 月 1 日解除限售 5000 股，当日股价 30 元/股。

第一类限制性股票的纳税时点为解除限售时，故小张需要在 2021 年 1 月 1 日和 2021 年 6 月 1 日需要缴纳个税。

应纳税所得额 = ［（登记日股价 + 解禁日市价）÷2 – 购股价］×数量

2021 年 1 月 1 日应纳税所得额 = ［（20 元/股 + 25 元/股）÷2 – 10 元/股］×5000 股 = 62500 元，对照个人所得税税率表，小张应纳税额 = 62500 元 ×10% – 2520（速算扣除数）= 3730 元。

2021 年 6 月 1 日应纳税所得额 = ［（20 元/股 + 30 元/股）÷2 – 10 元/股］×5000 股 = 75000 元

合并的应纳税所得额 = 62500 元 + 75000 元 = 137500 元

合并后的应纳税额 = 137500 ×10% – 2520 = 11230 元

故 2021 年 6 月 1 日需要缴纳的税额 = 11230 – 3730 元 = 7500 元

2. 股票期权

2019 年 1 月 1 日，小张被上市公司授予 100 万股股票期权，授予价格 10 元/股，授予日收盘价 10 元/股，2020 年 1 月 1 日可行权，行权日收盘价为 19 元/股。

根据财税〔2018〕164 号文的规定，股权激励收入不并入当年综合所得，全额单独适用综合所得税率表计算纳税，计算公式：

应纳税额 = 股权激励收入 × 适用税率 – 速算扣除数 =（19 元/股 – 10 元/股）×1000000 股 ×45% – 181920 元 = 3868080 元

小张需要在 1 月 10 日缴纳 3868080 元的个人所得税，经当地税务机关备案批准，可在之后的 12 个月内缴纳。

小张在获得上市公司股票后，若交易该股票将不再产生个税。上述计算方法在 2021 年 12 月 31 日前有效，后续计算方法待税务部门通知后确定。

若一年内多次行权，如小张 2020 年 1 月 10 日行权 10000 股，当日收盘价为 19 元/股，3 月 10 日行权 10000 股，当日收盘价为 20 元/股，应纳税额分别是多少？

1 月 10 日应纳税额 = 股权激励收入 × 适用税率 − 速算扣除数 = ［（19 元/股 − 10 元/股）×10000 股］×10% −2520 元 =6480 元

3 月 10 日应纳税额 = ［（19 元/股 − 10 元/股）×10000 股 +（20 元/股 − 10 元/股）×10000 股］×20% −16920 元 −6480 元 =14600 元

3. 股票增值权

小张在 2020 年获得上市公司 50000 股股票增值权，行权价格 10 元/股，行权条件满足后，公司按照收盘价 20 元/股给与小张 50 万元股票增值权奖励。

股票增值权奖励收入 =（20 元/股 − 10 元/股）×50000 股 =500000 元

应纳税额 = 股权激励收入 × 适用税率 − 速算扣除数 =500000 元 ×30% − 52920 元 =97080 元

（二）非上市公司个人所得税

2018 年 3 月，公司给小张期权奖励 10 万股，3 年后满足考核条件可以 5 元/股行权。2021 年 3 月 1 日，以 5 元/股行权 10 万股，当天股权价值 10 元/股。2021 年 6 月 1 日，小张以 15 元/股价格卖出上述股权。

1. 不符合财税〔2016〕101 号文的条件

不报备，不申请递延纳税，应当在两个时点缴税。

第一个时点期权行权时按照“工资、薪金所得”项目，根据公允价与授予价（行权价）的差额计算缴纳个人所得税；

2021 年 3 月 1 日应纳税所得额 =（10 元/股 −5 元/股）×100000 股 = 500000 元

应纳税所得额 =500000 元 ×30% −52920 元 =97080 元

第二个时点在小张将获得的股权（股票）转让时，按照“财产转让所得”，卖价与公允价的差额按照 20% 的比例税率征收个人所得税。

应纳税额 =（15 元/股 −10 元/股）×100000 股 ×20% =100000 元

小张合计纳税额 =97080 元 +100000 元 =197080 元

2. 符合财税〔2016〕101 号文的条件且报备

小张享受税收递延政策，在 2021 年 3 月 1 日行权时不缴税，在 2021 年 6

月转让时缴税。

应纳税额 =（15元/股 − 5元/股）×100000股 ×20% =200000元

小张选择和不选择递延缴税，缴税款金额不同，原因在于选择不递延纳税，按照“工资、薪金所得”适用3% ~45%超额累进税率，选择递延纳税，按照“财产转让所得”适用20%固定比例税率。

第十九讲

宋都控股“借壳”交易系列案件[①] 法律分析

一、“借壳上市”概述

“借壳上市”是指取得既有上市公司控制权，并将自身公司资产置入这一上市公司。证券化后，借壳方获得上市公司的控制权，但上市公司不能同时获得融资。

企业上市后，获得了可以随时流通与交易的上市公司股权，股权可以用作货币收购别人的资产，因此，上市公司拥有了类“铸币权”。上市公司看中别人的资产，可以用“股权”或“股权+现金”作为支付手段。上市公司进行的针对特定对象的“非公开发行”，就是换股收购。

上市公司B，总股本1亿股，每股市价20元，则市值为20亿元。乙是B的控股股东，持有7000万股，持股比例为70%。甲拥有A公司100%股权，A去年实现净利润2.5亿元。B通过发行新股方式换股收购甲持有的A公司全部股权。A以10倍市盈率估值，为25亿元。B需要发行1.25亿股，以此作为对价来收购甲持有A的全部股权。交易后，A成为B的全资子公司，B的总股本由1亿股变成2.25亿股，乙仍然持有7000万股，持股比例由70%下降到31%，而甲获得1.25亿股，持股比例56%，成为上市公司B的控股股东。甲实现了将其拥有的A公司“借壳上市”，该交易一般称为“反向收

① 本书交易内容和交易数据均来自“巨潮资讯网”宋都股份600077公告内容，相关诉讼案件裁判文书均检索自Alpha案例库。

购”，因为它看似上市公司收购A公司资产，但实质是上市公司控制权变更，上市公司被别人收购了。这就是“借壳上市”，如图19－1所示。

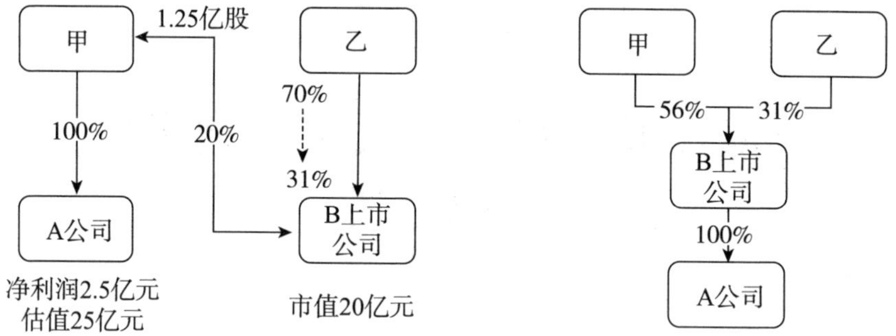

图19－1　“借壳上市”示意图

还有一种所谓的“卖身上市”，是指公司股东接受上市公司以股权作为支付手段，将企业出售给上市公司，即公司股东以原拥有的公司资产换取上市公司的股票。证券化后，原股东拥有的资产被上市公司控制，公司股东成为上市公司的小股东。

上例上市公司B的情况不变，总股本1亿股，每股市价20元，市值20亿元。乙是B的控股股东，持有7000万股，持股比例为70%。甲拥有A公司100%股权，A去年实现净利润5000万元。B计划收购甲持有的A公司全部股权。按照市盈率10倍计算，A公司估值5亿元。B发行新股收购甲的股权，按照市价20万元发行新股2500万股，以此作为对价收购甲持有的A公司股权。交易后，A成为B公司的全资子公司，B的总股本由1亿股变为2.25亿股，乙仍然持有7000万股，持股比例由70%下降到56%，但乙仍然是控股股东。甲获得B公司2500万股股权，持股比例为20%。甲将所拥有的A公司以自己获得上市B公司的股权对价的方式出售给上市公司，实现了“卖身上市”。上市公司以新发股份换得A公司资产。如图19－2所示。

上述两种方式不同于IPO，都是间接上市，依托于已有的A股上市公司。IPO，即在A股首次公开发行股票并上市交易，是直接上市，证券化后，原大股东继续掌握公司控制权，发行人同时获得融资。

借壳还要区分“实质意义上”的“借壳上市”和“监管意义上”的“借壳上市”。

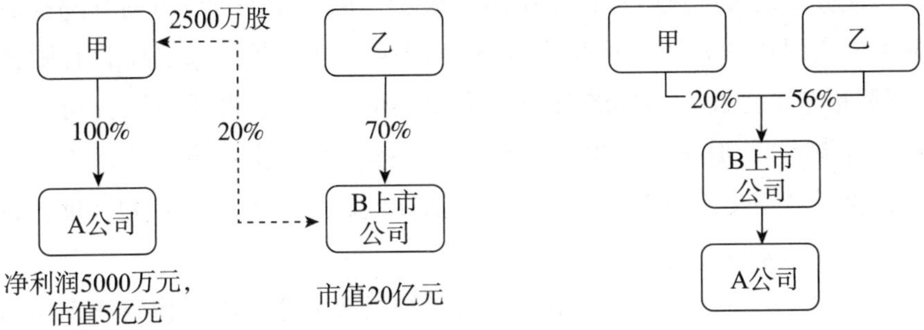

图 19－2　“卖身上市”示意图

实质意义上的借壳注重经济实质，只要符合以下两个条件，就构成“实质意义上”的“借壳上市”：

1. 借壳方（收购方）获得壳公司（上市公司）的控制权。如果借壳方未获得交易后壳公司的控制权，则属于“卖身上市”，不是借壳。

2. 借壳方（收购方）将自有资产置入壳公司。如果借壳方仅仅单纯取得上市公司控制权，未置入资产，则属于单纯的收购上市，不是借壳。

“监管意义上”的“借壳上市”属于根据监管部门规则而认定的“借壳上市”，只有达到了监管部门规定的借壳认定标准才属于“监管意义上”的“借壳上市”。一般监管意义上的借壳范围要小于实质意义上的借壳，那些属于实质意义上的借壳但不构成监管意义上的借壳一般称为“类借壳”。

2016 年 9 月中国证监会修订后的《上市公司重大资产重组管理办法》首次把“监管意义上”的“借壳上市”成为“重组上市”，并修订了构成“重组上市”的标准。因此，“重组上市”就是“监管意义上”的“借壳上市”。该办法严格界定借壳的认定标准，对构成借壳的交易进行等同于 IPO 审核。

二、借壳案件引发的法律问题

“借壳上市”涉及多方利益主体，包括上市公司、上市公司大股东、收购人及其关联人、上市公司的社会公众股东、上市公司的债权人及债务人等，不同主体之间需要签订《框架协议》《股权转让协议》《资产置换协议》《发行股份购买资产协议》等法律文本，方案设计复杂、审批程序烦琐，操作过程中会面临内幕信息泄露和内幕交易风险、未获得全部政府部门审批风险、壳公司债务重组失败风险等，即使借壳成功，也可能因为各方对交易条款的理解不同或因违约行为而产生争议甚至酿成讼争。浙江宋都控股有限公司（以下简称宋都控股）成功借壳辽宁百科集团（控股）股份有限公司（以下简称百科集团），但交易衍生出多起诉讼，本书以该交易产生的诉讼为分析样本，探讨借壳交易中资产置换的相关法律问题，了解法院裁判尺度，以期规避资产置换风险，完善交易细节设计。

本次借壳交易，双方约定借壳方宋都控股等关联方将置换资产返赠给交易对手百科投资，将置出资产置入上市公司子公司，但借壳方未按约定将上市公司持有的子公司股权无偿转让给百科投资，而是转卖他人，导致百科投资接连起诉宋都控股等借壳方。置出资产由于转让给他人，置出资产中的债权债务应由谁来主张和承担，成为系列案件中的焦点。具体法律问题如下：

1. 资产置出的法律性质和交易主体。

为了将优质资产置入上市公司，必须将上市公司原来的资产业务剥离。上市公司整体置出资产既不同于企业出售资产，也不是公司分立或合并，那么其交易本质是什么？资产置出的交易主体是股东还是上市公司？厘清这些问题才能正确适用法律及确定违约责任承担主体。

2. 置出资产赠与一方的约定是否有效。

取得上市公司整体置出资产后无偿返赠给交易对手，是否违反公司“资本三原则”？是否属于股东非法转移公司财产、侵害公司利益的行为？本次交易中“赠与”的本质是什么？是否可以申请撤销？

3. 置出资产的债权应由谁主张、债务应由谁承担。

置出资产的赠与接受方百科投资对置出资产的债权具有求偿权，而通过交易取得置出资产一方的求偿权应否得到保护？百科投资在取得置出资产账面款和债权的同时，是否也应该承担相应债务？

三、宋都控股借壳百科集团交易简介

宋都基业投资股份有限公司[①]（代码600077）前身系辽宁百科集团（控股）

① 因借壳成功，上市公司辽宁百科集团（控股）股份有限公司变更为浙江宋都基业投资股份有限公司，本书中“上市公司”“百科集团”“宋都基业”均为同一主体。为方便行文和理解，在借壳交易过程中（叙述语境下）简称“百科集团”，在诉讼过程中（诉讼语境下）简称“宋都基业”。

股份有限公司。2009 年 12 月 15 日，宋都控股、深圳市平安置业投资有限公司（以下简称平安置业）、郭某娟与百科投资管理集团有限公司（以下简称百科投资）签订《关于重组辽宁百科集团（控股）股份有限公司框架协议》（以下简称《框架协议》）、《资产置换及发行股份购买资产协议》（以下简称《置换协议》），由宋都控股、平安置业和郭某娟控制的宋都集团“借壳上市”，总体方案为：

1. 百科投资与宋都控股签订《股权转让协议》，宋都控股受让百科投资持有百科集团 17.53% 即 27,896,521 股股份，支付对价 3 亿元，宋都控股成为百科集团股东。

2. 《股权转让协议》签订后，百科集团原董事会成员集体辞职，百科集团改选董事会，宋都控股提名人选成为百科集团董事会组成人员，公司控制权发生变更。

3. 百科集团实施重大资产置换。百科集团以截至评估基准日 2009 年 12 月 31 日合法拥有的全部资产和负债（置出资产 291,305,290 元）与宋都控股、平安置业和郭某娟所合计持有宋都集团 100% 的股权（3,550,937,063 元）进行置换，百科集团还需向宋都控股、平安置业和郭某娟补足差额 3,259,631,773 元。

4. 百科集团非公开发行股份。百科集团拟向宋都控股、平安置业和郭某娟以非公开发行股份的方式支付上述差额，宋都控股、平安置业和郭某娟按各自在宋都集团的持股比例认购股份。置换资产差额 3,259,631,773 元，以百科集团第六届董事会第二十一届会议决议公告日前 20 个交易日股票交易均价，即 8.63 元/股计算，发行股份数量 377,709,359 股，其中分别向宋都控股、平安置业、郭某娟发行 271,950,738 股、75,541,872 股、30,216,749 股。其他流通股股东合计持有 131,221,896 股。①

5. 将上市公司资产置出。本次借壳交易中，百科集团和宋都控股、平安置业、郭某娟约定，百科集团置出资产由宋都控股、平安置业、郭某娟或其指定的第三方接收，同时约定百科集团成立全资子公司辽宁百科板材有限公司（以下简称百科板材），百科集团拟置出资产置入百科板材。百科板材的经营由上市公司现有经营团队负责，新任上市公司董事会不得干涉百科板材经营事项。

---

① 详见“巨潮资讯网”宋都股份 600077《收购报告书（摘要）》。

本次交易完成后，百科集团主营业务将由钢铁物流转变为房地产。宋都控股持有百科集团股权比例55.86%，成为百科集团大股东，俞某午持有宋都控股72%的股权，为百科集团实际控制人。平安置业持14.07%股权，郭某娟持5.63%股权，其他流通股东持24.44%股权，宋都集团成为百科集团全资子公司。2011年12月22日经工商部门核准，百科集团名称变更为宋都基业投资股份有限公司（以下简称宋都基业）。

本次交易股权架构如图19－3所示①：

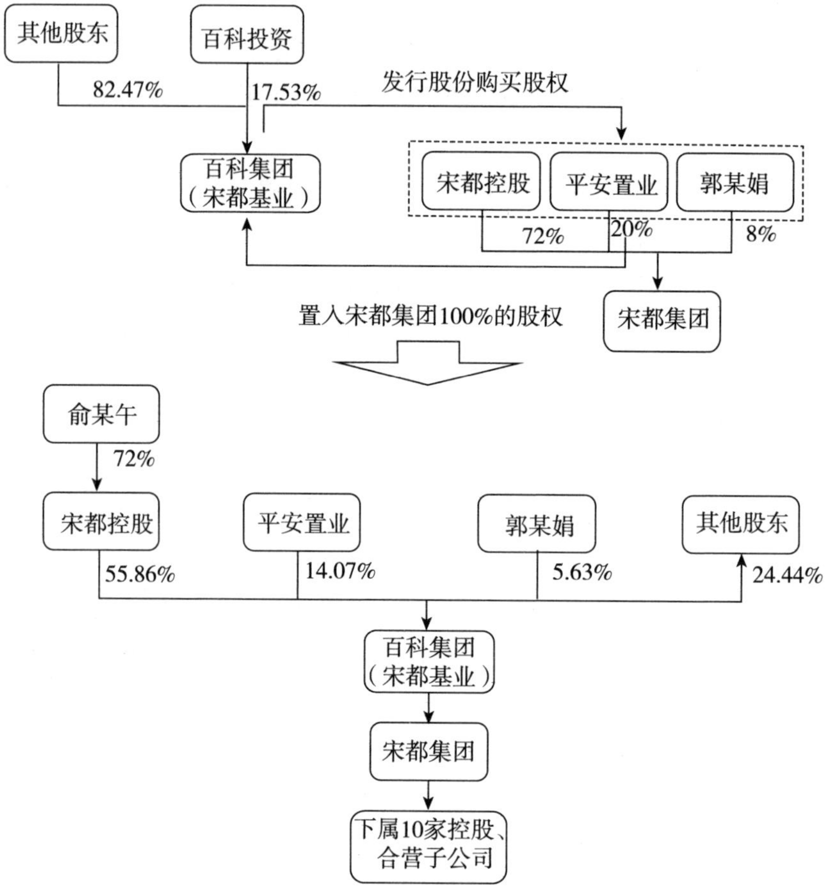

图19－3　交易股权架构示意图

① 作者根据宋都股份600077《收购报告书》等公告内容绘制。

四、本次交易符合“借壳上市”标准

本次交易发生在2009年，适用2008年4月16日发布的《上市公司重大资产重组管理办法》（第53号），以《上市公司重大资产重组管理办法》（第66号令）（以下简称《重组办法》）衡量，仍属于典型的“借壳上市”，其交易步骤分为股权转让、改组董事会取得控制权、资产置换变更主营业务等。

（1）控制权发生变更。2010年3月19日，百科集团2009年度股东大会通过《关于提前进行董事会、监事会成员换届选举的议案》，选举俞某午等4名董事和3名独立董事组成董事会，百科集团控制权变更。①

（2）注入资产的资产总额达到上市公司控制权发生变更前一会计年度期末资产总额的100%。是否构成借壳重组，除了满足《重组办法》第11条的一般性要求以及第43条有关发行股份购买资产的一般性要求之外，还需满足《重组办法》第13条有关“借壳重组”的标准。在本次交易中，上市公司购买资产为宋都集团100%股权，宋都集团的资产总额为3,550,937,063元，而百科集团其中一个会计年度，即2009年度经审计的合并财务会计报告期末资产总额为55,730.59万元，注入资产总额3,550,937,063元与2009年度百科集团期末资产总额55,730.59万元之比为637%，该比例不仅满足《重组办法》第12条第1款第1项规定的“购买、出售的资产总额占上市公司最近一个会计年度经审计的合并财务会计报告期末资产总额的比例达到50%以上”的条件，构成重大资产重组，同时还满足《重组办法》第13条第1款第1项“购买的资产总额占上市公司控制权发生变更的前一个会计年度经审计的合并财务会计报告期末资产总额的比例达到100%以上”的条件，因此该交易满足借壳资产注入比例的要求。

（3）符合“累计首次”原则。为防止相关方规避监管，化整为零，将控制权变更、购买资产行为分为多次完成，《关于公布〈上市公司重大资产重组管理办法〉第十四条、第四十四条的适用意见——证券期货法律适用意见第12号（2022年修订）的公告》明确要求执行“累计首次”原则，即上市公司控制权发生变更之日起，上市公司在重大资产重组中累计向收购人购买

① 详见“巨潮资讯网”宋都股份2010年3月20日2010年度股东大会决议公告。

的资产总额（含上市公司控制权变更的同时，上市公司向收购人购买资产的交易行为），占控制权发生变更的前一个会计年度经审计的合并财务会计报告期末资产总额的比例累计首次达到100%以上。该原则可防止企业化整为零，规避监管，但弊端在于没有规定控制权变化到购买资产的时间跨度，因此造成资产注入规模不大的交易也构成借壳，阻碍了资源要素的整合。交易跨度从上市公司控制权发生变更之日起60个月内若构成重大资产重组，应当报经证监会核准，60个月后则不需要报经核准。

（4）交易资产符合条件。本次交易发生在2009年12月，2008年4月16日发布的《上市公司重大资产重组管理办法》（第53号令），还没有对上市公司购买的资产对应的经营实体有具体要求。2011年4月27日，中国证监会发布《关于修改上市公司重大资产重组与配套融资相关规定的决定》（第73号令），要求上市公司购买的资产对应的经营实体持续经营时间应当在3年以上，最近两个会计年度净利润均为正数且累计超过2000万元，该决定自2011年9月1日起施行。而本次交易发生在2011年，2011年8月19日，中国证监会上市公司并购重组审核委员会审核本次交易时，仍适用第53号令，故没有存续期满3年和利润达到2000万元要求。如果交易发生在2011年9月1日后，则宋都集团需持续经营3年以上，利润2000万元以上。2014年11月23日起施行的《上市公司重大资产重组管理办法》（第109号令）和2016年9月8日起施行的中国证监会关于修改《上市公司重大资产重组管理办法》的决定（第127号令）将购买的资产对应的经营实体提高标准，要求购买的经营实体应当符合《首次公开发行股票并上市管理办法》规定的其他发行条件，也就是说，标的资产——宋都集团要符合IPO的条件。

从上述四个方面考察，本次交易构成“借壳上市”。本次交易环节不可谓不严密，然而本次交易借壳成功后却衍生出十多起诉讼，多起案件经过最高人民法院再审。

五、系列诉讼综述及裁判要点

交易中，宋都控股、郭某娟向百科投资出具承诺函，同意将本次交易中上市公司拟置出资产无偿赠与百科投资。宋都控股和郭某娟同时保证平安置业同意将拟置出资产无偿赠与百科投资，如平安置业有不同意见，宋都控股和郭某娟承诺将采取受让等方式取得平安置业的份额，并无偿赠与百科投资。

上市公司置出资产留存账面款29,706,600.71元，对通化钢铁股份有限公司（以下简称通化钢铁）拥有债权数额2,771,287.37元，对本钢板材股份有限公司（以下简称本钢板材）拥有债权4,189,536.146万元。

2010年12月29日，百科集团将百科板材的出资份额以500万元卖给杭州崇和企业管理有限公司（以下简称杭州崇和）。

2011年10月22日，百科集团与宋都控股、平安置业、郭某娟签订《资产交割确认书》，百科集团将拟置出资产（包括拟置出资产相关的全部资产、负债、权益、业务等）交付给杭州崇和，百科集团为此在《辽宁日报》刊登公告债权转移事项，并邮寄送达相关债务人。

双方约定将置出资产置入百科板材，同时宋都控股和郭某娟承诺将置出资产赠送给百科投资。百科集团置出资产实际置入杭州崇和（见图19－4）。

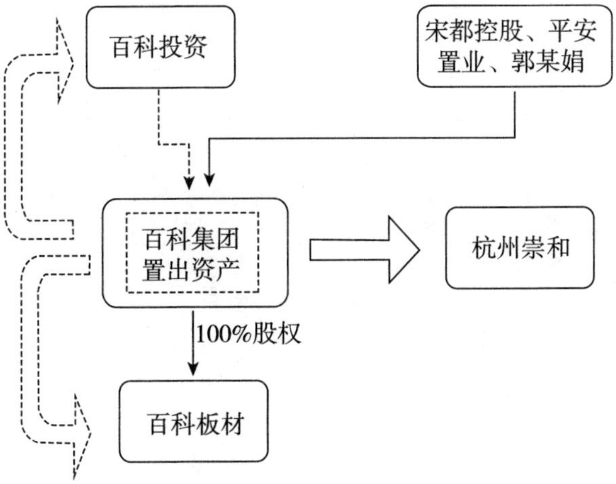

图19－4　百科集团置出资产示意图

虽然本次借壳成功，但基于上述交易行为产生多起诉讼，具体案件如表19－1所示[①]。

① 本表案例均检索自alpha案例库，并未囊括本次借壳交易产生的所有案件，仅为在alpha案例库中可以查询到判决的案件，如最高人民法院（2013）民提字第192号民事判决书，辽宁省高级人民法院（2012）辽民二终字第144号判决书中提到的（2011）沈中民三终字第595号、第672号判决书均未查询到。

表 19－1　宋都控股借壳百科集团系列纠纷案

序号案由	原告	被告	诉讼请求	一审法院	裁判结果	二审法院	裁判结果	申请再审法院及结果	再审法院及结果
1. 与公司有关的纠纷	百科投资	宋都控股、平安置业、郭某娟、宋都集团和宋都基业	赔偿百科投资公司对通化钢铁债权损失人民币 2, 771, 287. 37 元	沈阳市和平区人民法院（2012）沈和民三初字第 00067 号	1. 宋都控股、平安置业、郭某娟、宋都集团赔偿 2, 771, 287. 37 元； 2. 驳回原告其他诉讼请求	沈阳市中级人民法院（2013）沈中民三终字第 00603 号民事判决	宋都控股、郭某娟共同赔偿债权损失 2, 771, 287. 37 元		
2. 与公司有关的纠纷	百科投资	宋都控股、平安置业、郭某娟、宋都集团和宋都基业	给付百科投资留在上市公司账面款 29, 706, 600. 71 元	沈阳市中级人民法院（2011）沈中民三初字第 110 号民事判决	1. 宋都控股、郭某娟给付百科投资账面存款 24, 495, 668. 79 元； 2. 宋都控股、郭某娟给付利息； 3. 驳回百科投资的其他诉讼请求	辽宁省高级人民法院（2015）辽民二终字第 00006 号民事判决	驳回上诉，维持原判	最高人民法院（2015）民申字第 2121 号民事裁定：驳回宋都控股、郭某娟的再审申请	

续表

序号案由	原告	被告	诉讼请求	一审法院	裁判结果	二审法院	裁判结果	申请再审法院及结果	再审法院及结果
3. 与公司有关的纠纷	百科投资	宋都基业、宋都控股、平安置业、郭某娟、宋都集团	1. 共同赔偿宋都基业对本钢板材的785.857808万元债权损失； 2. 宋都基业承担连带责任	沈阳市中级人民法院（2012）沈中民三初字第43号民事判决	1. 宋都控股、平安置业、郭某娟及宋都集团共同赔偿百科投资损失785.857808万元； 2. 驳回各方其他诉讼请求	辽宁省高级人民法院（2012）辽民二终字第143号民事判决	驳回上诉，维持原判	最高人民法院再审审查，作出（2013）民申字第1165号民事裁定：提审	最高人民法院（2014）民提字第6号民事判决：（1）撤销辽宁省高级人民法院（2012）辽民二终字第143号、辽宁省沈阳市中级人民法院（2012）沈中民三初字第43号民事判决；（2）宋都控股、郭某娟于本判决生效之日起10日内共同赔偿百科投资损失765.236734万元；（3）驳回百科投资其他诉讼请求

续表

序号案由	原告	被告	诉讼请求	一审法院	裁判结果	二审法院	裁判结果	申请再审法院及结果	再审法院及结果
4. 股权转让纠纷	百科投资	宋都控股、平安置业、郭某娟、宋都集团、宋都基业	宋都控股、平安置业、郭某娟、宋都集团共同赔偿其损失人民币500万元，宋都基业对上述损失承担连带责任	沈阳市中级人民法院（2012）沈中民三初字第44号民事判决	1. 宋都控股、平安置业、郭某娟及宋都集团赔偿百科投资损失人民币500万元； 2. 驳回各方其他诉讼请求	辽宁省高级人民法院（2012）辽民二终字第144号民事判决	驳回上诉，维持原判	最高人民法院再审审查，作出（2013）民申字第375号民事裁定：提审	最高人民法院（2013）民提字第192号民事判决：（1）撤销辽宁省高级人民法院（2012）辽民二终字第144号民事判决；（2）变更辽宁省沈阳市中级人民法院（2012）沈中民三初字第44号民事判决第1项为：宋都控股、郭某娟于本判决生效之日起10日内共同赔偿百科投资损失500万元；变更该判决第2项为：驳回百科投资其他诉讼请求

续表

序号案由	原告	被告	诉讼请求	一审法院	裁判结果	二审法院	裁判结果	申请再审法院及结果	再审法院及结果
5. 股权转让纠纷	百科投资	宋都控股、宋都基业	支付购买股票欠款人民币5000万元及违约金，宋都基业承担连带责任	辽宁省高级人民法院（2011）辽民二初字第34号民事判决	1. 宋都控股给付百科投资股权转让款5000万元； 2. 驳回百科投资的其他诉讼请求	最高人民法院（2013）民二终字第26号民事判决	1. 撤销辽宁省高级人民法院（2011）辽民二初字第34号民事判决； 2. 驳回百科投资的诉讼请求	最高人民法院再审审查，作出（2013）民申字第1211号民事裁定：驳回百科投资的再审申请	
6. 债权转让合同纠纷	杭州崇和	通化钢铁	因宋都基业对通化钢铁的债权转移给杭州崇和，通化钢铁对宋都基业的2,771,287.37元欠款应支付给原告	通化市二道江区人民法院作出（2015）二钢民初字第161号民事判决	债权转让未能通知债务人通化钢铁，驳回诉讼请求	通化市中级人民法院（2016）吉05民终字第113号民事判决	驳回上诉，维持原判		
7. 债权转让合同纠纷	杭州崇和	鞍钢公司、宋都基业	因宋都基业对鞍钢公司的债权转移给杭州崇和，鞍钢公司对宋都基业的1,232,127.98元欠款应支付给原告	杭州市江干区人民法院（2016）浙0104民初字第5798号民事判决	1. 鞍钢公司偿付欠款1,232,127.98元； 2. 驳回原告其他诉讼请求				
8. 买卖合同纠纷	大连加中	宋都基业	原告已出函同意涉案债务由置出资产承接方承担，要求偿付欠付钢材货款9,973,750.29元	沈阳市中级人民法院（2013）沈中民三初字第35号民事判决	因同意函未明确资产接收方，被告返还原告钢材货款9,973,750.29元				

1. 百科投资与宋都控股、平安置业、郭某娟、宋都集团和宋都基业与公司有关的纠纷

百科投资起诉宋都控股、平安置业、郭某娟、宋都集团和宋都基业：因宋都控股和郭某娟承诺函承诺将置出资产赠送给百科投资，置出资产对通化钢铁拥有2,771,287.37元债权，要求被告共同给付该数额的债权款。

沈阳市和平区人民法院作出（2012）沈和民三初字第00067号民事判决：(1）宋都控股、平安置业、郭某娟、宋都集团共同赔偿原告损失人民币2,771,287.37元；(2）驳回原告其他诉讼请求。

该案上诉至沈阳市中级人民法院，该院认为，宋都控股、郭某娟对百科投资作出的关于置出资产处置的承诺是其真实意思表示，符合法律规定，承诺有效，宋都控股和郭某娟应履行其承诺。平安置业并没有对承诺函进行签字确认，宋都集团也不是出具承诺函的主体，宋都基业承担连带责任没有事实和法律依据，故平安置业、宋都集团、宋都基业不承担责任。沈阳市中级人民法院作出（2013）沈中民三终字第00603号判决：(1）撤销沈阳市和平区人民法院（2012）沈和民三初字第00067号民事判决第2项；(2）变更沈阳市和平区人民法院（2012）沈和民三初字第00067号民事判决第1项为"宋都控股、郭某娟于本判决生效之日起10日内共同赔偿百科投资债权损失人民币2,771,287.37元"；(3）驳回百科投资的其他诉讼请求。

2. 百科投资与宋都控股、平安置业、郭某娟、宋都集团和宋都基业与公司有关的纠纷

百科投资起诉宋都控股、平安置业、郭某娟、宋都集团和宋都基业，根据承诺函，置出资产账面存款为29,706,600.71元，应由被告支付给原告。

宋都控股、郭某娟认为百科投资主张的现金在交割日之前已经实际用于归还置出资产范围内债务，现金均基本偿付完毕，至今仍有与置出资产有关的巨额债务尚未清偿。

沈阳市中级人民法院认为，宋都控股、郭某娟对百科投资作出的关于置出资产处置的承诺是其真实意思表示，应履行其承诺。置出资产在重组前属宋都基业所有，重组后，置出资产应属宋都控股、郭某娟、平安置业所有。百科投资留存在上市公司的账面款属置出资产，宋都控股、郭某娟应交付给

百科投资。平安置业并没有对承诺函进行签字确认，宋都集团也不是出具承诺函的主体。沈阳市中级人民法院作出（2011）沈中民三初字第110号民事判决：（1）宋都控股、郭某娟于本判决生效后10日内共同给付百科投资账面存款人民币24,495,668.79元；（2）宋都控股、郭某娟按中国人民银行同期贷款利率给付百科投资利息；（3）驳回百科投资的其他诉讼请求。

百科投资、宋都控股和郭某娟向辽宁省高级人民法院提起上诉。

二审法院认为，拟置出资产系指上市公司拟置出的全部资产及负债，上市公司必须保证拟置出资产交割给宋都控股、平安置业、郭某娟或其指定的第三方。承诺函载明，置出资产无偿赠与百科投资。《资产置换及发行股份购买资产协议》（以下简称《置换协议》）及承诺函均为各方当事人的真实意思表示，故宋都控股、郭某娟在取得拟置出资产所有权后，应按照其承诺履行将拟置出资产无偿赠与百科投资的义务。该承诺不同于合同法意义上的赠与，不能任意撤销。平安置业不是承诺函的出具主体，虽然其是《置换协议》的签约主体，但百科投资并不是《置换协议》的签约主体；宋都集团不是《置换协议》和承诺函的签约主体；宋都基业虽然是《置换协议》的签约主体，但百科投资并不是该协议的签约主体，且宋都基业亦不是承诺函的出具主体，故三者均不承担责任。

拟置出资产是指上市公司拟置出的全部资产及负债，拟置出资产评估报告载明，净资产账面评估价值为291,305,290.99元，货币资金账面价值为125,111,511.45元，包括银行存款评估值为81,256,885.39元。故拟置出资产的范围和价值在《置换协议》各方当事人约定的实际交割日交割置出资产时，该价值不得减损。辽宁省高级人民法院作出（2015）辽民二终字第00006号民事判决：驳回上诉，维持原判。

宋都控股与郭某娟不服，向最高人民法院申请再审，最高人民法院作出（2015）民申字第2121号民事裁定：驳回宋都控股有限公司、郭某娟的再审申请。

3. 百科投资与宋都基业、宋都控股、平安置业、郭某娟和宋都集团与公司有关的纠纷

百科投资起诉宋都基业、宋都控股、平安置业、郭某娟和宋都集团，共

同承担赔偿置出资产对本钢板材拥有的785.857808万元债权损失。

沈阳市中级人民法院作出（2012）沈中民三初字第43号民事判决：（1）宋都控股、平安置业、郭某娟及宋都集团于该判决生效之日起10日内共同赔偿百科投资损失785.857808万元；（2）驳回各方其他诉讼请求。

百科投资、宋都控股、平安置业、郭某娟、宋都集团均不服，提起上诉。

辽宁省高级人民法院认为：宋都控股、郭某娟、平安置业作为宋都基业的控股股东，明知百科板材系承接上市公司拟置出资产的标的公司，却促使宋都基业将百科板材拍卖给杭州崇和，并会同宋都基业将置出资产转移给杭州崇和；宋都集团未依《框架协议》约定，将置出资产无偿返还给百科投资，均属资产重组项下的重大违约行为。因此，四上诉人应向百科投资共同承担违约赔偿责任，作出（2012）辽民二终字第143号民事判决：驳回上诉，维持原判。

宋都控股、宋都集团、宋都基业、郭某娟、平安置业不服二审判决，向最高人民法院申请再审。最高人民法院作出（2013）民申字第1165号股权纠纷再审审查民事裁定书：提审本案。

最高人民法院认为，根据承诺函的约定，宋都控股、郭某娟应在交割日向百科投资交付置出资产，但宋都控股、郭某娟违反约定，在交割日将本应交付百科投资的包含该笔债权在内的置出资产交付案外人杭州崇和。该笔债权被交付杭州崇和后，必然导致百科投资因无法主张该笔债权而遭受相应的损失。最高人民法院作出（2014）民提字第6号民事判决：（1）撤销辽宁省高级人民法院（2012）辽民二终字第143号、辽宁省沈阳市中级人民法院（2012）沈中民三初字第43号民事判决；（2）宋都控股、郭某娟于本判决生效之日起10日内共同赔偿百科投资损失765.236734万元；（3）驳回百科投资其他诉讼请求。

4. 百科投资与宋都控股、平安置业、郭某娟、宋都集团和宋都基业股权转让纠纷

百科投资以宋都基业将其全资子公司百科板材的出资份额以500万元拍卖给杭州崇和为由，起诉要求宋都控股、平安置业、郭某娟、宋都集团共同赔偿其损失人民币500万元，宋都基业承担连带责任。

沈阳市中级人民法院认为，宋都集团、宋都控股、平安置业、郭某娟及其控制下的上市公司应该按照约定将百科板材的出资份额全部无偿转让给百科投资，现宋都控股、平安置业、郭某娟及宋都集团未按照约定移交百科板材的经营权，且该公司的出资份额已由上市公司转卖他人，故宋都控股、平安置业、郭某娟及宋都集团应当承担违约赔偿责任。百科板材承担连带责任无法律依据。沈阳市中级人民法院作出（2012）沈中民三初字第44号民事判决：（1）被告宋都控股、平安置业、郭某娟及宋都集团共同赔偿百科投资损失人民币500万元；（2）驳回各方其他诉讼请求。

宋都控股、平安置业、郭某娟、宋都集团提起上诉。辽宁省高级人民法院认为，四方上诉人与百科投资在完成上市公司资产重组过程中所签订的一系列协议合法有效，四方上诉人违反约定，导致重组后的上市公司擅自处分百科板材，给百科投资造成损失，应共同承担赔偿责任。辽宁省高级人民法院作出（2012）辽民二终字第144号民事判决，驳回上诉，维持原判。

宋都控股、平安置业、郭某娟、宋都集团、宋都基业向最高人民法院申请再审，最高人民法院作出（2013）民申字第375号再审审查民事裁定，提审本案。最高人民法院经审理作出（2013）民提字第192号民事判决：（1）撤销辽宁省高级人民法院（2012）辽民二终字第144号民事判决；（2）变更辽宁省沈阳市中级人民法院（2012）沈中民三初字第44号民事判决第1项为，宋都控股、郭某娟于本判决生效之日起10日内共同赔偿百科投资损失500万元；变更该判决第2项为，驳回百科投资其他诉讼请求。

5. 百科投资与宋都控股股权转让纠纷

百科投资起诉宋都控股欠5000万元购股款，宋都基业承担连带责任。辽宁省高级人民法院认为，宋都控股对百科投资未将解押后的土地抵押给宋都基业的事实是接受并认可的，所以，百科投资未有在先义务未履行，宋都控股也不具有先履行抗辩权。故宋都控股应履行给付百科投资剩余的5000万元股权转让款的义务。

辽宁省高级人民法院作出（2011）辽民二初字第34号民事判决：（1）宋都控股于该判决生效之日起15日内给付百科投资股权转让款人民币5000万元；（2）驳回百科投资的其他诉讼请求。

宋都控股、宋都基业向最高人民法院上诉。最高人民法院认为，宋都控股应支付该5000万元，在没有其他证据的情况下，推定其放弃了该5000万元部分的先履行抗辩权，并进而推定其亦放弃了尚未支付5000万元的先履行抗辩权显属不当。宋都控股在本案中主张先履行抗辩权，表明宋都控股并未放弃其尚未支付的5000万元股权转让款的先履行抗辩权。《保证合同》约定，百科投资和潘某超的保证范围为《置换协议》约定的应由宋都基业承担的宋都基业未披露负债和或有负债等所产生的责任。抵押是百科投资及潘某超履行《保证合同》的担保形式之一。宋都控股主张先履行抗辩权有合同及法律依据，其并未放弃先履行抗辩权，百科投资拒不履行其在先合同义务的理由不能成立，故宋都控股主张先履行抗辩权应予支持，百科投资关于宋都控股、宋都基业连带向其支付5000万元欠款及违约金的主张没有事实和法律依据。最高人民法院作出（2013）民二终字第26号民事判决：（1）撤销辽宁省高级人民法院（2011）辽民二初字第34号民事判决；（2）驳回百科投资的诉讼请求。

百科投资向最高人民法院申请再审，最高人民法院作出（2013）民申字第1211号再审审查民事裁定：驳回百科投资的再审申请。

6. 杭州崇和与通化钢铁债权转让合同纠纷

杭州崇和起诉通化钢铁，因宋都基业对通化钢铁的债权转移给杭州崇和，通化钢铁对宋都基业的2,771,287.37元欠款应支付给原告，通化市二道江区人民法院作出（2015）二钢民初字第161号民事判决，认为：杭州崇和主张公告即对债务人发生法律效力，无法律依据。杭州崇和提供的邮寄单收寄人、收件人签字处为空白并不能证明宋都基业函告通化钢铁的邮件寄给了通化钢铁，故现有证据不能证明双方的债务转让已经通知债务人，对债务人通化钢铁不发生法律效力，驳回诉讼请求。杭州崇和上诉，通化市中级人民法院（2016）吉05民终字第113号民事判决，驳回上诉，维持原判。

7. 杭州崇和与鞍钢公司、宋都基业债权转让合同纠纷

杭州崇和起诉鞍钢公司、宋都基业，因宋都基业对鞍钢公司的债权转移给杭州崇和，要求二被告支付鞍钢公司对宋都基业的1,232,127.98元欠款。

杭州市江干区人民法院作出（2016）浙 0104 民初字第 5798 号民事判决：鞍钢公司偿付欠款 1, 232, 127. 98 元，驳回原告其他诉讼请求。

8. 大连加中与宋都基业买卖合同纠纷

大连加中起诉宋都基业，要求偿付宋都基业前身百科集团欠付的钢材货款 9, 973, 750. 29 元。沈阳市中级人民法院作出（2013）沈中民三初字第 35 号民事判决，被告返还原告钢材货款 9, 973, 750. 29 元。

六、对系列诉讼案件的法律分析①

本次借壳交易主体出卖方是百科投资，购买方是宋都控股、平安置业和郭某娟，标的物是上市公司净壳资源——宋都基业前身百科集团上市资格。借壳是由多个交易组合而成，属于集合交易。《框架协议》统领《股权转让协议》、《置换协议》、《关于资产置出工作的补充协议》、《保证合同》、承诺函等各项协议（以下简称其他协议）。其他协议设定不同阶段各主体间的权利义务，每一个具体协议履行完毕，则达到《框架协议》的最终目的。《框架协议》与其他协议是不可分离的有机整体，各具体协议的权利义务均是为《框架协议》服务的，不因各签约主体在后续阶段各个具体协议的履行而否认《框架协议》的效力存续。

本次交易文本、签约主体和交易客体如表 19－2 所示。

表 19－2　借壳系列交易

交易文本	签约主体	交易客体	交易标的	交易对价
《框架协议》	百科投资—宋都控股、平安置业、郭某娟	百科集团的“净壳”（上市资格）	百科投资给付“净壳”（加控制权）	

① 关于百科投资起诉宋都控股欠 5000 万元购股款案，其裁判要旨和分析详见最高人民法院民事审判第二庭编：《最高人民法院商事审判指导案例（2014）》，中国民主法制出版社 2015 年版，第 46～58 页，本书不再赘述。

续表

<table>
<tr><th colspan="2">交易文本</th><th>签约主体</th><th>交易客体</th><th>交易标的</th><th>交易对价</th></tr>
<tr><td colspan="2">《股权转让协议》</td><td>百科投资—宋都控股</td><td>百科集团股权</td><td>百科投资支付百科集团 17.53% 股权即 27,896,521 股股份</td><td>宋都控股支付 3 亿元</td></tr>
<tr><td rowspan="2">《资产置换及发行股份购买资产协议》</td><td>资产置换</td><td>百科投资—宋都控股、平安置业、郭某娟</td><td>百科集团的资产（净资产）与宋都集团股权</td><td>百科集团净资产 291,305,290 元</td><td>宋都控股、平安置业和郭某娟所合计持有的宋都集团价值 291,305,290 元的股权</td></tr>
<tr><td>发行股份</td><td>百科投资—宋都控股、平安置业、郭某娟</td><td>百科集团的股票与宋都集团股权</td><td>百科集团发行股票 377,709,359 股，价值 3,259,631,773 元</td><td>宋都控股、平安置业和郭某娟所合计持有宋都集团 100% 股权（3,550,937,063 元）差额部分 3,259,631,773 元</td></tr>
</table>

注：详见“巨潮资讯网”宋都股份 2010 年 4 月公告《收购报告书（摘要）》。

1. 资产置出的法律性质和本次交易的主体

资产置出本质上是营业转让，与股权转让、转投资以及合并、分立一样，都是法律为商事主体调整经营所提供的制度工具。营业转让是指一个经营实体将其生产要素组合作为一个有机整体转让的行为。营业的外延要远远宽于财产，其不仅包括营业资产，也包括经营关系；不仅包括资产，也包括负债。[①] 我国虽然没有关于“营业转让”的法律规定，但在《企业破产法》和《反垄断法》中提到了营业转让。《企业破产法》第 69 条第 1 款第 3 项规定，管理人实施“全部库存或者营业的转让”，应当及时报告债权人委员会；《反垄断法》第 48 条（已修订）规定：“经营者违反本法规定实施集中的，由国务院反垄断执法机构责令停止实施集中、限期处分股份或者资产、限期转让营业以及采取其他必要措施恢复到集中前的状态……”国家体改委等四部委

① 参见郑杰：《并购重组视野下的营业转让及其法律规制需求》，载《金融法苑》2014 年第 1 期；王文胜：《论营业转让的界定与规制》，载《法学家》2012 年第 4 期；郭亚丽：《“金蝉”不再“脱壳”——论营业转让中债权人的利益保护》，载《河北法学》2012 年第 2 期。

于1989年颁布的《关于企业兼并的暂行办法》中就规定了企业兼并的主要形式，其中购买式即“兼并方出资购买被兼并方企业的资产”属于营业转让的典型情形之一。

营业转让合同是出让人将其对营业财产的权利转移给受让人，受让人支付价款的合同。营业转让合同属于无名合同，除了交易客体的特殊性外，在权利义务的法律适用上与买卖合同相同。

公司是企业法人，有独立的法人财产，享有法人财产权，而公司的股东对公司所享有的权益通过股权行使，股东所能转让的只能是股权，企业所能转让的则是企业的财产。我国法律实践上的“营业转让”，是企业的投资人对企业所享有权益的转让，还是企业营业财产的转让，即出让主体是股东还是公司？无论我国学者还是日本学者，都认为营业转让既包括公司取得对价也包括股东取得对价的情形。①

本次交易中的营业转让交易主体是百科集团还是百科投资？从表面上看交易客体是百科集团的资产，属于资产交易，实质上营业转让不同于一般的资产交易，交易主体可以是营业所在公司的股东，营业整体置出，置出资产由于其生产要素组合（资产、负债、人员、业务）与公司法人人格脱离，营业的权利主体发生变化，已经不是完全意义上的公司法人财产，而是公司股东将该部分营业作为对价进行交换，因此公司本身不是交易一方，交易主体应是营业公司的股东。本次交易营业转让是百科投资与宋都控股、平安置业、郭某娟之间的交易，营业转让取得对价的主体是百科投资（股东）而不是百科集团（公司）。宋都控股和郭某娟承诺将置换所得的资产再返还（赠送）给百科投资的意思表示，恰恰证明置出资产的主体并不是百科集团，而是百科投资。

宋都集团和上市公司在交易中的地位并不是交易主体。宋都集团的股权系交易对价支付方式，交易完成后宋都集团成为上市公司的全资子公司，其地产业务将置入上市公司，是间接交易客体，而百科集团的上市资格和控制

---

① 刘小勇：《国外营业转让规制及其在我国的引入——日本及美国法对我国的启示》，载《山东大学学报（哲学社会科学版）》2010年第2期。

权（壳）系直接交易客体，二者均不是壳交易的交易主体。只有确定了交易主体后，才能厘清责任承担主体。由此，在基于承诺函要求支付账面款项和债权的三个案件中，百科投资起诉的都是宋都控股、平安置业、郭某娟、宋都集团和宋都基业五个被告，但沈阳市中级人民法院（2013）沈中民三终字第00603号判决、辽宁省高级人民法院（2015）辽民二终字第00006号判决和最高人民法院（2014）民提字第6号判决最终认定的责任承担主体只有宋都控股和郭某娟，而将作为交易客体的宋都基业和宋都集团排除在外。由于承诺函没有平安置业的签章，根据合同相对性原则，平安置业得以在系列诉讼中免除向百科投资支付置出资产账面资金和相关债权的责任。

从上述判决可以看出，法院最终的判决结果均判令宋都控股和郭某娟承担赔偿责任，系从交易主体和承诺主体两方面考量的结果。

2. 置出资产赠与一方的约定是否有效

本次交易中，双方约定置出资产不属转让范围，这种约定是否有效呢？众所周知，股权转让合同中处分公司财产的条款无效。“这种处分公司资金、实物及无形资产的约定违反了法律的强制性规定，应属无效。股权转让合同中关于公司的某项资产归属一方当事人的约定，正是属于股东非法转移公司财产、侵害公司利益的行为。如果允许这一行为存在，就会侵害公司的法人财产，影响公司的对外偿债能力，动摇公司的独立法人地位，造成债权人及其他股东的损失。同时这种行为也属于违反社会基本商业道德、破坏市场公平秩序的行为。因此，这样的约定违反了公司法中的强制性规范，根据《合同法》第52条第5项之规定，应属无效。”①

不同于股权转让交易中股东处分公司资产，借壳交易中上市公司资产置出是为了优质资产的置入，这是购买上市公司净壳的商业目的所在；再则资产置入并没有导致公司净资产的减少；最后，这种交易安排并没有损害公司和债权人利益。因此，股东整体处分公司经营并不违反公司资本确定、资本维持和资本不变原则，应属有效约定。

---

① 吕红兵、尹秀超等编著：《公司法适用疑难问题通览——法律原理观点实例及依据》，人民法院出版社2013年版。

通过交换，将本属于自己的置出资产又返赠给交易对手，宋都控股和郭某娟向百科投资出具了承诺函，承诺赠与的真实意思表示是什么？

《框架协议》约定百科投资交付宋都控股、平安置业和郭某娟上市公司的“净壳”（上市资格加控制权），但没有约定交易对方给付“壳费”的对价。在此类借壳交易中，一般都有壳费的价格，壳费的支付手段包括低价或免费向原大股东转让置出资产、溢价收购、股份转赠等方式。本次交易中宋都控股和郭某娟向百科投资承诺：将本次交易中的拟置出资产无偿赠与百科投资，该承诺实质是购壳一方支付壳费的意愿表达，该赠与是变相支付壳费的一种方式。正如最高人民法院（2015）民申字第2121号民事裁定认为：“《承诺函》作为宋都控股、郭某娟的真实意思表示，涉及对置出资产的处置，系当事人在《股权转让协议》之外对实体权利的处分达成的合意，此《承诺函》名为无偿赠与，实是双方当事人经协商达成的商业交易对价，故该承诺不同于合同法上的赠与，不能任意撤销。”该判决虽没有直接认定赠与置出资产系支付壳费的对价，但实际也认为是双方当事人经协商达成的商业交易对价。因此，该赠与不同于一般民事赠与，是有商业意义的对价支付方式，是双方的合意，是宋都控股、平安置业和郭某娟取得净壳的对价，也可以说是对出让方的补偿，没有损害国家、集体、第三人利益，也没有违反法律、行政法规的强制性规定，因此该承诺是有效承诺。

承诺函所涉及的置出资产赠与百科投资的效力问题，沈阳市中级人民法院、辽宁省高级人民法院和最高人民法院均认定赠与有效。

从上述案件中各级法院的态度可以看出，不同于股权转让中对标的公司的资产处分，在借壳交易中，法院是认可股东间对标的资产整体处分的，并对壳交易支付对价的方式采取开放的态度，只要不违反法律规定，均认可有效。

3. 百科投资诉讼请求应为上市公司账面款的等额款项，而不是留存在上市公司账面的款项

在诉请赔偿上市公司账面款项一案中，百科投资的诉讼请求是判令“宋都基业、宋都控股、郭某娟、平安置业、宋都集团共同给付百科投资留存在上市公司账面款，并按同期银行贷款利率支付违约金”，该诉请是请求判令

对方支付留存在上市公司账面款即29,706,600.71元的款项，还是请求判令对方支付留存在上市公司账面款即29,706,600.71元的等额款项？根据宋都控股和郭某娟的答辩内容："百科投资主张的现金在交割日之前已经实际用于归还置出资产范围内债务等，例如：归还银行贷款、股票期货投资损失等各种与置出资产有关的债务。现金均基本偿付完毕，根据天健审（2011）5039号《审计报告》（以下简称《5039号审计报告》），至2011年9月30日账面货币资金余额只余41万余元。原判忽略了置出资产在重组期间的重大变化与本案的标的物有关，至今仍有与置出资产有关的巨额债务尚未清偿。"宋都控股、郭某娟主张同时履行抗辩权，即主张百科投资要求账面款的同时应该履行债务承担义务。这些抗辩表明，宋都控股和郭某娟将原告的诉请理解为要求支付留存在上市公司的账面款项29,706,600.71元。最高人民法院（2015）民申字第2121号民事裁定这样表述："从其诉讼请求来看，百科投资提起的诉讼为给付之诉，即一方当事人请求法院判令对方当事人履行一定民事义务，而该民事义务指向的对象即为留存账面款29,706,600.71元及相应违约金。"但该裁定同时指出："依照《置换协议》的约定，其数额的认定应当以《83号评估报告》为依据。《83号评估报告》确定拟置出资产的范围和价值后，除非各方当事人对该资产价值另行达成明确约定，否则其已确定状态不得改变。《5039号审计报告》作为对拟置出资产期间的损益进行审计的报告，亦不能产生变更已确定的拟置出资产数额之效力。"该段表述应该理解为要求支付留存账面款29,706,600.71元的等额款项。

公司的现金资产和负债是流动的，账面款是评估日当日的静态数据，该"资产价值的确定状态不得改变"，以评估日当日的静态数据——留存账面款数额等额的款项作为给付义务，而不是以留存在上市公司的账面款项为给付义务。且诉讼之时，置出资产已经置入新的公司，该置入资产属于公司法人财产，承接方在法律规定范围内享有对置入资产的独占性支配权利，如果将"账面款"理解为民事义务指向对象，则百科投资应向承接方主张债权，而不应向承诺方主张债权。该案一审法院沈阳市中级人民法院（2011）沈中民三初字第110号民事判决表述为"宋都控股、郭某娟给付百科投资账面存款29,706,600.71元"并不准确，而应表述为"宋都控股、郭某娟给付百科投资账面存款等额款项29,706,600.71元”。

4. 第三人侵害债权，债权人只能对债务人提起违约之诉

该案百科投资起诉的逻辑是：宋都基业出资500万元成立百科板材，系宋都基业公司转投资，转投资获得的股权仍然是宋都基业资产的组成部分，该500万元属于宋都基业的财产，是以股权形态表现出来的企业价值。该500万元转投资属于宋都基业置出资产的范围，而置出资产已经赠与百科投资，因此，这500万元出资股权属于百科投资的财产，唯一能实现上述交易安排的做法是：宋都基业将持有百科板材的股权无偿转让给百科投资，由此百科投资可以行使股东对百科板材的法定权利，同时满足赠与置出资产的商业合意。

百科投资起诉宋都控股和郭某娟，包括起诉平安置业，都系根据合同相对性原则，而起诉宋都基业，则类似于第三人侵害债权之诉。宋都基业并没有将持有的百科板材的股权无偿转让给百科投资，而是转让给了杭州崇和，侵犯了百科投资对置出资产拥有所有权的期待权，同时也是百科投资对宋都控股、郭某娟的债权。第三人侵害债权是指合同当事人以外的第三人故意实施的旨在侵害债权人的利益并造成债权实际损害的行为。1998年提交全国人大常委会讨论的《合同法（草案)》第三次审议稿第122条曾规定，第三人明知当事人之间的债权债务关系，采用不正当手段，故意妨碍债务人履行义务，侵害债权人权利的，应当向债权人承担损害赔偿责任。但最终通过的《合同法》并没有采纳第三人侵害债权理论，将草案中的第122条删除。《合同法》第121条规定，当事人一方因第三人原因造成违约的，应当向对方承担违约责任。当事人一方和第三人之间的纠纷，依照法律规定或者按照约定解决。该条严格地维护合同相对性原则。按照《合同法》的规定，对于第三人侵害标的物的情况，债权人只能对债务人提起违约之诉，换言之，百科投资只能起诉宋都控股、平安置业与郭某娟，不应起诉宋都基业，而平安置业非承诺主体，宋都集团为交易客体，因而最高人民法院（2013）民提字第192号民事判决撤销了辽宁省高级人民法院认定的承担责任主体，判决由宋都控股和郭某娟承担责任。

5. 置出资产债务应由谁承担

营业转让合同中被转让的客体是组织化了的有机整体，不仅包括营业财产所包含的各个组成部分的价格总和，也包括其历史负债。营业转让制度的一个核心问题是受让人是否需要承担历史负债。根据理论界的通说，营业的构成要素包括负债，既然债务包含于营业，而营业又具有有机整体性和独立性，由此可得出一个非常明确的结论：原营业上的债务应随营业的转让而随之转让，受让人应当承担原营业上的债务。[①] 最高人民法院《关于审理与企业改制相关的民事纠纷案件若干问题的规定》规定了国有小型企业出售后债务由买受人承担或由新注册的企业法人承担的三项规则，即“债务跟着财产走”的原则，由受让人承担债务。

本次交易双方约定置出资产置入百科板材，由此，应由百科板材承担负债，基于双方的赠与目的，宋都基业持有的百科板材股权应无偿转让给百科投资，百科投资基于股权收益实现受赠的目的。无论该股权是否转让给百科投资，不分转让前后，置出资产的负债均应由百科板材承担。

如果宋都基业仅将股权出卖给杭州崇和，置出资产的债务一样应由百科板材承担，杭州崇和对百科板材的持有股权享受收益，但宋都基业不但将股权出让给杭州崇和，而且将置出资产一并转让给了杭州崇和，杭州崇和取代百科板材成为置出资产的接收方，因此营业转让的历史债务应由杭州崇和承担。

但沈阳市中级人民法院（2011）沈中民三终字第595号、第672号，[②]（2013）沈中民三初字第35号判决均判令宋都基业承担原债务，没有让资产实际接收方杭州崇和承担，而是由资产置出方承担债务。（2013）沈中民三

---

① 营业转让中原债务应由转让方承担还是受让方承担，各国和各地区法律处理规则并不相同，主要存在不继受、附条件继受和当然继受三种模式。法国规定受让人不继受原营业债务；我国澳门地区采用继受者强制承担债务的立法模式；德、日、韩采用了附条件承担模式，即受让人仅在继续使用营业转让人的商号时才对转让人在营业中设定的债务负清偿责任。续用商号时，受让人原则上应承担债务，除非依法及时进行了不承担债务的登记公告或者将不承担债务的意思及时通知了债权人。参见张民安：《商法总则制度研究》，法律出版社2007年版，第327页；周玉华主编：《韩国民商事法律汇编》，人民法院出版社2008年版，第285页。

② 该两份判决书未检索到，无法知晓判决未让杭州崇和承担而让宋都基业承担的理由。

初字第35号大连加中诉宋都基业案件中，宋都基业提交了大连加中的同意函：如本次资产重组得以完成，则本公司（大连加中）同意宋都基业应付本公司的款项共计人民币21,382,171.89元转由宋都控股、平安置业、郭某娟或其指定的第三方承担。沈阳市中级人民法院认为，因在该同意函中原告大连加中并没有明确确定债务的承担者，且原告大连加中诉求返还的9,973,750.29元款项属于被告宋都基业拟置出资产负债范畴，被告宋都基业资产重组已经完成，拟置出资产应归原控股股东百科投资所有，但现百科投资并没有实际得到被告宋都基业拟置出资产，故根据合同相对性原则，被告宋都基业应返还原告大连加中9,973,750.29元钢材货款。该判决以债务接受方约定不明和百科投资未实际取得置出资产为由，判决宋都基业承担债务，忽略了置出资产实际接受方杭州崇和的偿债义务。

宋都基业营业转让中，宋都基业和置出资产接收方杭州崇和约定：拟置出资产的全部盈亏及相应的权利、义务由杭州崇和享有和承担。其中的债务转移尚需征得债权人同意，如果债权人大连加中同意，则大连加中应向杭州崇和主张债权，而不应向宋都基业主张。其中的债权转移则需要通知债务人，债权可由杭州崇和主张。

6. 置出资产的债权应由谁主张

置出资产性质上属于营业转让，接收方享有权利，因此，杭州崇和享有对置出资产债权的追偿权。杭州崇和先后起诉通化钢铁和鞍钢公司。通化钢铁一案中，杭州崇和要求通化钢铁支付2,771,287.37元欠款，法院以债权转让未能通知债务人通化钢铁为由，驳回了杭州崇和的诉讼请求。如果债权转让通知到债务人，法院应判决支持杭州崇和的诉请。如杭州市江干区人民法院作出（2016）浙0104民初字第5798号民事判决，支持了杭州崇和请求鞍钢公司偿付欠款的诉请。同一笔债权，百科投资要求宋都控股、平安置业、郭某娟、宋都集团、宋都基业共同赔偿债权损失2,771,287.37元，该案请求权的基础，不是营业转让中的债权转让，而是第三方侵害债权，是基于合同违约提起的诉讼，法院最终支持了百科投资的诉讼请求。

百科投资既然可以基于对方违约享有置出资产的账面款和债权，根据权利义务相一致原则，则置出资产的负债亦应由百科投资承担，不应将之根据营业财产所包含的权利和义务进行分割。但考察交易双方赠与置出资产的真实意思表示，系借壳方给予百科投资的“净壳”对价或补偿，因此，应理解为百科投资对置出资产享有正资产权利，而不应包括负资产——负债。

结语

本次交易借壳双方对置出资产的安排欠妥，由此产生了系列纠纷。净壳对价——置出资产约定由百科集团的子公司承接，而交易完成，百科集团的控制权已经发生变更，因此，极易出现违约情形。本案中，交易双方约定置出资产的承接方是百科板材，百科板材由百科集团出资成立，本次交易完成后，控制权变更，宋都控股等三股东间接控制置出资产，成为置出资产的法定权利主体，势必造成受赠方百科投资与宋都控股等三股东对置出资产控制权和收益权的冲突，除非宋都控股等三股东通过股东会决议方式将百科集团持有的百科板材股权无偿转让给百科投资，以实现股东法定权利与交易双方约定权利的统一。而一旦宋都控股违约，则百科投资将无法实现获得“净壳”对价的目的。

从经济学角度看，借壳交易可达到调整经营结构、优化资源配置、节约时间 与费用、促进多元化经营等目的，但从本交易来看，交易安排失当及一方违约将会产生系列纠纷。通过对本次交易产生的系列诉讼检讨，我们发现并购重组交易细节安排的重要性，因此有必要在交易细节上考虑商业目标实现的可能性。而立法层面，营业转让为商主体扩张发展提供了一个重要的制度工具，有助于商法对于效率的追求。我国法律关于营业转让的规则阙如，需要通过立法或其他方式予以填补。

第二十讲

互联网时代企业经营思维

如今的互联网时代，特别注重知识。人类文明最初的农业社会，资源主要是土地，土地资源雇佣人力，是地主—雇农的模式，土地要素很珍贵。工业时代资本雇佣人力，进入资本家—劳动者模式。资本时代，资本的要素非常重要。我们现在的公司法，其实还停留在工业时代，所以一般都是以出资比例来进行利润分红。但是这种立法模式到互联网时代已经不适用了。现在属于人力（知识）雇佣资本，即创业者加合伙人，大家有知识、有专利，知识、专利的要素已经上升到非常重要的地位。

这种时代背景下，如果还是沿用工业时代的出资比例和分红比例给作为技能持有者的合伙人分红的话，显然不合时宜。

因此，目前而言，我们在给一些企业家设计公司章程的时候，如果股东是技术入股，我们一般都要合理的评估该技术值多少钱。如果是专有技术（Know－how），没有申请发明、实用新型、外观设计专利，或者有些合伙人具备有价值的管理经验，但是法律规定不能以管理经验入股，用什么样的方式来给它进行价值评估，也非常重要。

总而言之，互联网时代，知识要素更加珍贵，需要对知识价值进行评估。因为很多掌握知识、技能的人没有资金或资金非常有限，如果对其知识、技能评估后适当提高其分红比例，则与互联网时代主流股权架构相符。

一、追求财富理论

根据财富理论，现在的社会成员可以分成4类人（见图20－1）。

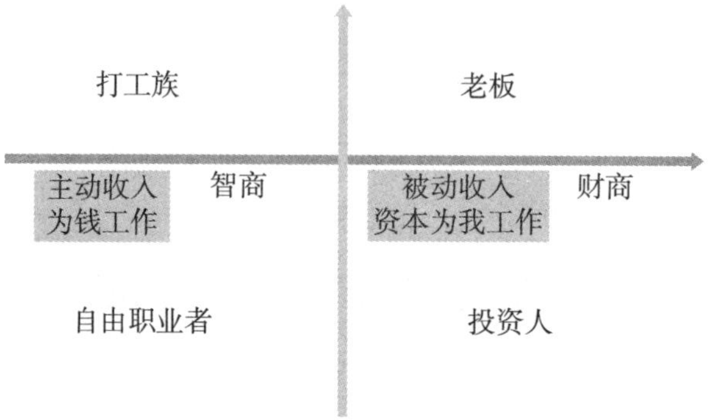

图 20－1　财富理论

第1类人就是十字的最左上角，打工一族（包括公务员），通过自己的劳动来获得财富。上图的左边，上面是打工族，下面是自由职业者，自由职业者主要靠出卖智力和服务，如律师、会计师、设计师都属于自由职业者。无论打工者还是自由职业者，都是主动去追求财富，即一分耕耘，一分收获，必须要付出劳动才有收获。

图20－1的右半部分是财商，左半部分是智商（还包括劳动力）。财商什么意思？简言之，就是老板打造了一个企业，即具备一个挣钱的工具和系统，他只要把这个系统维持好，运营好，这个系统会自动地帮他赚钱，即企业会帮老板赚钱。

下半部分是投资人，即只要投资人给优质企业或优质项目投资，就能获得丰厚的投资回报。

因此，图20－1的右半部分是被动赚钱，即无须通过付出劳动力、智慧成果及管理经验获取报酬，只要投入资本便可获得丰厚回报。区别于图标左边的用劳动换取金钱，资本增值更容易、更方便，但前提是有资本、选对项目，才有被动赚钱的可能。基金属于投资人方阵，但对项目选择要求较高，如果选择项目欠妥，投资将付诸东流。

此外还有企业，企业盈利在此前已和大家分享，企业利润是营利性利润，即通过销售产品或服务获利，如卖一台机器获得一台机器销售利润，这是营利性收入。

还有一种资本性收入，资本性收入主要源于出售股权。随着公司估值的增加，公司股权价值随之增加，股权遂产生溢价，净资产会超过公司实际净资产产生溢价，股权的溢价就是资本经营盈利。该盈利不是通过产品销售所得，而是靠增资入股、股权转让等方式，通过出售股权获得资本性盈利。

此外，如果公司上市的话，将会产生浮盈，即市场价格的一种溢价，也是公司盈率的一种表现。也就是说，除了经营性盈利、资本性盈利，还有市场性盈率（其实是一个市场价格的体现，及浮盈）。

因此，企业如果想快速扩张，不能仅靠出售产品或服务，还需要借资本东风，通过资本运作（出售股权、增资扩股）实现规模、产值等的迅速增加。

公司除了可以卖产品、卖服务、卖股权以外，还可以整体转让——卖公司，或是卖商标。某些加盟企业，卖的就是商标，如商业特许经营等模式，有数个加盟商，出售的就是商标和管理。

二、资本经营之道

图 20－2 中，甲公司，注册资本只有 100 万元，因项目发展势头较好，盈利能力较强，第 2 年 A 同意以 100 万元价格买入该公司 10% 股权。原本出资 10 万元就可以持股 10%，但 A 用了 100 万元，这就产生了溢价。第 3 年，B 以 4000 万元买入该公司 10% 股权，第 4 年，C 以 5000 万元买入该公司 10% 股权。甲公司估值不断攀升，从 100 万元到 1000 万元又到 2 亿元，再到 5 亿元。可见，资本升值速度远超经营、销售产品的升值速度。

通过图 20－3，我想说明一个问题，即在公司增资的情况下，若有的股东选择不跟投，则其股权持有比例会被稀释，只有跟投才不会被稀释。

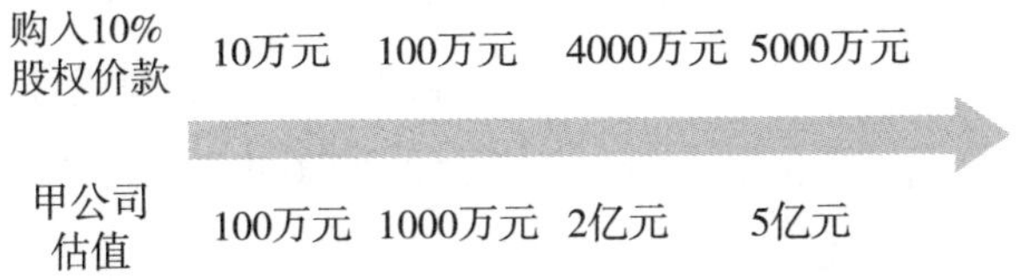

图20－2　购入10%股权价款与甲公司估值变化

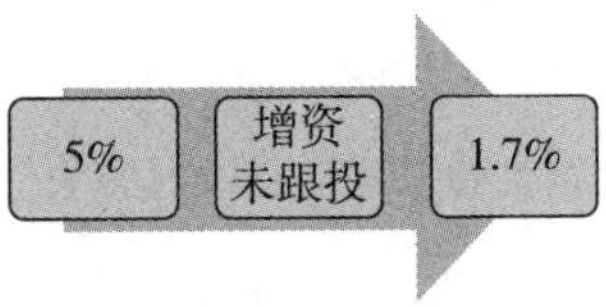

图20－3　股权稀释情况

如果有公司章程约定，针对某个股东，不论出现任何状况（含公司增资），该股东股权均不被稀释。这意味着，需要有资金进入保持该股东持股比例，该部分资金由谁承担？由该股东承担还是其他股东或引进的投资者承担，需要约定清楚，否则可能产生争议。

和大家分享一个真实案例。

E袋洗公司，项目创意是：当下白领工作繁忙，没有时间把衣服送去干洗店，而且部分干洗店停车也麻烦，于是E袋洗公司开发了一个APP并上线运营。该运营模式很简单，只要把要洗的衣服收拾并打包好，就会有服务员上门收衣服，洗完再送货上门。

该公司于2013年上线，2014年7月，腾讯公司对其投资2000万元（天使轮），此时距离E袋洗成立仅1年，公司估值已有2亿元。

2014年10月经纬投资给E袋洗投资2000万美元（A轮）。2015年8月百度领投，经纬和SIG跟投。短短2年时间里，众多投资人给E袋洗投资，公司估值，包括净资产均不断升值。如果该公司只是单纯做洗衣业务，没有资本助力，升值肯定没这么快。

再看下我国乳制品业典范——蒙牛。蒙牛在1999年成立之初，没有奶源，没有工厂，更没有市场，创始人牛根生此前是伊利乳业的一个生产厂长，离开伊利后带领创业伙伴创立蒙牛品牌。

牛根生做的第一件事是注册商标，“蒙牛”商标顺利注册。随后，蒙牛收购内蒙古当地一家乡办牛奶厂，该厂长期亏损，蒙牛每年出资100万元，成功承包该厂。

接着，蒙牛和当地奶农协商，奶农生产的牛奶由蒙牛全部包销，并和当地运输个体户谈妥了运输承包，解决了牛奶运输问题。

就这样，蒙牛在“三无”（没有奶源、没有工厂、没有市场）的情况下，1999年的营收达到4000多万元，2000年达到2.9亿元，2001年达到8.5亿元，2002年达到21亿元，年递增355%。

这就是牛根生的经营思路——无中生有。此外，销售方面，蒙牛与供销社合作设立公司（如蒙牛持股51%，供销社持股49%），以此利用供销社的销售渠道，迅速打开全国的市场。

牛根生最初的创业伙伴，每个人都分得相应股权（员工持股/股权激励），调动了大家积极性，使大家更愿意为企业贡献力量。

此外，蒙牛还引进投资基金，包括著名的摩根士丹利，蒙牛与投资人签订业绩对赌协议，营收均达标，对赌均成功。

回顾蒙牛成长之路，从1999年1月注册成立时，注册资本只有100万元，到2000年销售额已有2.37亿元，此时排名已经到行业第11位。2002年，摩根士丹利、英联、鼎晖注入2597万美元，占49%股权。此时，蒙牛出售股权，通过高溢价出售股权获得大量融资，还通过签订对赌协议的方式在对赌成功后持续锁定其51%的控股比例。2003年，蒙牛进行第二次融资，三家投资人注入3523万美元，此时蒙牛营收已达40亿元，排名全国第二，仅次于伊利。

2004年，蒙牛成功在港上市，营业收入72.14亿元。

从1999年到2004年，蒙牛上市仅用时5年，除了是天时地利人和的结果，也与企业家牛根生个人能力密不可分。

给大家分享下牛根生的顺口溜，也是蒙牛的企业标语之一：小胜靠智、大胜靠德；有德有才、破格重用；有德无才、培养使用；有才无德、限制使用；无才无德，坚决不用。这是牛根生也是蒙牛的用人标准，通俗易懂，却也暗含一个用人理论——人才管理理论，见图20－4：

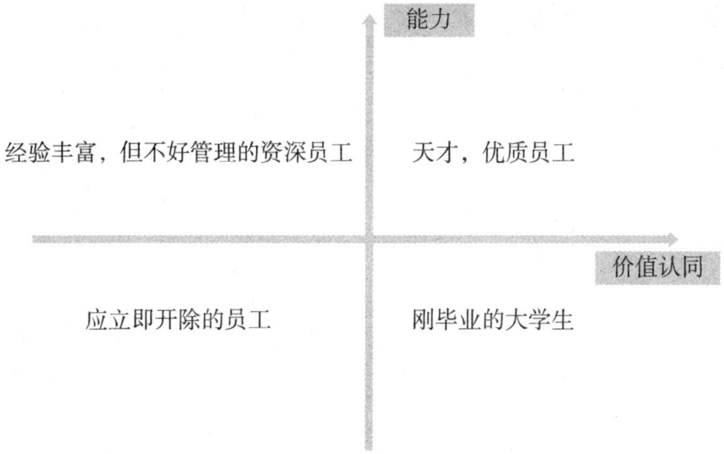

图20－4　人才管理理论

图20－4中，十字坐标竖轴代表能力，越往上能力越强，横轴代表人的价值观，包括对企业的文化认同；从下面到往上面是能力越来越强，从左到右是价值认同越来越高，也就是员工对企业文化比较认同，和企业发展理念一致。

如图20－4，最好的员工在右上角，能力强，价值观方面也符合企业发展理念，认同企业文化，这类员工是优质员工，可委以重任；右下角是刚毕业的大学生，能力有限，具体事务处理上缺乏经验，但认同企业文化，可经培养后为企业所用；左上角是经验丰富但不好管理的资深员工，有能力和经验，但与企业核心价值观不一致，需要进行改造，或难堪大任；左下角是能力不足价值观与企业也格格不入的员工，需要立即开除（依法解除劳动合同），及时止损。由此可见，牛根生用人水平也颇高。

回顾资本经营之道，众所周知的腾讯、阿里、小米等互联网巨头，都是借助资本的力量，迅速实现上市。以阿里巴巴为例，1999年成立时仅有50万元注册资本，如今市值超万亿元，增长率达到260万倍，这就是资本的力量。

所以，互联网时代，经营企业无疑需要新思维。此前经营模式中，需要先买土地、建厂房、采购设备、招兵买马、生产、销售，即先有产品后再对外销售。如今呢？企业可以没有工厂，可以借助外部资源搭建自己的平台。用别人的车子为自己赚钱，滴滴出行做到了；用别人的产品为自己赚钱，淘宝做到了；用别人的飞机为自己赚钱，携程做到了；还有Airbnb，大家外出旅游需要住宿时，无须去酒店订房间，在Airbnb客户端可以自由挑选不同风格的民宿，地中海风格、北美风格等应有尽有，而这些民宿虽为私营业主，但是都入驻了Airbnb，用别人的房屋为自己赚钱，Airbnb做到了。互联网时代，上述企业都是通过做平台最终走向成功。因此，没有工厂和土地，也可以做好企业，其重点就在于筹资金、筹智慧、筹资源。好风凭借力，送我上青云，此之谓也。

最后，一起总结一下资本经营之道：

1. 先市场后工厂。比如，疫情防控之初，口罩紧缺，市场缺口极大，转产做口罩就是顺应市场形势。

2. 轻资产经营。从前的重资产经营已经不适合当前形势，当前资本市场发展追求的是轻资产，相对于买厂房，租厂房更受欢迎。

3. 借力发展，借别人的力，成自己的事。例如蒙牛，创立之初，一无所有，依靠外部资源壮大自己，最终成为奶业巨头。

4. 股权融资。通过股权融资，借助资本的力量，发展才能更快，才能腾飞，如果只依靠卖产品，发展速度远跟不上市场更替速度。

三、企业文化

企业的成功，一定程度上取决于老板的智慧、能力和境界。能力强很重要，企业文化也很重要。企业除了需要外部资源，如投资人、专家外脑、供应链和客户群外，更要练好内功，包括企业文化、战略定位、人才匹配、股权激励、组织架构、管理执行、品保质量、营销策略等。

企业文化，包括企业愿景、使命和价值观。这是讲企业道的层面，是企业的灵魂，平时体现不出来。企业文化不是写在墙上给别人看的，是骨子里面的。没有使命感，公司走不远。阿里巴巴的使命是“让天下没有难做的生意”；阿里巴巴的愿景是成为一家活 102 年的好公司。阿里巴巴价值观是“新六脉神剑”，包括，客户第一，员工第二，股东第三；因为信任，所以简单；唯一不变的是变化；今天最好的表现是明天最低的要求；此时此刻，非我莫属；认真生活，快乐工作。海底捞的使命是“用最好的服务品质服务于大众”，开这家公司就是为干这个。使命就是这家企业为干什么，不是为赚钱。赚钱只是你做事的副产品，事情做成了，钱就来了。海底捞的愿景：把海底捞开向全国。海底捞的价值观：公平，双手创造一切。外婆家的愿景是争创国际知名品牌。愿景，是有阶段性的，5 年、10 年、20 年会怎么样。愿景要达到一个其他人不能企及的高度。愿景不是说我明年业绩涨个 20% 大概差不多了，这不是愿景，这是目标。公司会经常问这个问题，20 年后你的公司到底怎么样啊？20 年后我没想过啊。那你这个公司有问题。你要有至少十年、二十年的设想和规划，这叫愿景。使命和愿景方向一致，能真正激发员工心底里的激情，能让员工“自燃”，自己“燃烧”干工作、创新。使命、愿景在公司生死攸关、重大利益抉择面前会发生作用，愿景和使命碰在一起，会像化学反应一样，激发很多东西出来。正常时期员工会为了做事把自己

"点燃"，觉得做这件事有意义，会努力做下去。当企业发生困难时，员工会舍小我，顾全大局保企业。

企业能否做大，要看企业文化和人，企业现有的资金、组织架构、运营系统是物质要素，物质毕竟有局限，是没有生命力的，而企业文化是企业的灵魂，人的使命、愿景是没有限度的。心有多高，事业有多大，其实讲的就是企业文化。老板的格局大，有事业心，就会吸引来同样有想法的人才。企业文化是吸引人才的根本，有些人到你的企业并不是看工资高不高，而是冲着你老板人来的，老板的气质、格局、理念就是一个企业文化的浓缩。当然薪水高低也是一个因素，但不是唯一因素。人才都聚集到你这儿，水涨船高，企业会越走越远。企业文化说白了就是一帮志同道合的合伙人，以共同的气质、待人处事方式达到即期、远期目标，以实现合伙人的共同理想和抱负。

企业文化不是贴在墙上的口号，而是根植于企业成员内心的坚定不移的信念和梦想。如果企业没有自己的企业文化，没有愿景、使命、价值观，能人精英也不会愿意加入。得不到英才，企业发展必将受到限制（见图20-5）。

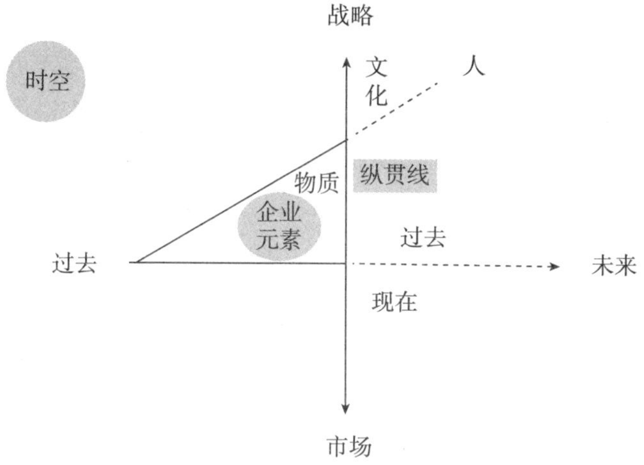

图20-5　企业文化

企业文化和创始人的格局、品格关系密切。在中国传统文化中，"德"都是先贤大德修身进步追求的境界。《诗经》有云："嘉乐君子，宪宪令德。宜民宜人，受禄于天。保佑命之，自天申之。故大德者必受命。"就是高尚优雅的君子，有光明美好的德行，让人们安居乐业，享受上天赐予的福禄。上天保佑他，任用他，给他以重大的使命。所以，有大德的人必定会承受天命。老子《道德经》第23章中说："故从事于道者同于道，德者同于德，失者同于失。同于道者，道亦乐得之。"老子把人分为两类：得"道"的人与背离"道"的人。物以类聚，人以群分。如果做每一件事都符合道的原则，就跟天道接近了，它就同于道了，按照道做事的人，道会加持给你力量。天道同德，有德之人行事符合"天道"，重积德的人没有做不成的事。《大学》说："大学之道，在于明德。"有崇高理想欲做一番大事业的人，首先在于修德，提高道德修养。《中庸》说："故大德必得其位，必得其禄，必得其名，必得其寿。"有高尚品德的人，上天会给予其重任和责任，也会因为他干得一番大事业，为民为社会作出贡献，一定会得到他应有的社会地位和名望。明朝儒家大师王阳明在其弥留之际，给弟子留下四句心诀："无善无恶心之体，有善有恶意之动，知善知恶是良知，为善去恶是格物。"也是要求人要去恶为善。

这就是中国古代哲学思维——得道多助。企业要做大，取决于创始人的修养。

可能有人觉得这个观点不靠谱。我们看看《道德经》的说法：上士闻道，勤能行之。中士闻道，若存若亡。下士闻之，大笑之。大笑不足以为道。老子说，我说的这些（道与德的关系的）话，上士听了，能去践行，中士听了，会疑惑是不是真的，半信半疑，下士听了大笑之，认为都是胡言乱语。老子又说"不笑不足以为道"。如果所有人都相信并认真践行的话，也就不称之为道了。个中哲思，各位可细品之。

参考书目

1. 张力：《律师谈公司治理》，社会科学文献出版社 2018 年版。

2. 王文书：《企业股权激励实务操作指引》，中国民主法制出版社 2011 年版。

3. 罗毅等主编：《穿透股权：非商事公司股权激励实战指南》，法律出版社 2018 年版。

4. 沈春晖：《一本书看透 IPO：A 股 IPO 全流程深度剖析》，机械工业出版社 2020 年版。

5. 杨春宝、王建宁：《完胜资本－2：公司投融资模式流程完全操作指南》，中国法制出版社 2015 年第 3 版。

6. 王军：《中国公司法》，高等教育出版社 2015 年版。

7. 田宝法：《企业并购解决之道》，法律出版社 2015 年版。

8. 张远堂：《资本之税：企业投资并购重组节税实务》（第 2 版），法律出版社 2015 年版。

9. 投行小兵：《企业上市解决之道》，法律出版社 2011 年版。

10. 雷霆：《公司法实务应用全书》（第 2 版），法律出版社 2018 年版。

11. 邱琳、刘新波、古田等：《对赌争议解决法律实务》，法律出版社 2021 年版。

12. 上海宋海佳律师事务所编著：《合伙人：股东纠纷法律问题全书》，知识产权出版社 2017 年版。

13. 马永斌：《公司控制权安排与争夺》，清华大学出版社 2019 年版。

14. 邓海虹：《守护股权——股权控制精要详解及实务指引》，法律出版社 2016 年版。

代后记

一晃辞职已经7年，虽然依靠多年的法院办案经验我可以从容应对诉讼业务，但作为律师服务企业需要更多的知识：劳动用工、财务税收、融资并购、资本市场甚至企业管理等，只有了解企业的需求、解决企业痛点，才能帮助企业，使企业理顺股权结构、做好风险管控、融资壮大，直至走向资本市场之路。为此，我参加了中国人民大学律师学院的并购交易课程、万法通学院的财税课、无讼和 iCourt 律师学院的律师技能和法律实务相关课程，甚至参加了博商学院企业管理课程的学习。学习当然不是一件快乐的事，但比起我在新疆工作时的求学经历，条件已经好多了。正是因为有年轻时的磨砺，任何困难在我看来都可以克服，需要的只是时间。

在法院工作之余，我努力想提高自己的学历，然而，在我所工作的城市——伊宁——塞外边城，有诸多困难需要克服，虽天高路远，但那个时代蓬勃倔强的我，终于实现了人生阶段性小目标。该后记贯穿了那个时代的印记与情感。

报名

打小喜欢戴公安叔叔的“大盖帽”，高考时第一志愿报的就是西北政法学院，无奈学业不精没考上。在伊犁地区中级人民法院（2001年伊犁行署撤销建制，并入新疆维吾尔自治区高级人民法院伊犁州分院）工作期间，一次中午和同事吃饭到他家去，在他的书架上发现了一本在职法律硕士教材，才知道有这样一个深造机会，回去便买了教材复习。当时的报考条件是各省高级法院将推荐名额分配给辖区法院，本科毕业、单位推荐才能报考。我环顾全院，本科生没有几个，但对于我这样的非科班本科毕业生，还是压力不小，我专门找到政治部柴主任，向他表达了自己想报考法律硕士的想法，如果有这样的机会，希望他把推荐名额给我。同时也看看有没有人先去“挂号”，还好，我是第一个有此想法的人。主任让我考虑好，上学费用不少，同时不能影响工作。在看到我上学的决心后，主任关照我充分备考，争取能考上。

记得有一天快下班了，柴主任给我打电话：“自治区高院电传，今年的在职法律硕士考试给我们伊犁州八县两市法院系统一个名额，你愿意去吗?”“谢谢柴主任，名额真的给我？太好了!”放下电话，我异常兴奋，三步并作两步跑到柴主任办公室，推开门，柴主任把明传电报给我看，当我看到第二天就是截止日期，而且报名必须本人到场拍照时，我心凉了半截，同时心里禁不住抱怨：“时间这么紧，这分明是不想让人报名嘛!”当时伊宁市到乌鲁木齐还没有开通火车，700多公里路，夜班车（汽车）要走十几个小时，而且这个点基本没有车了。柴主任看我有点急，忙说：“坐汽车时间有点紧，要不赶今晚的飞机?”“谢谢柴主任，那我就走乌鲁木齐了。你也帮我给我们庭长说一下。”从柴主任办公室出来，赶紧到庭长办公室说明情况，庭长顺利准假。准备停当第二天总算在新疆财经学院顺利报了名，下午坐夜班车回家备考（当年伊宁市还没有通火车，进出果子沟主要乘坐夜班车，从伊宁市到乌鲁木齐700公里路要走十几个小时，个中艰辛见下文)。

辅导班

因为还要考英语，我想找个辅导班强化一下。可偌大一个伊宁市就是没找到一个合适的英语辅导班。最后一位农四师医院的朋友告诉我，医院系统有一个在职研究生班每个周末有一节英语课，我就想办法成为一名旁听生去听英语，每个周末半天的英语课不能提高多少，但我希望英语不要给我太拉分即可。

我也搞不清怎么就知道了中国人民大学有在职法律硕士辅导班，正在报名，于是决定将买电脑的钱省下来去北京报名。从伊宁市坐十几个小时的夜班车一路颠簸到乌鲁木齐，这不是一件惬意的事，坐过夜班车的人都知道乘坐夜班车的滋味。几百公里路要在一人多宽的窄铺上蜷卧十几个小时，如果你不将就，你还可以承受这一路辛苦；如果你太注重卫生，乘夜班车就是痛苦。夏天，车厢里弥漫烟味、汗味、羊膻味和脚臭味，我算是不讲究的人，但也只敢把将车上的被子盖到胸口以下，因为被子上难闻的气息使人不敢呼吸。柏油路上行驶，人会迷迷糊糊睡着，如果车行驶到便道上，你就难以入睡了。所谓便道，就是在公路两旁的戈壁上开辟出一条简易路，沿着戈壁滩起伏不定的地势崎岖蜿蜒铺陈，只要汽车能开就行，平整度就无人考虑了。通常车都行驶在便道上，因为速度慢，便道上汽车一辆接着一辆，漫天灰尘，尘土会透过窗隙进入车厢，敷白人们的头发和脸。道路崎岖，汽车甚至颠簸到让你整个人都能腾空跃起。我就听说过因为汽车颠簸将旅客摔伤的事例。如果听到“哇”的一声，不要惊慌，这一定是哪位晕车的人，实在憋不住吐了，车里的讲究人就该恶心了。如果是半夜，无人发声，司机会一直开下去，我猜想讲究人一定整夜不能入睡，期盼早点到达乌鲁木齐。如果有人要求，司机就会在最近的一个路边小店将车停下来打扫一番。夜班车一般会在夜里一两点停靠在一个前不着村后不着店的独一家小饭馆停车吃饭。

到达乌鲁木齐后，我浑身酸痛，头发似草窝，整个人都是馊的，下了车很长时间，还感觉在车上晃悠。第一件事就是到车站的卫生间去洗漱一番。顾不上休息，吃了碗牛肉面直接到火车站买去北京的票，还有三天三夜的征程等着我。

坐三天三夜的火车，很多人一定感觉痛苦，但对于刚坐完长途夜班车的我来说，那简直就是享受。在硬卧车厢，整洁的被褥与夜班车简直天壤之别。困了，可以睡觉；醒来，可以躺着看书或者在车厢里走走。远眺，祁连山脉雪白可见，四面八方茫茫无际的荒野戈壁见不到一丝生命。河西走廊，历来是中土和西域的天然屏障。我感怀玄奘一人一马如何走过这玄荒；西路军经过奋勇冲杀剩下不到百来战士还要战胜这恶劣的环境才能走到星星峡与前来接应的陈云汇合；我的支援新疆建设的父辈们在五六十年代西去的列车上第一次看到这满目苍凉，好奇感转瞬即逝，思考即将到达的新疆是怎样的生活环境在等待着他们。现实将一颗颗年轻狂热的心安静下来，这种猛然的空洞感让这些第一次走出家门的年轻人恐惧，夹杂对家乡父母的思念，有人不禁失声痛哭起来。历史沿着山沿，沿着戈壁，沿着春夏寒暑，沿着信仰与畏惧消逝在远方……半是休息半是旅程，在73个小时后我第一次来到北京——小时候特别向往的地方。

在我心目中的法律殿堂——中国人民大学明德楼里我开始了两周的辅导班生活。因老师们白天要上课，辅导班都安排在晚上，每天只有3个小时的授课。我住到学校的一个招待所里，4人一间，有点像学生宿舍。白天复习，晚上上课。给我们上课的都是中国人民大学的教授，我真正领略到名校名师的风采。正好那一年我参加了律师资格考试，教我们刑法学的韩玉胜教授是当年刑法卷的出题老师，他给我们讲解了刑法卷主观题，韩教授深入浅出的讲解，让我茅塞顿开，同时也让我汗颜：本以为做对的题原来出现了这么多错误。辅导班有将近200人，大多来自全国各地的公检法系统，也有律师。学员们学习都很努力，同宿舍的学员也建立了深厚的友谊，多年以后大家还有联系。

考试

课程结束后，我一点都不比高考轻松，每天学习到深夜。时间过得很快，我记得是11月考试，考场均设在乌鲁木齐，要提前赶到，为此，我专门留出1天的路途时间，前一天下午2点就坐上去乌鲁木齐的夜班车。天色逐渐暗淡下来，当车行驶200公里进到果子沟口时停了下来。开始，车还不多，我以为是临时停车，随着时间的推移，车越聚越多，我有点着急。远方，车龙若隐若现隐入黑黢黢的山谷里，后面看，还有越来越多的车排入长龙，我坐不住了，看这阵势不像临时停车。我如坐针毡，问司机，多久能走，司机说："不知道，听说大雪封山了（交通管制）。"窗外，已经飘起雪花，风呼啸着鼓荡在天地间，敲打着车窗。又等了2个小时，我实在坐不住了，从车上下来，打听关于封山的信息。

一下车，雪夹着雨，吹落在我的脸上，冰冰凉，渗入我对考上法律硕士向往和苦寂的现实中。不远处的小屋透出灯光，我循光前行，进入小屋。原来这是个小卖铺，里面有很多人，有取暖的、购物的、打电话（那时还没有人手一部手机，大哥大都是老板用）的。我正想问问取消交通管制的准确时间，正在柜台上打电话的一个女孩的通话引起了我的注意。“妈，你别担心了，我出了果子沟了，估计还有三四个小时到家。”等她打完电话，我赶紧问她“你从哪里回来?”“从博乐过来（博乐是博尔塔拉蒙古自治州首府，博州与伊犁州相邻，翻越果子沟可到达伊犁）。”“你走了多久?”“前天出发的，今天才到这儿。”本来半天的路程，她走了两天，我心直往下沉，内心无可名状：怎么这么倒霉？如果错过这次考试，一年的努力就付之东流了。不行！必须赶到乌鲁木齐参加考试，不能再等了，坐飞机也得去。于是我通过朋友就近在霍城县找了辆出租车，掉头返回。

两边的白杨树林在汽车的照射下，向路中间弯拱，汽车在这个拱门洞里飞速经过，不做稍刻停留。车上，我在想：不知赶回伊宁市能否买上明天的飞机票？本想节约一点坐夜班车去乌鲁木齐考试，老天爷非要我坐飞机去，而且还是两次。其实我一点也不想坐夜班车。

笔试结束后，在忐忑不安中等待的时间真是漫长，成绩终于出来了，我上线了。但被西北政法学院录取，还有一关——面试。在接到西北政法复试通知书后，我又一次坐上夜班车奔赴乌鲁木齐，接着又是两天两夜的火车。西安面试通过后，本想很快就会开学，没料到那一年又碰到“非典”，一直到 2003 年春天，我才终于坐在了西北政法学院的教室里。开学第一天，我对西安的同桌说：“咱们站在同一条起跑线了，我这一路走来，比你艰苦啊！在这之前可能费用就比你多花至少 1 万多元。”现在看来，1 万元并不多，但对于那时年收入只有 2 万多元的我来说，已经是半年的工资了。到乌鲁木齐报名、考试，还都是坐飞机，再到西安面试，自费到北京中国人民大学参加考前辅导班，这 1 万元我还是省了又省啊！

学历提高的求学过程，让我深切感受到：地理距离无可逾越，和内地同学站在同一个起跑线上，生活在边远地区的人们要付出更多。这段求学的经历是我人生的财富，再大的困难，韧而不懈是我的制胜武器。

一路走来，从最初不甘低学历追赶同行者的砥砺前行，到凭借专业知识帮助到他人的欣喜，我体验到耕耘的充实与收获的快意，并从一个个小小目标的达致，逐步形成目标生活的人生惯性。

从体制内走出来后，律师生涯对我来说充满挑战，充满了更多不确定性。也许，这种不确定性诱惑了我，抑或，一路艰辛伴随的一路风景对我更有吸引力。

钱东辉

2022年9月8日于苏州